Curso de CRIMINOLOGIA

As relações políticas e jurídicas sobre o crime

ADERLAN CRESPO

Curso de CRIMINOLOGIA

As relações políticas e jurídicas sobre o crime

Fechamento desta edição: 31 de março de 2009

ELSEVIER

CAMPUS
JURÍDICO

Editoração Eletrônica
Tony Rodrigues

Copidesque
Renato de Mello Medeiros

Revisão Gráfica
Pamela Andrade

Projeto Gráfico
Elsevier Editora Ltda.
A Qualidade da Informação
Rua Sete de Setembro, 111 — 16º andar
20050-006 — Rio de Janeiro — RJ — Brasil
Telefone: (21) 3970-9300 - Fax: (21) 2507-1991
E-mail: info@elsevier.com.br
Escritório São Paulo
Rua Quintana, 753 - 8º andar
04569-011 - Brooklin - São Paulo - SP
Telefone: (11) 5105-8555

ISBN: 978-85-352-3374-2

Central de Relacionamento
Tel.: 0800 026 53 40
Rua Sete de Setembro, 111, 16º andar - Centro - Rio de Janeiro
CEP.: 20.050-006
e-mail: info@elsevier.com.br
site: www.elsevier.com.br

Cip-Brasil. Catalogação-na-fonte
Sindicato Nacional dos Editores de Livros, RJ

C94c

Crespo, Aderlan
Curso de criminologia : as relações políticas e jurídicas sobre o crime / Aderlan Crespo. - Rio de Janeiro : Elsevier, 2009.

Inclui bibliografia
ISBN 978-85-352-3374-2

1. Direito penal. 2. Criminologia. 3. Crime e criminosos. I. Título.

09-1566. CDU: 343.2

A compreensão da programação criminalizante que teve seu núcleo no Código Criminal do Império do Brasil, de 1830, bem como do sistema penal montado a partir dela, pode ser facilitada pela análise de dois grandes eixos, no primeiro dos quais encontramos a contradição entre liberalismo e a escravidão, e no segundo o movimento político de descentralização e centralização, que se valeu intensamente do processo penal. Quando se assenta a poeira dos tensos episódios que assinalam a independência, ascende ao poder do novo estado "a classe mais diretamente interessada na conservação do regime: os proprietários rurais, que se tornam sob o império a força política e socialmente dominadora".

NILO BATISTA

O autor

Aderlan Crespo

Professor de Criminologia e Direitos Humanos da UCAM-Centro

Professor de Direito Penal e Criminologia do IBMEC

Mestre em Ciências Penais

Presidente do Instituto de Estudos Criminais do Estado do Rio de Janeiro

Advogado criminalista

Coordenador do Núcleo Reflexões Criminológicas do IBMEC

Coordenador do Núcleo de Monitoria de Direito Penal do IBMEC

Prefácio

Esta obra de Aderlan Crespo passa a constituir importante material didático sobre o estudo crítico da Criminologia.

Com precisão conceitual e clareza teórica, o autor aborda a formação e a evolução históricas do sistema penal, mostrando a sua constituição como instrumento político de poder, técnica e exercício de controle social, servindo "para concretizar a exclusão social e a manutenção da ordem capitalista". Para isso, esclarece o autor, institui-se uma "violência oficial legitimada", com "uma contundente política de segregação" e "intensificação das medidas aflitivas contra os criminosos, mas sem reconhecer a tragédia humana de tais pessoas" – é a "maximização do sistema punitivo repressivo".

O Estado, ausentando-se do seu dever constitucional para a concretização das políticas públicas, faz-se presente na sua exacerbada política de contenção e repressão, dirigida contra a população já historicamente excluída.

A historiadora Laura de Mello e Souza, na obra *Desclassificados do Ouro* – A pobreza mineira do século XVIII, constata que

> "A Justiça foi uma das facetas do Poder que melhor contribuíram para a manutenção do sistema colonial. De maneira geral, a violência da justiça se refletia nas prisões, nos castigos exemplares e na aplicação da pena de morte. Como em toda parte, afetava especialmente os pobres e os destituídos de propriedade, confirmando assim o seu papel de consolidadora do poder de uma camada social ou, em outras palavras, revelando o seu caráter instrumentalizador."

Esse papel de "consolidadora do poder de uma camada social" continua a ser exercido pela Justiça Penal, agora no século XXI, com extrema eficácia, como demonstra o autor. A ideologia punitiva entranha-se na prática judicial. Algumas expressões habitualmente utilizadas em sentenças são bem reveladoras dessa ideologia: "personalidade e caráter destorcidos e corrompidos, demonstrando conduta social inadequada, merecendo castigo e repúdio, com a perda da liberdade"; "conduta execrável, voltada para o crime, com menoscabo pelo patrimônio alheio, revelando extrema periculosidade"; "não há como determinar uma pena no atual direito vigente sem recorrer a critérios morais"; "personalidade inegavelmente antissocial, indicando criminogênese acentuada e tendência para o crime".

Os valores da Inquisição, bem registrados no livro de Aderlan, encontram-se ainda bem próximos... Lembrando Marx e Engels:

> "Os pensamentos da classe dominante são também, em todas as épocas, os pensamentos dominantes, ou seja, a classe que tem o poder material dominante numa dada sociedade é também a potência dominante espiritual." (*A Ideologia Alemã*).

A crença na prisão constitui bom exemplo sobre uma das belas mentiras da classe dominante, que a ilusão transforma em valores universais e verdadeiros.

Aderlan observa que "A repressão é incompatível com as origens da criminalidade e a pena de prisão incompatível com a condição natural do ser humano." A prisão é in-humanizável – a pena privativa de liberdade produz, com sucesso, um ser despedaçado e aniquilado. É um processo de aprendizagem para a morte. Deve-se indagar: como pode o juiz, pessoa humana que é, condenar outra pessoa humana à pena de prisão?

Este livro pode ajudar aos juízes, promotores, e a todos os trabalhadores do sistema penal a fazer uma outra leitura da lei, a orientar o seu trabalho em direção à liberdade, e não em direção à repressão; o livro ajuda a reinterpretar os conceitos da culpabilidade ("considerando a efetiva condição humana do acusado") e da antijuridicidade ("necessidade de se alastrar as hipóteses de exclusão"). Com esta nova e dialetizada leitura da lei, os juízes, quem sabe, poderão escapar e desviar-se da clausura dogmatizada, "produzindo-se, possivelmente – como sugere Aderlan –, o surgimento de novas referências teóricas e uma nova prática penal para o futuro, baseadas na realidade e no humanismo."

O humanismo dessa "nova prática penal", com uma permanente interpretação descriminalizadora, estará vinculado à luta para romper as ilusões e os grilhões produzidos pelos valores ideológicos do Capital.

Sérgio Verani

Desembargador da 5ª Câmara Criminal - TJRJ.
Presidente do Fórum Permanente de Direitos Humanos -
EMERJ. Professor da Faculdade de Direito da UERJ.

Sumário

Introdução

A presente obra tem por objetivo conceder os conhecimentos fundamentais sobre a criminologia, reconhecida como ciência interdisciplinar, que envolve tanto os aspectos históricos da pena de prisão, como também a análise do próprio direito penal, contudo de forma mais realista e, portanto, crítica. Está presente, ainda, considerando a análise realista dos fatos históricos relacionados ao crime e à pena, uma reflexão sobre a relação entre os fins teóricos do direito penal e o discurso de proteção dos direitos fundamentais, notadamente nos países europeus e americanos.

Será inicialmente abordada a concepção de ciência, tendo em vista a necessidade de se justificar esta classificação doutrinária-epistemológica da criminologia. A fundamental importância de distinguir as profundas diferenças existentes entre a criminologia e o direito penal torna-se objeto central deste trabalho, considerando a histórica aproximação realizada entre estas duas áreas.

Abordar-se, ainda, a trajetória do controle social, a partir da Idade Média, especificamente, neste período, quanto à aproximação do povo romano e do povo bárbaro, cujas culturas apresentavam-se nitidamente diversificadas, notadamente quanto às práticas punitivas, passando, posteriormente, para uma análise mais profunda sobre os fatos históricos presenciados no início da Idade Moderna, considerando a transição política europeia ocorrida entre o absolutismo e a república, que desencadeou a formação da sociedade capitalista burguesa. Neste passo, o estudo localizou-se, finalmente, sobre o quadro contemporâneo do sistema punitivo institucionalizado.

O texto apresenta o processo histórico de construção do ordenamento jurídico na Europa, que se estende aos países americanos, a partir dos fatos históricos mais expressivos que influenciaram a expansão das práticas punitivas e das garantias formais nas legislações modernas.

O valor concedido aos fatos históricos relatados no texto justifica-se pela necessidade de se reconhecer a origem complexa dos governos democráticos, e de suas normas, contrapondo-se às ações implementadas para a efetivação do controle social, considerando a difícil tarefa de se conceber a sociedade contemporânea, que revela profundas mazelas e um enorme e eficiente sistema punitivo.

A questão central eleita para servir de eixo ao trabalho desenvolvido, no que tange à vertente crítica presente em toda a sua extensão, correspondente ao inicial objetivo proposto, localiza-se na formação da sociedade moderna, especialmente quanto às suas características econômicas e políticas. Nesse sentido, foi preciso elevar a contribuição do surgimento do pensamento científico, posto que este influenciou, de forma determinante, a construção das teorias explicativas da sociedade moderna e seus decorrentes fatos novos.

A abordagem sobre a formação socioeconômica da sociedade moderna foi recortada pelo objeto principal da pesquisa, centrada no fato social do crime, e suas múltiplas vertentes, da órbita do direito e da política.

A utilização dos recursos teóricos críticos, para o possível desenvolvimento do trabalho, foi fundamental para que se desencadeasse uma análise científica que questiona o modelo jurídico penalizante, instituído no mundo ocidental, e prioritariamente no Brasil.

Dessa forma, o texto apresenta questões sobre as estratégias políticas de controle social no Brasil, no qual a razão iluminista foi efetivamente preponderante, bem como ressalta as teorias jurídicas próprias do período de transição entre a forma de governo imperial e republicano. As políticas de contenção da criminalidade, surgidas no início do século XX, segundo as bases do positivismo jurídico, transformaram as práticas arbitrárias da monarquia moderna em práticas democráticas de perseguição contra determinados grupos sociais, entre eles, inicialmente, os ex-escravos. Este processo foi "desenvolvido" contra outros grupos sociais que, no Brasil, concentravam-se em determinadas áreas geográficas. Assim, consolidou-se um ordenamento jurídico, penalizante e estigmatizante, instrumentalizado por uma elite dominante, destinada a construir uma sociedade, claramente, para poucos, através da emblemática retórica da ordem e do progresso.

Finalmente, o texto apresenta as tendências de legitimar a aplicação de um Direito Penal no Brasil, através de um conteúdo normativo penal criado na primeira metade do século XX, (modificado na segunda metade deste século, quanto a sua parte geral, e mantido e estendido, ao longo do tempo, quanto a sua parte especial), e das novas teorias vinculadas ao texto constitucional que visam garantir os limites do poder punitivo estatal.

O que se revela, portanto, no texto, são as etapas progressivas da normatização dos fatos sociais, fundamentalmente os conflitos sociais, decorrentes da estrutura desigual presente desde a colonização do Brasil, nas quais as políticas de controle social criadas e mantidas para determinados grupos são percebidas até hoje, resultando, neste sentido, em permanências visíveis das práticas seletivas, através de um direito legalmente empregado para garantir todo e qualquer direito fundamental do cidadão, no Estado Democrático Constitucional de Direito.

A perspectiva deste trabalho está direcionado para a análise crítica do sistema punitivo, do Estado e do próprio desenvolvimento dos países ocidentais, a partir do século XIX, o que permite desvendar a relação intimamente existente entre o ordenamento jurídico-penal e o contexto socioeconômico de cada sociedade.

A concepção científica atribuída à criminologia, defendida por sérios profissionais dedicados aos temas criminalidade e segurança pública, permite incluir o próprio Direito Penal como seu objeto de análise, eis que, na abordagem crítica sobre o sistema criminalizante e punitivo, a norma penal assume preponderante lugar, na medida em que este é o mecanismo estatal manipulado para desencadear o processo formal de atribuição da responsabilidade penal a alguém. A norma penal criminalizante, portanto, é a principal chave de análise da ideologia criminalizante que, a partir da experiência europeia, tornou-se o mais contundente instrumento de seleção social, sob o discurso do controle da criminalidade. É por este motivo, de cunho histórico, que o Direito Penal também é analisado nesta obra, sob o enfoque dogmático, como forma de romper com o continuísmo pretensamente neutro que este assume nos mais variados espaços jurídicos. Desta forma, o conceito de crime é problematizado, para que seja despertada a necessidade de se reavaliar os conceitos clássicos, mesmo que mantidos sob influência do finalismo.

A antijuridicidade é confrontada a partir da influência da filosofia kantiana sobre o Direito Penal, que, segundo a ideia de moral, possibilitou a construção do conceito de antijuridicidade, fundamentado na existência de condutas contrárias ao ordenamento jurídico. Assim, a ideia de desvalor, segundo os próprios penalistas, expressa a contrariedade ao Direito, ou seja, a antijuridicidade. Resultou, neste sentido, a relação entre moral e valor, que o Direito Penal apropriou para afirmar a existência de condutas desvaloradas a ponto de serem criminalizadas. Passou-se, assim, da conduta não moral, socialmente desaprovada, para a juridicamente criminalizada.

A culpabilidade também é objeto de análise tendo em vista os limitados elementos jurídicos aplicáveis ao sujeito autor do crime. Considerando, inclusive, a utilidade política do aprofundamento do conceito de antijuridicidade, a culpabilidade deve ser revista sob o ponto de vista da "pessoa", isto é, sobre as reais diferenças existentes entre as mesmas, posto que não devem ser consideradas idênticas pelo simples fato de não serem. Não cabe, pois, ao Direito Penal, neste aspecto relevante, atribuir uma identidade ou formação única às pessoas, como ocorre até o presente momento, para o qual todos devem compreender o Direito e as relações humanas de uma mesma forma. A relação existente entre a pessoa e a sociedade, considerando a existência do arsenal jurídico, deve exigir uma investigação sobre a "real pessoa", e não sobre o ilusório "homem médio". A formação do indivíduo e toda a sua história deve servir como parâmetro para melhor compreender a conduta do mesmo, seja para atenuar ou agravar a sua situação.

Ao final do texto está desenvolvida uma compilação teórica sobre a Teoria Geral do Delito, como forma de apresentar os principais conceitos sobre o tema, bem como para apontar como estes são desconexos com a abordagem crítica, que, para um novo Direito Penal, deve ser realizada de forma a adaptar o ordenamento jurídico brasileiro às garantias fundamentais, e a concepção de criminoso como pessoa, detentora de dignidade e valores próprios.

Os anexos foram incorporados pois são importantes para um estudo mais amplo sobre os temas desenvolvidos. Assim, "as regras mínimas do direito do preso" correspondem às diretrizes nacionais que devem ser obedecidas em todo o território nacional, como bases para a prática punitiva. Aos Estados impõem-se estas regras mínimas, cujo resultado não se dirige tão somente ao infrator, mas ao sistema político punitivo, para que a sociedade perceba as graves contradições realizadas durante séculos.

Ainda como anexos, estão inseridas na obra três transcrições textuais, que possuem elevado valor científico, visto que possibilitam a análise dos discursos jurídicos, da retórica formalista aplicada pelo Direito Penal, segundo o momento histórico. A primeira transcrição é uma análise política sobre o Direito Penal, realizada por Evaristo de Morais, em 1923. A segunda é uma decisão do jurista Ary Franco, de 1930. E a terceira corresponde ao registro sobre um ciclo de conferências realizado pelo Instituto Latino-Americano de Criminologia, ocorrido para analisar o anteprojeto do Código Penal de 1969, de autoria do jurista Nélson Hungria.

A presente obra, diante da conjuntura normativa limitada pelo formalismo positivista, visa contribuir para a problematização do estudo do fenômeno criminal, mediante o resgate histórico das práticas punitivas e a contextualização do arcabouço dogmático a uma ideologia de controle seletivo. A norma penal não foi concebida sob uma neutralidade política, isenta de interesses de determinados grupos dominantes. A história do Direito Penal é uma história não comprometida com os direitos fundamentais da pessoa humana, o que torna este instrumento oficial altamente interessante para os estudos científicos da Criminologia Crítica.

CAPÍTULO 1

O cientificismo sobre a criminalidade

1. A questão da definição de criminologia

A DEFINIÇÃO importa, seguramente, segundo os dicionários, em demarcar com exatidão, determinar o significado, precisar o sentido do termo ou impor os limites, entre outras significações. Todavia, a ação de definir pode ser compreendida de forma menos rígida, considerando a necessidade de se colaborar para a prática do entendimento intelectual.

O objetivo de dar precisão, como querem os peritos da linguagem, causa dúvida quanto ao propósito cultural, eis que o rótulo de "verdadeiro" é questionável, pelo simples fato de que mudando o foco interpretativo tem-se uma nova leitura do objeto. Desta forma, melhor seria se aceitássemos a atribuição principal do termo em questão, qual seja, iluminar o objeto desconhecido, a fim de que seja interpretado, ou até manipulado, segundo o(s) interesse(s) do sujeito.

Nesse sentido, pretendendo-se apresentar a criminologia àqueles que buscam o seu conhecimento, torna-se necessário, por lógica, fornecer as suas características, obtendo-se, pois, uma noção do que seja esta referência científica, sem que se fixe a tarja de "definição correta". Difundir, no plano educacional, as noções teóricas sobre determinado objeto é revelar a privacidade de um conjunto interpretativo de informações próprias do autor, o que, de fato, pode ser aceito por uns e resistido por outros.

Definir a criminologia será, neste trabalho, basicamente, o ato de apresentar suas possíveis características, percebidas pelo autor, segundo sua prática de trabalho técnico e intelectual. A partir das características desta prática científica podemos eleger a sua definição, podendo ser construída, indubitavelmente, por cada um que se empenhe em decifrar e confluir os seus elementos integradores.

Diante de sua perspectiva analítica, **a criminologia possui as seguintes características:**

a) **Problematização do crime:**
   a.1) considera o crime como fato humano-biopsicossocial;
   a.2) como fato social, o crime encontra-se vinculado às condições sociopolíticas vigentes;
   a.3) o crime é um fato complexo que possui natureza humana, mas juridicamente criminalizado;

b) **Interdisciplinaridade:**
   Reconhece a necessidade dos conhecimentos científicos, das diversas áreas do saber, para o estudo do fato social criminoso, tais como a história, a sociologia, a filosofia, a psicologia e a antropologia;

c) **Objetos:**

Dedica-se à análise do fato praticado, do sujeito criminoso, do ordenamento jurídico vigente, das condições socioeconômicas da sociedade, das políticas governamentais implementadas à maioria da população (postura comprometida do Estado), das condições ressocializadoras do sistema penitenciário, além de outros objetos que sejam importantes para a interpretação ampliada da conduta criminosa.

Como visto, a criminologia atribui ao crime muito mais do que um enquadramento legal, isto é, não se prende a formalidades do ordenamento jurídico, pois, diferentemente do Direito Penal, que a partir da Escola Positiva determinou o crime como sendo um *ente jurídico*, o considera um acontecimento resultado das relações humanas, constituído de vários elementos reais, mas que, por conveniência dogmática, não se reconhece na prática processual atual.

Registre-se que, de fato, as doutrinas apresentam a criminologia de forma dividida, como se realmente esta ciência estivesse materializada. Existem, pois, de acordo com estas contribuições doutrinárias, a Criminologia Clássica ou Tradicional, a Moderna, a Crítica, a Clínica, entre outras. Contudo, devemos reconhecer que a Criminologia é o estudo do crime, seja mais afinado ao dogmatismo penal (interesse pelo crime e o criminoso) ou interdisciplinar (visão ampliada e crítica).

Como um fato social que envolve diretamente o agente criminoso e a vítima, o crime requer muito mais do que uma análise distanciada do Poder Judiciário sobre o autor do fato. Aliás, até mesmo o Estado merece ser objeto de análise, considerando a sua condição de condutor das políticas públicas.

Para a criminologia é preciso aproximar-se ao máximo do fato criminoso, uma vez que apresenta inúmeras particularidades específicas sobre o autor, como por exemplo, a sua condição psicológica, econômica e emocional. Empenha-se, ainda, sobre o tipo e a forma de resposta estatal aplicável, em face da finalidade ressocializadora historicamente destacada à pena de prisão, que serve como justificativa dos discursos jurídicos e políticos para a sua manutenção.

Assim, a aplicação da pena privativa de liberdade, em sendo a mais grave das penas, exige a presença de todos os possíveis requisitos humanitários e sociais, até mesmo como forma de facilitar a aceitação para quem vai viver em confinamento. Portanto, práticas como o trabalho e a educação são fundamentais para a potencialização inclusiva do sujeito, além do fortalecimento do vínculo familiar, respeito e máxima valorização de sua autoestima.

Aceitar a pena de prisão como algo dado historicamente, sem ao menos questionar a sua lógica política, bem como as suas efetivas consequências, tanto ao infrator como à própria sociedade, seria uma irresponsabilidade científica, passível de total descrédito profissional e acadêmico.

Portanto, diante deste contexto ampliado sobre o crime, a criminologia pode ser aceita como a ciência que se dedica ao estudo problematizado do crime como fato social, que possui características que envolvem o autor, a vítima, o Estado – quanto ao ordenamento jurídico, às políticas criminais vigentes e a políticas públicas sociais fundamentais ao cidadão –, bem como a sociedade, no que tange às instituições políticas (associações, mídia...) e a participação dos indivíduos.

2. A criminologia como ciência

Se a ciência é o estudo contínuo de um determinado objeto, realizado por métodos próprios destinados à interpretação, podemos dizer, facilmente, que a criminologia é uma ciência. E se o objeto da criminologia é o fato social, juridicamente desvalorado, podemos dizer que se trata de uma ciência social.

Existem, na atualidade, algumas obras literárias que pretendem revelar algumas "verdades" sobre o fenômeno criminal. Contudo, a própria busca e determinação da verdade deprecia o resultado apresentado. Se nos valermos dos vários elementos constituidores do crime, enquanto evento social, notaremos que não será tarefa fácil interpretá-lo, eis que nos depararemos com inúmeras questões pessoais referentes ao criminoso, capazes de nos afastar demasiadamente do fato enquanto problema jurídico. Este é um dos propósitos das ciências sociais[1] , tornar o fato humano algo mais rico do que um problema superável pelo Direito Penal.

Enquanto ciência, a criminologia busca uma aproximação verdadeira com o fato social criminoso, tentando visualizar o máximo de seus elementos integradores, como forma de melhor revelar a respectiva interpretação. Diante do fato, adotando-se, pois, o método indutivo, a criminologia percebe questões não aparentes, mas que podem conceder fundamental importância para análise do fato. É neste aspecto que a criminologia se distancia do Direito Penal. Enquanto a criminologia busca enfrentar a complexidade do fato, o Direito Penal resume a sua atuação no enquadramento do fato às leis vigentes. É certo que o Direito Penal trabalha na direção da satisfação social, o que o conduz na direção da elaboração da arquitetônica sistematização das normas e na exata aplicação de suas regras punitivas, mas, não mais do que criar a norma e sujeitar o fato ao seu conteúdo.

Portanto, tratando-se de uma análise sobre um evento humano, a criminologia concederá ao crime o maior grau possível de problematização, a fim de que sejam descortinados os seus elementos, vislumbrando, por conseguinte, um estudo detalhado mais próximo da realidade, sem, contudo, pretender explicá-lo, mas tão somente interpretá-lo, pois cada crime comporta inúmeras vertentes psicossociais, o que afasta a possibilidade de se buscar um resultado padrão de comportamentos.

1. Filho, Arnaldo Lemos. As ciências sociais e o processo histórico. In: *Introdução às Ciências Sociais*. Org. Nelson C. Marcelino. 14ª edição, Campinas, Papirus, 2005. A preocupação em conhecer e explicar os fenômenos sociais sempre se fez presente na história da humanidade. Mas a tentativa de se dar uma explicação científica ao comportamento social e às condições sociais de existência dos seres humanos é um produto recente do pensamento.

3. A interface com as ciências sociais e humanas

O cientificismo acadêmico, a partir do fim do século XIX, buscou dar explicações sobre os fatos e as condições sociais, as relações humanas e suas transformações, orientando-se, nitidamente, para uma referência intelectual sobre a verdade, substituindo a intervenção católica sobre os fatos, cuja verdade se revelava de outro modo, ou seja, segundo a vontade divina, declarada pela Igreja.

A sociologia estrutural-funcionalista aplicou métodos e discursos que geraram resultados explicativos positivos, sobre a nova ordem produtiva e as suas consequências, especialmente quanto a fome, criminalidade, desemprego, entre outras inerentes às condições sociais. Neste aspecto, é possível compreendermos que esta postura científica tem relação direta com o equilíbrio político que se almejava, a fim de justificar as flagrantes contradições instaladas com o processo de industrialização.

Considerando esta perspectiva de explicação sociológica da vida pósmoderna – denominação que sobreveio ao modernismo industrial – deparamo-nos com a postura acadêmica de sintonizar tais teorias com a busca do real e da verdade. Desta forma, a partir desta tendência, analisar a sociedade seria o mesmo que apresentar a explicação do que *"ela é"* e *"como funciona"*, desconsiderando possíveis questionamentos, eis que empregados os recentes métodos explicativos do cientificismo sociológico, influenciado pelo empirismo científico-natural.

Diante deste determinismo científico, consolidado ao longo do tempo, alguns autores mais críticos classificaram estas posturas científicas, da sociologia funcionalista, como aliadas da ideologia capitalista, já que o conhecimento passou a justificar determinadas ações políticas, sendo um verdadeiro braço dos governos liberais. Percebemos em Lyotard[2] como em Foucault[3] o registro de que o saber passou a representar uma forma de poder, ainda mais quando nos atemos às sociedades desenvolvidas, cujas características se apresentam pelo nível de tecnologia e de difusão da informação. Quanto

2. Lyotard, Jean-François. *A condição pós-moderna*. 6ª edição, Rio de Janeiro, José Olympio, 2000. "Sob a forma de mercadoria informacional indispensável ao poderio produtivo, o saber já é e será um desafio maior, talvez o mais importante, na competição mundial pelo poder."

3. Foucualt, Michel. *A verdade e as formas jurídicas*. "O Ocidente vai ser dominado pelo grande mito de que a verdade nunca pertence ao poder político, de que o poder político é cego..." "O poder político não está ausente do saber, ele é tramado com o saber."

menos se sabe menos se pode participar e ter. Assim, a exclusão neste sistema econômico se verifica, em grande medida, pela ausência do conhecimento.

Os aspectos econômicos e culturais perseguidos hoje por várias sociedades, isto é, por seus governos, são os relacionados ao aumento da tecnologia – para a produção e a distribuição dos bens de consumo materiais – e da informação, estes inerentes à informatização e democratização do conhecimento, ou seja, da mecanização tecnológica da informatização.

A questão maior, sobre a teorização científica, especialmente sobre as contradições sociais, talvez resida na propagação das chamadas "verdades", donde o sujeito se vê localizado numa conjuntura socioeconômica segundo o que lhe é apresentado. As ciências sociais, portanto, estariam, desde o século XIX, afirmando as características sobre as sociedades como algo dado, certo e definido. Neste particular, se entendemos que o ser humano na pós-modernidade é influenciado pelo conhecimento, como forma de interpretar a sociedade, ou seja, a forma como se relacionam as pessoas em determinado espaço, resta claro que a sua forma de ver é produto do que lhe foi proposto. Assim, a verdade e o real são construções humanas, que podem servir – e certamente servem – como referência política dos governos, bem como para os discursos conservadores[4].

Justamente porque o conhecimento pode proporcionar a aceitação pacífica de uma dada realidade, devemos avaliar criticamente as ações políticas, eis que são instrumentos estatais que se utilizam de análises científicas que não determinam a verdade, além de serem adotadas segundo o interesse do intérprete, ou seja, o conhecimento é manipulável.

Este debate acerca do conhecimento e das ações políticas é fundamental para que seja enfrentada a questão da legitimidade destas ações. Então, quando observamos uma ação pública de um determinado governo – e não estamos nos referindo à ação resultante de um governo ditatorial – devemos

4. Junior, João-Francisco Duarte. *O que é realidade*. São Paulo, Brasiliense, 1995. "O mundo se apresenta com uma nova face cada vez que mudamos a nossa perspectiva sobre ele. Conforme a nossa intenção ele se revela de um jeito. Em linguagem filosófica dir-se-ia que as coisas adquirem estatutos distintos segundo as diferentes maneiras da intencionalidade humana.". "Será fundamental compreender-se que a realidade não é algo dado, que está aí se oferecendo aos olhos humanos, olhos que simplesmente a registrariam feito um espelho ou câmera fotográfica. O homem não é um ser passivo, que apenas grava aquilo que se apresenta aos seus sentidos. Pelo contrário: o homem é construtor do mundo, o edificador da realidade. Esta é construída, forjada no encontro incessante entre os sujeitos humanos e o mundo onde vivem."

avaliar se esta ação possui legitimidade sobre os vários aspectos sociais, e não simplesmente porque se prende a uma determinada teoria, mesmo que sustentada por muitos. Consideraremos, pois, que o conhecimento, por ser um meio de visualização social, pode servir de meio também para ações políticas inadequadas, uma vez que para o referido grupo a realidade que justificou as ações não é a mesma que foi interpretada pelos cientistas sociais[5].

Por esse prisma crítico, o processo analítico-científico, realizado nas sociedades ocidentais, sobre o crime, precisa ser descolado, ao menos em termos teóricos, dos discursos políticos de sua contenção, porque, por estarem, via de regra, caminhando em paralelo, tornam-se na prática análises políticas, o que certamente as desqualificam cientificamente, diante do nítido comprometimento com o interesse político-administrativo da sociedade. Afirma-se, neste particular, que a apreensão das análises sobre o crime depende de um olhar seguramente crítico, obtido pelo necessário afastamento e suspeição das resultantes das análises. O crime, na verdade, além de ser um fato, é uma denominação e uma construção jurídica, isto é, algo realizado por um ser humano e codificado por outros. Compreender o crime como fato é muito mais complexo do que conhecê-lo juridicamente.

O crime, como uma representação do mundo jurídico, é diferente do crime como fato para o sociólogo, para o historiador, para o psicólogo, para o autor do fato, para a vítima e para a sociedade como um todo. Dependendo do lugar e da influência científica que possua, o crime será um objeto com distintas características, não sendo, assim, algo determinado, absoluto ou imutável.

4. O crime como fenômeno social

Para o direito o crime é considerado, desde o século XIX, na chamada Escola Positiva, um ente jurídico, ou seja, uma criação jurídica ou uma construção conceitual das ciências jurídicas. Embora possamos considerar a influência das explicações antropológicas e sociológicas clássicas, que objetivavam apresentar teorias etiológicas do crime, como feito pelo médico

5. Lyotard, Jean-François. *A condição pós-moderna*. 6ª edição, Rio de Janeiro, José Olympio, 2000. "A questão da legitimação encontra-se, desde Platão, indissoluvelmente associada à da legitimação do legislador. Nesta perspectiva, o direito de decidir sobre o que é verdadeiro não é independente do direito de decidir sobre o que é justo, mesmo se os enunciados submetidos respectivamente a esta e àquela autoridade forem de natureza diferente. É que existe um entrosamento entre o gênero de linguagem que se chama ciência e o que se denomina ética e política: um e outro procedem de uma mesma perspectiva ou, se se preferir, de uma mesma 'opção', e esta chama-se Ocidente".

Lombroso e pelo sociólogo Enrico Ferri, cujas análises perpassavam elementos endógenos (biológicos) e exógenos (sociais), que mais serviram para justificar as sanções do que para visualizar o crime com fato não jurídico, não podemos admitir que o crime tenha sido, historicamente, objeto de um legítimo estudo interdisciplinar, apesar de reconhecido pelo direito.

A execução dos instrumentos públicos repressivos, segundo as normas jurídicas existentes no Brasil, nitidamente serviu para consolidar o princípio da proteção da sociedade – defesa social, como o princípio maior, mas deixou de lado as ações direcionadas ao sujeito. A este concedeu-se, como regra, a prisão como resposta do Estado (democrático constitucional e social de direito), tornando o criminoso um simples destinatário das ações públicas segregadoras. Esta façanha política do direito penal serviu à lógica de negação do sujeito, lógica que notabilizou-se pelo uso do discurso da reinclusão, promovendo, contudo, a subtração da dignidade humana pelas técnicas de invisibilidade do condenado.

Juridicamente o crime poderia ser algo mais do que uma definição encorpada por institutos jurídicos, assim, um fato social como se apresenta. O direito, na sua perspectiva de defesa social, cria a figura do crime, para o exercício do direito penal, composto apenas por elementos jurídicos, descaracterizando-o como fato social. Assim, o crime não se revela como um fato complexo, que envolve fatores múltiplos, objeto de uma análise difícil para o juiz. Simplesmente o crime é uma definição jurídica. A Lei de Introdução ao Código Penal (Decreto-Lei nº 3.914/1941) definiu, em seu art. 1º, o crime como sendo: "...a infração penal a que a lei comina pena de reclusão ou de detenção, quer isoladamente, quer alternativa ou cumulativamente com a pena de multa". Existindo, pois, o fato, que se enquadra na norma jurídica punitiva, tem-se o crime.

Vejamos como os doutrinadores, via de regra, persistem em convencer que o crime, segundo a necessidade de aplicação de uma norma penal aflitiva, pode ser algo diferente do que o próprio fato:

Para Heleno Fragoso:

> Crime é essencialmente um conceito jurídico, enquadrando-se na teoria geral do direito. A essência do crime reside em sua juridicidade, ou seja, em seu aspecto de fato estabelecido pelo direito. Constitui o crime conduta contrária ao direito, situando-se na vasta categoria do ilícito jurídico em geral[6].

6. Fragoso, Heleno Cláudio. *Lições de Direito Penal*, 17ª edição, Rio de Janeiro, Forense, 2006.

Para Cezar Roberto Bitencourt:

> Embora a inicialmente confusa e obscura definição desses elementos estruturais, que se depuraram ao longo do tempo, o conceito analítico, predominante, passou a definir o crime como a ação típica, antijurídica e culpável[7].

Para Damásio de Jesus: "De tudo que foi dito resulta que são características do crime sob o aspecto formal: 1º) o fato típico; e 2º) a antijuridicidade"[8].

Para Mirabete: "Podemos, pois, reafirmar, em perspectiva bem mais acurada e extensiva, que o crime é o fato humano típico e ilícito, em que a culpabilidade é o pressuposto da pena, e a periculosidade o pressuposto da medida de segurança"[9].

Para Fernando Capez:

> Sob esse ângulo, crime é todo fato típico e ilícito. Dessa maneira, em primeiro lugar deve ser observada a tipicidade da conduta. Em caso positivo, e só neste caso, verifica-se se a mesma é ilícita ou não. Sendo o fato típico e ilícito, já surge a infração penal. A partir daí, é só verificar se o autor foi ou não culpado pela sua prática, isto é, se deve ou não sofrer um juízo de reprovação pelo crime que cometeu. Para a existência da infração penal, portanto, é preciso que o fato seja típico e ilícito[10].

Para Rogério Greco:

> Como vimos, segundo a maioria dos doutrinadores, para que se possa falar em crime é preciso que o agente tenha praticado uma ação típica, ilícita e culpável. Alguns autores, a exemplo de Mezger e, entre nós, Basileu Garcia, sustentavam que a punibilidade também ingressava em tal conceito, sendo o crime, pois, uma ação típica, ilícita, culpável e punível. Estamos com Juarez Tavares, que assevera que a punibilidade não faz parte do delito, sendo somente a sua consequência[11].

7. Bitencourt, Cezar Roberto. *Tratado de Direito Penal*, Volume 1. 8ª edição, São Paulo, Saraiva, 2003.

8. Jesus, Damásio E. *Direito Penal*: Parte Geral. 1º volume, 28ª edição, São Paulo, Saraiva, 2005.

9. Mirabete, Julio Frabbrini; Fabbrini, Renato N. *Manual de Direito Penal. Parte Geral.* Volume 1. 24ª edição, São Paulo, Atlas, 2007.

10. Capez, Fernando. *Curso de Direito Penal*: Parte Geral, Volume 1, 4ª edição, São Paulo, Saraiva, 2002.

11. Greco, Rogério. *Curso de Direito Penal.* Volume 1, 7ª edição, Rio de Janeiro, Impetus, 2006.

Para Aníbal Bruno: "Determinadas a antijuridicidade e a tipicidade do fato tem de passar-se à culpabilidade do agente para concluir-se pela aplicabilidade da pena. A culpabilidade é, assim, um elemento da estrutura conceitual do crime. Do crime como ação típica, antijurídica e culpável"[12].

Considerando que o estudo do direito penal prescinde do conhecimento apresentado pelos doutrinadores, enquanto um de seus instrumentos primordiais de interpretação e aplicação da norma penal, ao lado do entendimento jurisprudencial, torna-se evidente que se o processo de formação do jurista é baseado nesta concepção formal do fato humano, o direito não deixará de ser algo distante do próprio ser humano, vindo a relacionar-se com este pelo simples resultado jurídico de sua conduta, mas não por ser um fato que exige uma postura de compromisso social e político. Sendo assim, a atual discussão sobre o crime deve ser levada à esfera da concepção do direito penal, para depois desfrutarmos dos benefícios que as investigações científicas irão proporcionar. Por enquanto, o que se percebe é que o direito penal tem um fim em si mesmo, estreitamente aliado à ideologia punitiva e antissocial implementada pelos governos neoliberais.

Neste aspecto, mas por uma vertente epistemologicamente oposta, devemos enfrentar a questão da criminalidade por seus ângulos factuais, e não meramente pelos ângulos jurídicos criados pelo direito, pois a ficção criada pelo direito pode ser o maior entrave pós-moderno de enfretamento da criminalidade, ou mesmo de seu recrudescimento, já que o crime como fato que é, motivado pela ação humana, pode ser interferido em suas bases fundamentais, e não somente na superfície, através dos métodos intimidatórios ou corretivos.

O crime é uma representação material da vontade humana, e exige, portanto, uma análise fiel a este fato. Mas, considerando que o agente deste fato encontra-se imbricado por várias relações sociais, é necessário que as instituições governamentais declarem este fato como produto de complexas relações, e que o sujeito seja reconhecido como portador de necessidades básicas e constituído de uma instável influência psicológica, como qualquer outro ser humano. Devido à estas características, o comportamento humano antijurídico pode não possuir relação direta com a não sujeição à norma, isto é, como meio intimidatório, porque o sujeito, dadas as circunstâncias

12. Bruno, Aníbal. *Direito Penal*, tomo I, Rio de Janeiro, Forense, 2003.

vividas, pode não se influenciar pelo ordenamento jurídico, sendo algo muito distante para ele. Desta forma, a mera adequação do fato aos preceitos jurídicos formais pode produzir efeitos imprestáveis, como o que se percebe na maioria dos casos, em que condenados superlotam os cárceres no Brasil.

5. O Direito Penal em análise

A criminologia crítica elegeu, acertadamente, o próprio direito penal como um de seus objetos de investigação, vez que este possui o condão punitivo da organização estatal. A sociedade, sistemicamente organizada com bases nos institutos republicano-democráticos, elegeu na modernidade o Estado como o seu legítimo representante, e este exerce a administração social em diversas esferas, inclusive no que se refere à harmonização da coletividade (a ação preventiva e repressiva do crime poderia ser privada, sem participação do Estado, mas esta não é nem foi a opção quando da consolidação dos regimes representativos dos povos ocidentais). Esta, aliás, é a principal finalidade do Estado, desde as concepções clássicas que postularam a representação política na figura do Estado, em substituição ao rei e à igreja.

A harmonização social está relacionada à existência tolerável da violência, seja ela patrimonial ou física. Neste aspecto, cumpre-nos aceitar o fato de que a violência sempre estará presente na sociedade, seja envolvendo a honra, o patrimônio ou a vida de alguém, porém em níveis tão baixos que permitam a sua aceitação.

Neste contexto de formação do Estado moderno e organização social nos deparamos, de fato, com dois processos paralelos em curso: o primeiro diz respeito ao crescimento do setor industrial, que foi responsável pela modernização da produção e do desemprego em massa; e o segundo à efetivação da norma como regulamentadora das condutas humanas. Assim, o Estado visando cumprir sua função garantidora incorporou para si as táticas existentes para interferir nas condutas humanas: a expiação do mal pela pena de prisão (contribuição da Igreja Católica), visando corrigir o criminoso, bem como a descrição das condutas consideradas temíveis pela sociedade, através dos Códigos Penais. Relacionar as condutas e punir o criminoso tornou-se a solução até os dias de hoje, independentemente da falibilidade desta escolha. Por estas razões, o Direito Penal ainda é o instrumento estatal aplicável para resolver o problema da violência existente na sociedade, muito embora diversos sejam os tipos de violência existentes e diversas as suas características reais.

Durante o século XX percebeu-se a fundamentação doutrinária que protegeu o direito penal como o melhor remédio para uma sociedade alarmada com o crime, e pouco se viu com relação às críticas deste modelo. Tanto o direito penal como a sociologia serviram de suporte para este Estado punitivo, muito influenciado pelo discurso do desvio moral e jurídico presente no criminoso. Mas, o que deveria ser uma referência positiva para a contenção do crime, seja pelo discurso da intimidação (prevenção geral) ou corretiva (prevenção especial), tornou-se algo visivelmente frágil, no sentido de que não demonstrou a sua eficiência quanto à intimidação, nem mesmo quanto à correção. O Estado, que assumiu a responsabilidade pela promoção da garantia coletiva e optou pelo modelo da pena de prisão, revelou-se apenas como um oficial segregador de pessoas. Um grande carcereiro. Mas, e o direito penal? O que era e o que ainda é? Estas são perguntas que certamente servirão para equilibrar a avaliação entre a decisão do sujeito em praticar o crime e a legitimidade do Estado para intervir positivamente, pois desejaríamos que o sujeito decidisse por não praticar o crime e que o Estado possuísse melhores métodos de interferência, fossem eles para a efetiva diminuição do crime, como para a reversão da qualidade de vida do criminoso.

Encontramos facilmente, nos manuais doutrinários, a missão do direito penal, no que tange à sua construção política de convencimento da atuação jurídica contra o evento criminoso. Neste passo, vários doutrinadores estipularam a missão do direito penal, sendo, recorrentemente, semelhantes ente si as suas argumentações de caráter conceitual.

6. Modelos teóricos de prevenção do delito

Encontramos nos diversos textos jurídico-penais, precisamente quando referem-se à chamada "história da evolução das penas" – termo emprestado pela teoria darwiniana sobre o estudo da evolução das espécies – , a menção sobre as teorias que justificaram, e ainda justificam, a aplicação das penas, especialmente a pena de prisão.

Estas teorias estão divididas, enquanto medidas de política criminal, em: teorias absolutas, teorias relativas e teorias mistas. Vejamos cada uma delas:

a) **teorias absolutas**: para estas teorias as penas devem ser aplicadas pelo simples fato do sujeito ter praticado o crime, como uma espécie de vingança (vindita). Ao mal praticado pelo criminoso deve ser aplicado, retributivamente, o mal da pena (morte ou prisão). Nos tempos mais remotos seria a pena de morte, e nos tempos modernos a pena de prisão. Estas teorias surgiram durante a Idade Média, em plena vigência do absolutismo monárquico. As fundamentações políticas e filosóficas se prendiam na defesa da ética e da moral, justamente pelo fato de sofrerem a influência da Igreja Católica. Foram defensores destas teorias Kant e Hegel;

b) **teorias relativas:** também conhecidas como prevencionistas, baseavam-se na necessidade de atribuir um caráter utilitário às penas, a fim de que fosse possível promover uma prática funcional a estas, tanto no seu aspecto abstrato como concreto. O sujeito não deveria simplesmente pagar pelo mal realizado, mas extrair algum proveito da pena. Vinculadas à Escola Positiva, estas teorias visavam intimidar o indivíduo para que não praticasse o crime, ou corrigir o condenado, para que não voltasse a praticá-lo. Jusfilósofos como Feuerbach, Bentham e Von Liszt fizeram parte, a partir de contribuições próprias, destas teorias.

Estas teorias foram divididas em:

b.1) **Prevenção geral:** as penas devem ser aplicadas visando a intimidação do sujeito, a fim de que este seja desestimulado a praticar o crime, temendo ser punido pelo Estado[13]. Neste aspecto, um problema a ser enfrentado pelo Estado, já que este exerce o seu poder de punir com base no descumprimento do dever do cidadão, está na necessidade de todos conhecerem os crimes puníveis pelo Estado, reafirmando, assim, a relação direta entre a existência da norma punitiva e do respeito à mesma. Portanto, para os prevencionistas, a ameaça é o melhor instrumento de contenção do crime.

13. Bitencourt, Cezar Roberto.*Tratado de Direito Penal*: Parte Geral, 11ª edição, Saraiva, São Paulo, 2007, pág. 90. "A prevenção geral fundamenta-se em duas ideias básicas: a ideia da intimidação, ou da utilização do medo, e a ponderação da racionalidade do homem. Essa teoria valeu-se dessas ideias fundamentais para não cair no terror e no totalitarismo absoluto. Teve, necessariamente, de reconhecer, por um lado, a capacidade racional absolutamente livre do homem – que é uma ficção como o livre-arbítrio –, e, por outro lado, um Estado absolutamente racional em seus objetivos, que também é uma ficção. Para a teoria da prevenção geral, a ameaça da pena produz no indivíduo uma espécie de motivação para não cometer delitos. Ante esta postura encaixa-se muito bem a crítica que se tem feito contra o suposto poder atuar racional do homem, cuja demonstração sabemos ser impossível. Por outro lado, essa teoria não leva em consideração um aspecto importante da psicologia do deliqüente: sua confiança em não ser descoberto. Disso se conclui que o pretendido temor que deveria infundir no delinqüente, a ameaça de imposição de pena, não é suficiente para impedi-lo de realizar o ato delitivo."

b.2) **Prevenção especial:** para os partidários desta teoria a pena serve para atingir o criminoso, e fazer com que este não reitere a sua conduta. Não se acredita na intimidação por meio da pena, mas sim na correção do sujeito, com base na ressocialização, a fim de que este não retorne à sua prática delitiva[14].

Afora estas teorias, existem outras que podem ser consideradas como apêndice, pois não inauguram novas práticas, mas tão somente suscitam a integração destas, interpelado sempre o crime, tendo em vista a sua mitigação.

14. Bitencourt, Cezar Roberto. *Tratado de Direito Penal*: Parte Geral, 11ª edição, Saraiva, São Paulo, 2007, pág. 94. "A prevenção especial não busca a intimidação do grupo social nem a retribuição do fato praticado, visando apenas aquele indivíduo que já delinqüiu para fazer com que não volte a transgredir as normas jurídico-penais."

CAPÍTULO 2

O resgate do processo histórico de consolidação do sistema punitivo-formal-repressivo

1. Antecedentes históricos do controle penal europeu

1.1. A importância da história para a compreensão do direito

A HISTÓRIA, como a mais importante ferramenta para a compreensão do direito e das formas das relações sociais antecedentes ao mundo contemporâneo, nos permite absorver notáveis elementos interpretativos da construção do direito, e em particular do próprio Direito Penal.

Se a funcionalidade da história reside fundamentalmente em nos apresentar, de forma clara (verdadeira), circunstâncias do passado que motivaram o atual quadro das sociedades pós-modernas, é possível admitir que o reconhecimento do processo histórico do Direito Penal dependa do diagnóstico das manifestações deste direito e da sua intrínseca relação com as formas de poder dominante, que certamente detinham o controle sobre os indivíduos dominados[1].

1. O jurista e professor Nilo Batista destaca a importância da História para compreensão da realidade, diferentemente do reconhecimento pelos discursos ideologizados por grupos representativos, como acontece no Direito através dos juristas, que não apresentam o Direito segundo a realidade, mas o que pode é dito como real através do Direito. "Na confluência, portanto, de aportes da Criminologia Crítica e da atração metodológica da História Nova, este trabalho – com todas as deficiências que provêm de não ter como autor um criminólogo ou um historiador, senão um jurista – tem que principiar por uma declaração aberta no sentido da urgente ruptura com os padrões da historiografia jurídica tradicional." (Batista, Nilo. *Matrizes Ibéricas do Sistema Penal* Brasileiro – I. Coleção Pensamento Criminológico. Instituto Carioca de Criminologia, Rio de Janeiro, Freitas Bastos, 2000, p. 17).

A avaliação histórica do Direito Penal, portanto, não exige do pesquisador a utilização de recursos "afinados" ao direito, isto é, aqueles que somente permitem a análise segundo as formas de manifestação do ordenamento jurídico penal e suas remotas influências, e que destinam a reconhecer a trajetória da consolidação do instrumento normativo penal estatal, enquanto mecanismo de "organização social". Na verdade, é necessário que cada vez mais nos afastemos do direito como forma de reconhecê-lo, posto que o resultado de uma aproximação visceral não permite a melhor identificação do objeto analisado, o que prejudica a determinação das verdadeiras características do corpo pesquisado.

Neste passo, o recurso oferecido pela história, afastada a tendência de somente apresentar determinados fatos, mediante um discurso retórico de convencimento do positivo, entra em confronto direto com os discursos tradicionais dos juristas, que, para definirem o direito como algo decorrente da antiguidade, lançam mão somente das manifestações jurídicas, e das suas formas remotas não normativas, sobre as sociedades antecedentes[2].

Em decorrência desta tendência clássica de reproduzir o direito, e que impossibilitou a produção científica do conhecimento jurídico-social, mediante uma análise crítica das relações sociais e do direito, é que se torna fundamental uma pesquisa que vislumbre as principais características do Direito Penal, tornando viável o seu melhor reconhecimento. A partir desta ação reflexiva científica, então, poderemos definir a atual relação entre direito, sociedade, Estado e poder[3].

Portanto, não através do mecanismo jurídico-clássico, e sim através da ampliação da observação, que somente a história nos permite, porque torna

2. "Sobretudo, sair da escritura legal – não para abandoná-la, mas como quem vai ao café da esquina refrescar as ideias – pode ensejar ângulos reveladores da ideologia do sistema penal. Antes de mais nada, desconfiemos da escritura legal." (Batista, Nilo. *Matrizes Ibéricas do Sistema Penal Brasileiro* – I. Coleção Pensamento Criminológico. Instituto Carioca de Criminologia, Rio de Janeiro, Freitas Bastos, 2000, p. 18.

3. "Uma história 'interna' do direito penal, reduzida à sucessão cronológica das leis penais, ainda que acrescida das correspondentes exposições doutrinais e interpretações pretorianas, não dá conta da compreensão das funções reais que tal direito desempenha no contexto de determinada organização social. A narrativa histórica 'interna' está sujeita a todos os riscos das dissimulações ideológicas que freqüentam o discurso jurídico; tais riscos podem ser diminuídos por sua articulação diacrônica à história da política criminal, ou seja, dos concretos objetivos do controle social penal, com definição de classes e grupos envolvidos."(Batista, Nilo. *Matrizes Ibéricas do Sistema Penal Brasileiro* – I. Coleção Pensamento Criminológico. Instituto Carioca de Criminologia, Rio de Janeiro, Freitas Bastos, 2000, p. 24).

o objeto mais autêntico, é que perceberemos a influência dos movimentos realizados a partir da Idade Média, processo este desencadeado após as guerras ocorridas na península ibérica, e a expansão do cristianismo, na construção do Direito Penal, segundo os traços do Direito Canônico. Na esteira do conhecimento e do aprofundamento teológico das teorias penais, o jurista e professor Nilo Batista, ao prefaciar a obra do mestre Juarez Cirino dos Santos, *A moderna teoria do fato punível*, registra, por uma passagem histórica, ocorrida no 1º Congresso Nacional do Ministério Púbico, em 1942, os limites de um olhar burocrata, no caso, dogmático, pois amaldiçoado pela tosca modelagem positivista.

1.2. A conjuntura político-social da Península Ibérica após a Queda do Império Romano

Obedecendo à proposta inicial de se compreender o direito contemporâneo a partir do resgate histórico das relações e tensões sociais antecedentes, vislumbramos a importância das mudanças ocorridas na formação dos países europeus após a Queda do Império Romano. A elevada importância deste momento para as transformações futuras na Europa dá-se pela ruptura das formas de socialização dos povos peninsulares, segundo a cultura dos chamados povos bárbaros.

A decadência do Império Romano ocorreu no complexo século V d.C., quando os germanos, que já haviam conquistados algumas regiões da Península Ibérica, dominaram através de uma guerra sangrenta os exércitos romanos. O referido grupo que compunha-se de povos guerreiros, estava dividido em Visigodos (godos do Oeste), Ostrogodos (godos do Leste) e Saxões, pertencentes à atual Alemanha, Francos, originados da atual Bélgica e Holanda, bem como os Álamos, Vândalos, Normandos, entre outros.

Contudo, segundo o relato sobre os inúmeros conflitos entre os grupos existentes na região ibérica, percebe-se facilmente a predominância do povo visigótico sobre os demais, inclusive sobre os suevos, apesar da forte resistência apresentada[4].

4. "As estradas e pontes romanas esboçaram alguma ligação entre lugares, pouquíssima entre culturas diferentes. Tal fragmentação, que as escassas guarnições imperiais não lograriam superar para qualquer mobilização conjunta de resistência, favoreceu os invasores do século V."(Batista, Nilo. *Matrizes Ibéricas do Sistema Penal Brasileiro* – I. Coleção Pensamento Criminológico. Instituto Carioca de Criminologia, Rio de Janeiro, Freitas Bastos, 2000, p. 59).

A análise da Queda do Império Romano exige, assim, uma retrospectiva das relações conflitantes entre os povos germânicos, que denota o quanto estes buscavam o domínio do território ibérico, posto que o enfrentamento ao exército romano prescindia da prevalência da unidade "bárbara" sobre o fragmentado povo romano.

Efetivamente a disputa pelo domínio da península ibérica deu-se entre os visigodos e os suevos. Os suevos, na mais importante batalha, após tentarem manobra política quando do casamento entre os membros dos dois grupos (filha de Teodorico I (suevo) e Requiário (visigótico)), foram derrotados em 455, quando os visigodos eram chefiados por Teodorico II, sucessor de Requiário. O fato é que sempre houve tensão social nos territórios conquistados pelos visigodos, considerando a resistência com os suevos. Quanto aos visigodos, estes, comandados por Alarico, após saquearem a Grécia, rumaram para a Itália, até subjugarem o Império Romano.

Toda gama de conflitos e disputa pelo poder existente na península ibérica entre os séculos V e XII, quando percebemos a retomada dos territórios, revelam as gerações de tensões e guerras, nas quais a busca pelo controle passa a compor o principal objetivo dos reinos bárbaros.

Neste processo de conquistas e manutenção do poder, em território "estranho", os visigóticos apropriaram-se, após a influência da cultura romana, do uso da lei como fundamento e forma de manutenção de poder, que se expressou através do Código de Eurico (séc. V), Breviário de Alarico (séc. VI), e o *Liber Judiciorum*, conhecido também por *Lex Wisigothorum* ou Fuero Juzgo (séc. VII).

Quanto ao Código de Eurico, primeira legislação após a decadência do Império Romano, pouco se sabe. No que tange ao Breviário de Alarico, este surgiu sob forte influência do direito romano, contudo, é através do *Liber Judiciorum* que se consolidará o direito penal visigótico.

É preciso registrar que mesmo após a consolidação das normas ibéricas, os conflitos se mantiveram, entre os suevos, ostrogodos e visigodos, tendo sido alcançada a hegemonia destes últimos com Leovigildo[5].

5. "A questão religiosa estava na base de muitos conflitos que os visigodos haviam enfrentado: desde o grande apoio que contribuíra para a vitória franca, da qual resultou sua erradicação quase total da Gália, até articulações diplomáticas do rei suevo católico Miro. O sistema hispano-romano, onde encontrávamos cidades administradas por bispos católicos, reagia ao arianismo, e dificultava a integração das populações." (Batista, Nilo. *Matrizes Ibéricas do Sistema Penal Brasileiro* – I. Coleção Pensamento Criminológico. Instituto Carioca de Criminologia, Rio de Janeiro, Freitas Bastos, 2000, p. 64).

A cultura desses povos guerreiros estava baseada nos costumes, pela qual a força representava a forma para superar os conflitos internos entre os seus membros, o que contribuiu enormemente para as vitórias nas guerras, e, consequentemente, na expansão de seus territórios.

O exemplo de uma sociedade pautada em regras amplas e imperativas não correspondia aos hábitos organizacionais onde o poder era representado basicamente pela prática da violência. Exemplos são possíveis de serem demonstrados, considerando as práticas ocorridas nas pequenas relações sociais. Tanto é assim que a ofensa ou desonra praticada por um membro do grupo contra outro do mesmo grupo acarretava o Estado de *faida*, que representava inimizade e vingança de sangue[6].

Efetivamente, os germanos não suportavam as ofensas ocorridas entre os seus membros, nem mesmo contra seus grupos, fatos que resultavam, comumente, em morte. Outros fatos determinavam respostas verdadeiramente desproporcionais, como nos casos de traição, covardia e homossexualismo, aos quais impunham-se a lapidação, morte na fogueira e enforcamento[7]. Para os germanos os fatos ofensivos eram considerados perda da paz, o que exigia uma reação forte como forma de se expiar o mal, protegendo-se, portanto, os interesses divinos.

Fazia parte da busca da verdade, no que tange à revelação da autoria do fato ofensivo, as denominadas *ordálias* ou Juízos de Deus, que consistiam em provações, as quais os supostos autores deveriam ultrapassar, a fim de que restasse certa a sua inocência. Os exemplos clássicos desta prática eram as águas ferventes, ferro candente e o duelo.

O que representou o choque nas relações sociais do povo romano, como uma grande descaracterização cultural, foram justamente estas práticas violentas, que evidenciaram a presença emblemática da dominação germana.

Os romanos também utilizavam reações violentas contra as condutas consideradas infratoras, mas estas eram reguladas pela *lex publica* (determinações do Estado: *Codex Gregorianus*, *Codex Hermogenianus*, *Codex Theodosianus* e, finalmente, o *Codex Justiniano*). Na verdade,

6. Coimbra, Mário. *Tratamento do injusto penal da tortura*, São Paulo, Revista dos Tribunais, 2002, p. 30.

7. Coimbra, Mário. *Tratamento do injusto penal da tortura*, São Paulo, Revista dos Tribunais, 2002, p. 31.

Roma possuía leis que regulavam vários temas, com por exemplo a cidadania (*Capitis Deminutio*), a sucessão, o divórcio e até mesmo o pátrio poder. Quanto aos crimes (empregava-se o termo *noxae* que correspondia a dano) admitia-se como resposta a vingança privada, a legítima defesa, crimes de natureza pública e privada (*delicta publica* traição, incêndio etc. e *delicta privata*), a inimputabilidade (ausência de capacidade para responder pelos atos, como os demens – comprometimento mental – e os impúberes). Não podemos esquecer da divisão social existente, isto é, os que compunham o povo, patrícios e clientes, e os inferiores, plebeus e escravos.

O Direito Romano conheceu a República como forma de governo, bem como as funções da justiça, através dos pretores (publicavam a *Edicta*, que tornava pública a maneira pela qual administrariam a justiça durante o ano) e dos jurisconsultos (estudiosos e criadores dos atos processuais aplicados pelos magistrados).

Desse modo, quanto à confluência das culturas, os germanos deixaram-se encantar por estas formas de organização, bem como, posteriormente, pela religião cristã, causando uma efetiva conversão destes ao catolicismo, o que desencadeou forte relação com a Igreja e o desejo por leis escritas.

Após longa vigência do *Liber Judiciorum*, a península ibérica é reconquistada no séc. XII[8], pelos povos de origem, que sofreram com a submissão mantida pelos chamados bárbaros. Nessa fase de transição de poder, o direito romano surge como resgate da cultura superior, que se imporá através dos tempos. Essa recuperação da prática judicial romana foi promovida por meio da utilização da compilação justiniana, como uma fonte permanente nessa região, ou seja, mantendo-se até a modernidade.

8. Quando a onda muçulmana engolfou irresistivelmente Portugal e Espanha, uma pequena parcela de cristãos – alguns nobres, bispos e restos das hostes destroçadas nas batalhas – refugiou-se no norte, onde as montanhas escarpadas das Astúrias serviam de defesa inexpugnável. Esse núcleo, cujo primeiro chefe foi o lendário Pelágio, manteve-se independente, mais tarde dando origem ao reino de Oviedo, depois ao de Leão e, finalmente, constituindo a raiz do épico movimento denominado de Reconquista, do qual resultou a expulsão do mouro invasor."; "Quando a Península foi reconquistada pelos cristãos, traziam eles, os orgulhosos heróis do norte, um Direito romano-bárbaro isento de qualquer mancha espúria, diferindo apenas daquele anterior à invasão pela acentuação do elemento germânico – decorrência da rudeza da vida nas montanhas." (Thompson, Augusto. *Escorço histórico do Direito Criminal luso-brasileiro*. Série Cadernos do Instituto de Ciências Penais da Faculdade de Direito Cândido Mendes, Rio de Janeiro, Liber Juris, 1982, p. 37 e 39).

1.3. A fragilidade do indivíduo no ocidente ibérico medieval

As primeiras leis escritas na Península Ibérica, representaram, em grande medida, o início do compromisso social com a tortura, escravidão e privilégios aos membros da religião católica. Registre-se, também, que surge a figura do acusador, através da *inscriptio*, que possui o dever de imputar o fato ao autor, sendo, contudo, punido com a mesma pena, se não promovesse a devida prova de convencimento.

É nesse contexto, a partir da retomada do direito romano, que a Igreja, já fortalecida devido à oficialização do catolicismo como a religião romana, e que buscou a conversão dos próprios judeus em cristãos-novos, pôs em prática o dogmatismo legal católico, que posteriormente resultou no *Corpus Iuris Canonici.*

Embora seja este o símbolo histórico da proeminência da Igreja na Idade Média, várias outras regras anteriores serviram de pilar para o exercício do poder canônico, sobre os eclesiásticos, corporificados pelos Concílios, que significavam as decisões coletivas realizadas pelos membros da alta força da Igreja Católica, em reuniões solenes de caráter soberano.

Os Concílios eram divididos pelo que conhecemos hoje como competência, isto é, eram elaborados para aplicação por área do geopoder. Para o território, aplicavam-se os Concílios Ecumênicos, para a região os Concílios Regionais, para as províncias os Concílios Provinciais, sendo estes denominados posteriormente Concílios Nacionais, e para as metrópoles os Concílios Metropolitanos. Esses concílios constituíam as regras eclesiásticas impostas pela Igreja Católica a todos os seus membros, e que mais tarde influenciariam a elaboração do compêndio canônico (*Corpus Iuris Canonici*), corpo legal paradigmático da legislação penal moderna da Europa.

Os referidos Concílios tiveram sua origem no século IV, com Justiniano, quando admitiu o dogma dos Concílios de Nicéia (325), Constantinopla (381), Éfeso (431) e Calcedônia (451), e se fortaleceram após a oficialização do catolicismo em Roma (589), por determinação de Constantino. As decisões conciliares representavam a força incontestável da Igreja Católica, que foi mantida durante o reino visigótico e se consolidou com a retomada peninsular, influenciando a matriz dogmática penal peninsular. Nesse processo, o arcabouço penal canônico determinou a construção do modelo investigatório, considerando, inclusive, o fato de que os anteriores procedimentos visigóticos concebiam, por força desta influência católica, os atos não públicos e a prática da tortura.

É preciso ressaltar a concentração de poder exercida pela Igreja Católica, no século XII, com a reforma gregoriana. A referida reforma representou o segundo grande momento da expressão de poder da Igreja Católica. A primeira determinou-se através do rompimento da Igreja com Constantinopla (1054). A reforma em si ocorreu com o ato de um papa, Gregório VII, que redigiu um texto, conhecido como *Dictatus Papae*, composto por vinte e sete proposições que elencavam o poder papal, interna e externamente, como por exemplo o poder de depor imperadores.

Assim, a reforma gregoriana significou a expressão da imensa força dos bispos católicos, que decidiam sobre questões internas da Igreja e externas sobre o poder real, que somente foi possível com a evidente crise do poder, desencadeada pelo feudalismo. Exemplifica-se este poder dos Papas segundo o fato histórico ocorrido com o Rei Henrique IV, que foi deposto através da ex-comunhão papal, que o levou a sucumbência, tornando-se um mero pagão.

Em decorrência desta força da Igreja, inicia-se o processo de corporificação do ordenamento católico, que dispunha das decisões conciliares e da própria bula papal gregoriana. O Resultado deste processo de consolidação do poder incontestável da Igreja, e das regras papais existentes, é o *Corpus Iuris Canonici.*

O *Corpus Iuris Canonici* foi representado inicialmente pelo "Decretum Gratiani", primeiro livro, elaborado pelo monge Graciano em 1140, após dedicado estudo sobre os livros jurídicos do imperador Justiniano. Posteriormente foi este livro complementado por outros livros, decorrentes dos III e IV Concílios de Latrão, por influência dos papas juristas. Por ordem de Gregório IX, em 1234 foi promulgada a *Decretaes extra Decretum Gratiani vagantes*, também conhecida por *liber extravagatium*, que representava a compilação do *Decretum Gratiani* e os demais livros.

Neste particular aspecto do ordenamento jurídico católico, surge, por determinação do Papa Inocêncio III, a figura da *inquisitio*, no século XIII, que representava a necessidade de alguém acusar o suposto autor do crime, como forma de instaurar o procedimento investigatório da Igreja Católica, que, efetivamente, possuía o poder de dizer a verdade, aceita pelos reis que lhe estavam submetidos. Não se pode esquecer do instituto semelhante existente anteriormente, quando Alarico, em 506, criou a inscriptio, que também representava a acusação, como forma de se avaliar a autoria de um crime[9].

9. Coimbra, Mário. *Tratamento do injusto penal da tortura*, São Paulo, Revista dos Tribunais, 2002, p. 33.

Instaurado o novo instituto, revela-se a necessidade de um ato inicial do sistema punitivo católico, considerando, pois, que ninguém poderia responder por um crime, contra os dogmas da Igreja, incluindo neste contexto os interesses e poder do Rei, já que nomeados pelos Papas, sem que houvesse a devida acusação. Esse fato, contudo, não representa o humanismo do procedimento, mas somente o fato de que as pessoas deveriam denunciar as outras, como forma de a Igreja conhecer e controlar os atos de todos.

A necessidade do domínio sobre todos os fatos ocorridos nas cidades fazia com que os bispos percorressem a comunidade para identificarem os autores de crimes, para que se procedesse a uma investigação, segundo as regras do Direito Canônico.

Tais crimes eram representados, em grande maioria, pelas práticas de bruxaria, adultério, lesamajestade, conhecidas como heresias. O fato é que, no século XIII, o Papa Bonifácio VIII determinou o procedimento inquisitorial para todos os crimes contra a Igreja, e o Rei Clemente V admitiu o referido procedimento para os crimes comuns. Esses procedimentos foram constituídos para as seguintes hipóteses: *delicta mere ecclesiastica*, quando se referia a crime contra a fé; *delicta saecularia* ou *civilia*, quando o fato fosse de competência civil, mas convertia-se para o tribunal canônico, considerando o fato da vítima ser um clérico; *delicta mixta* ou *mixti fori*, quando o crime ofendesse a fé e a ordem civil. Importante ressaltar a criação da inquisição delegada, pelo Papa Gregório IX, em 1233, através da bula *Ad extirpanda*, na qual o Papa delegava aos laicos o poder de promover o procedimento inquisitorial.

O modelo inquisitorial representava a intervenção moral sobre os fatos correntes na sociedade medieval e possuía a legitimidade de ação posto que representava a vontade de Deus, sendo, portanto, justificada a utilização da tortura como forma de obtenção da confissão, que resultaria na condenação por parte do tribunal inquisitorial, e a execução da pena, geralmente morte na fogueira, pelo carrasco do rei. Nessa fase tem-se inaugurada a figura da introjeção da culpa, na qual o sujeito deve aceitar os sofrimentos que lhe são infringidos. Foi dessa forma que se deflagrou o procedimento investigatório, que invadiu a modernidade, mantendo-se, nos Códigos Ocidentais, e em particular no Brasil, até este início do século XXI. Igual influência teve a criação dos tribunais, que serviam para confirmar ou modificar as decisões da Igreja, atualmente representados pelos tribunais do Poder Judiciário.

Nessa fase, o procedimento inquisitorial admitia o recurso, ao Tribunal de Apelação e ao Tribunal do Santo Ofício, este reconhecidamente como o órgão supremo da sistema jurídico-católico.

1.3.1. A futura transição do corpo torturado ao corpo disciplinado: as práticas da investigação e da condenação

Os estudos realizados sobre a prática investigatória da inquisição, que culminava na condenação do herege, demonstram infalivelmente que, longe de ser um sistema voltado ao desvendamento do crime e punição do criminoso, servia como um instrumento de conservação, crescimento e centralização de poder, do qual participaram a Igreja Católica e os monarcas, notadamente da Espanha e Portugal. Apesar do governo ser realizado pelos reis, era a Igreja Católica que possuía o poder social.

A referida percepção é de tranquila constatação, visto que o procedimento realizava-se pela busca do "inimigo" da Igreja e do soberano, a qual sondava na sociedade medieval a infidelidade de qualquer um contra os dogmas católicos, e contra os interesses da realeza. Independentemente de haver qualquer prova concreta sobre a pessoa do suspeito, a inquisição implementava os seus atos investigatórios sobre o indivíduo, para que este fosse condenado pelos carrascos do monarca, segundo a vontade e anuência de Deus.

Assim, aquele que apresentasse indícios divinos do crime (a relação entre autor e fato criminoso era de natureza subjetiva, pois tinha como referência a proteção de Deus e, por conseguinte, seus representantes e os seus mandamentos) era denunciado pelos inquisidores (cléricos e laicos) à Igreja, a partir da autoria ou da "marca" perigosa e ofensiva do herege (esta hipótese caracterizava-se quando o indivíduo apresentava qualquer sinal físico fora dos padrões considerados normais, como uma simples mancha no corpo, ou um problema físico), e este, quando não confessasse o crime, deveria ser submetido às mais cruéis formas de tortura para que confirmasse o conteúdo acusatório.

A Igreja Católica, sempre disposta a utilizar o poder que havia conquistado, após o reconhecimento da oficialização do cristianismo em Roma, reduziu, ao longo do tempo, o poder absoluto do imperador, tornando-se a legítima voz da justiça. Por outro lado, os métodos inquisitoriais eram empregados para alcançar a confissão da prática de crimes de lesa-majestade, pois o rei era a representação da legitimidade do poder, eis que nomeado por ato divino.

2. A influência dos liberais-garantistas na história do controle penal europeu-cristão do naturalismo ao positivismo

2.1. As declarações liberais das modernas sociedades burguesas

A Declaração Inglesa

A passagem da Idade Média para a Idade Moderna determina mudanças concretas na vida social europeia, tanto em termos políticos como em termos sociais e econômicos.

A influência exercida pela Igreja Católica, com grande ênfase até o século XVI, haja vista a relação que possuía sobre e com o poder monárquico, provocou intensos movimentos de cunho filosófico, como o promovido por Thomas Hobbes, ou mesmo por Carrara e Beccaria, no âmbito específico do Direito Penal.

A necessidade de se reformular o exercício do poder dominante, que estava concentrado aos reis e aos bispos, bem como a fundamental existência de um ordenamento normativo referencial na vida das pessoas, fez com que Hobbes deflagrasse o debate acerca da legitimidade do poder absolutista e da defesa dos direitos naturais, através de um ente superior aos homens, mas que representasse seus interesses. A acepção hobbesiana se assentava na ideia de conflito e insegurança generalizada, que somente seria modificado pelo Leviatã.

A condição de guerra no denominado Estado de natureza hobbesiano, diferentemente do Estado de natureza em Locke, pois este reconhecia a prevalência da paz, foi resultado, certamente, da disputa interna ocorrida na Grã-Bretanha, quanto à supremacia religiosa da época (século XVI)[10], isto é, catolicismo e protestantismo, iniciado em 1685, com o fim da era Stuart, e finalizado em 1688, através da entronização do Duque de Orange, como novo representante do poder inglês. Esse processo político foi denominado "A gloriosa Revolução".

10. Hobbes, ao reagir à anarquia provocada pelas guerras da religião, se conduziu ao extremo oposto. Ele propõe eliminar o conflito entre as várias igrejas ou confissões eliminando a causa mais profunda do conflito, isto é, a distinção entre o poder do Estado e o poder da Igreja. Ele quer na verdade que não haja outro poder a não ser do Estado..." (Bobbio, Norberto. *O positivismo jurídico. Lições de filosofia do Direito*, São Paulo, Ícone, 1995).

Dessa revolução resultou a Declaração Inglesa (*Bill of Rights*), que dispunha sobre a divisão de poderes entre o rei e o parlamento. Encarregado de defender os direitos dos súditos, perante o rei[11], o parlamento determinava o que era legal, no sentido de uma efetiva autorização, isto é, aplicava seus ditames sobre o interesse do poder monárquico, o que hoje se entenderia como a constitucionalidade das medidas do governo. Essa foi, na verdade, a grande contribuição para o mundo ocidental, haja vista a consagração da divisão de poderes.

Este momento é de grande relevância para a transição entre sociedade medieval e sociedade moderna, posto que a separação de poderes, entre o ato de legislar e executar, iluminava uma nova figura do poder político, como algo que possuía natureza pública, uma vez que deveria prevalecer o interesse coletivo. Além do que, para os historiadores, constituiu um marco histórico sobre a normatização da vida pública, concedendo a lei papel de regulação das relações interpessoais, e a relação entre indivíduo e poder político.

Nesta fase, a influência social da Igreja Católica é fortemente reduzida na Europa, até porque foi oficializada na Inglaterra, com o *Príncipe de Orange*, o protestantismo. Possibilitou-se, assim, a interferência do pensamento racional, e consequentemente científico, no século XIX, transformando, formalmente, a Igreja Católica em um serviço público, e não mais incontestável e dominante, que suscitava a vontade de Deus como forma de legitimação.

Portanto, Hobbes revelou na Europa, diante do que acontecia na Inglaterra, o necessário reconhecimento do poder político do soberano, como algo público, com objetivo intrínseco de representação coletiva, perceptível aos olhos dos súditos, diferentemente do que ocorria quando da supremacia política da religião, cujo poder metafísico não revelava os elementos de poder, posto que tal legitimação permeava somente o sentimento, através da fé e do medo.

Após a interferência de Hobbes, o poder soberano deveria ser constituído por regras, como em um contrato, e que resultaria na concessão de poderes representativos, evidenciando, visivelmente, a legitimação política dominante.

11. " Tradicionalmente, o rei tem o dever de corrigir injustiças (redress wrongdoing) cometidas por qualquer autoridade do reino. A *petition* é a reclamação que um súdito faz ao rei, pedindo que este faça cessar uma injustiça de que o súdito é vítima." (Comparato, Fábio Konder. *A afirmação histórica dos Direitos Humanos*, 2ª edição, São Paulo, Saraiva, 2001, p. 92).

A Declaração Inglesa certamente foi produto, conforme afirmado anteriormente, do conflito religioso interno, embrenhado no poder político. Todavia, o fim alcançado através da imposição de um soberano denunciava a flagrante necessidade de se determinar o tipo de religião para a Inglaterra, no caso o protestantismo, mas o resultado político dessa intervenção foi altamente positivo, pois concedeu à Europa um novo modelo de exercício de poder.

A Declaração de Independência dos Estados Unidos

O ocorrido na Inglaterra internamente influenciou os demais países europeus, como de fato se constata com a Revolução Francesa no século seguinte. Todavia, a Inglaterra viu-se, mais uma vez, no curso histórico europeu, quando da colonização do território norte-americano, denominado a Nova Inglaterra, colonização esta iniciada na metade do século XVII.

As pessoas que se dispuseram a construir a sociedade norte-americana assumiram, de início, o compromisso de consolidar uma força interna, capaz de satisfazer as necessidades de um povo que apresentava objetivos claramente sociais. Como força externa, o grupo de colonizadores, ao longo do tempo, percebeu a relação de exploração que possuía com a metrópole inglesa. Assim, a colonização demonstrou ser uma verdadeira saga para o futuro. Essa característica de potência vislumbrada pelos ocupantes do novo território possuía claro fator político, caracterizado pela desmedida taxação de impostos[12] que resultava numa apropriação das riquezas produzidas no novo território.

Nesse passo, a partir do século XVII, quando a Inglaterra se interessava pela conquista do atual território canadense, o povo da colônia inglesa, nas terras americanas, sedimentou as bases de uma sociedade burguesa, diferente do modelo estamental existente na Europa. A sociedade vislumbrada pelos colonizadores fundava-se, portanto, na busca da riqueza material, através de cidadãos iguais e livres. Assim, em 4 de julho de 1776, após longo período de pagamento elevado e reiterado de impostos, dá-se a independência das

12. "Em 1765, um novo imposto do selo veio perturbar fundantemente as transações comerciais em toda a América do Norte. Em 1767, era a vez do comércio exterior das colônias ser afetado por novos direitos tarifários. Para um povo que revelou, desde os primórdios, um marcado espírito mercantil, essas medidas eram dificilmente suportáveis." (Comparato, Fábio Konder. *A afirmação histórica dos Direitos Humanos*. 2ª Edição, São Paulo, Saraiva, 2001, p. 98).

treze colônias inglesas[13], mediante a consagração de uma declaração liberal.

Inicialmente, o processo de independência foi deflagrado com a independência de Virgínia, também no ano de 1776, que provocou, em seguida, a independência do território da Filadélfia. Confirma-se, considerando o tempo de ocupação do vasto território norte-americano, enquanto colônia do poder régio inglês, a obstinação dos colonizadores em tornarem-se fortes, sendo a independência o meio inevitável e necessário para que esta meta fosse efetivamente alcançada.

O documento denominado Declaração de Independência dos Estados Unidos foi precedido das Declarações de Virgínia e da Filadélfia, todas decorrentes da influência exercida por Thomas Jefferson, enquanto defensor da autodeterminação dos povos livres.

O conteúdo da Declaração de Independência dos Estados Unidos revelou o reconhecimento do princípio da igualdade entre os homens livres, que correspondiam aos proprietários. Dessa forma, visivelmente havia nítida pretensão de divisão social no novo território, isto é, direitos aos homens livres, e direito aos não livres, o que expressava a relativização da igualdade e da liberdade.

A necessária finalidade da independência estava caracterizada pela determinação de se garantir os direitos individuais dos proprietários, rompendo o laço subserviente perante a Inglaterra, que mantinha exclusivo interesse na apropriação do rendimento produzido pelos colonizadores, através da imposição dos impostos. Destarte, o grande objetivo a ser alcançado era o da defesa das liberdades individuais, e a submissão popular a um poder liberal, moderno, que apoiasse o crescimento deste novo grupo. Assim, a independência dos territórios ocupados nos EUA representava a base fundante de uma sociedade capitalista e burguesa.

Revelam-se, neste contexto, as propostas do contrato social iniciadas por Hobbes, sedimentadas por Locke, Rousseau e Montesquieu. Em Locke vislumbrou-se o fundamento do direito à resistência, e a defesa do direito à propriedade como um direito natural, assim como à vida, à liberdade e à igualdade. Este aspecto da firmação de interesses, segundo uma representação de governo, caracteriza, para os historiadores, as raízes da democracia moderna, vistas a consagração da soberania popular, a garantia dos direitos

13. "No total havia treze colônias e que estavam subordinadas ao poder da Grã-Bretanha." (Comparato, Fábio Konder. *A afirmação histórica dos Direitos Humanos.* 2ª edição, São Paulo, Saraiva, 2001).

inalienáveis defendidos pelos contratualistas, bem como a busca da felicidade, citadas por Thomas Jefferson, em sinal de uma vida virtuosa.

O texto da Declaração dos Representantes dos Estados Unidos da América destacou, em seu preâmbulo, o reconhecimento à igualdade e à liberdade, no que pertine aos brancos proprietários, mas, efetivamente, significou a formalização política de independência contra um poder injusto e tirano, que era exercido pela Inglaterra contra os colonizadores norte-americanos. Dessa forma, um ponto que se constata é a fundamental demonstração de que o povo exigia um poder soberano formalmente democrático, fundado pelos interesses dos indivíduos de sentirem-se seguros em suas propriedades, igualmente livres, mas diferentemente daqueles que eram utilizados como escravos.

A sociedade norte-americana surge da vontade de tornar-se livre para crescer, na perspectiva de uma sociedade capitalista, mas que mantinha as bases de tratamento indigno ao escravo, como ocorria na Europa.

O resultado da consagração dos direitos, para um povo que pretendia ser rico e forte, não se estendia a todos, mas tão somente aos pertencentes da classe dos proprietários, que exerciam uma relação de dominação e controle social sobre os negros trabalhadores.

A Declaração Francesa

Diferentemente do que ocorreu na Inglaterra, contudo com perspectivas próximas às do povo norte-americano, no que tange particularmente aos interesses econômicos, a França viveu efetivamente uma revolução, tendo em vista a insurgência social interna contra o poder monárquico e ao passo que a Declaração Inglesa representou o retorno às antigas origens e a Declaração de Independência dos Estados Unidos efetivou a autonomia de poder e a liberdade de constituir riquezas.

Na França, o que se assistiu foi a uma conturbada relação entre o poder absolutista e uma parte da sociedade que dominava o comércio, denominados burguesia, e que responsáveis, portanto, pela circulação da moeda e acúmulo de riquezas, apesar de pagarem imposto à coroa.

A realidade política na França era representada, como nos outros países europeus, pela forte influência entre o rei, a Igreja Católica e os nobres. A burguesia, dessa forma, estava reduzida à condição de dinamizadores do comércio, ou seja, para satisfação dos interesses materiais do povo.

A burguesia, diante dos privilégios concedidos às referidas classes superiores, exigia tratamento diferenciado, perante a coroa francesa, notadamente quanto aos impostos, posto que sentia-se exploradora diante do poder dominante, e responsável pela sustentação da riqueza dos nobres, da Igreja e do rei.

A revolução na França, nesse sentido, tem a característica de apropriação de poder, revertendo-se o domínio político, considerando a exploração interna sobre os burgueses e o povo trabalhador, que exigiam melhores condições de vida.

Na verdade, a burguesia estava voltada a conquistar o poder, fato este que traduziria o rápido e certo fortalecimento desse grupo social, vez que concentrava os mecanismos do mercado, e consequentemente o contato com a moeda.

Para tanto, a burguesia suscitou os postulados do contrato social, que encantou o povo francês, e os mobilizou contra o poder monárquico[14], o poder da Igreja Católica e, logicamente, o dos nobres.

O motivo maior deste fato histórico está demonstrado pela transformação das condições de vida do povo francês, que objetivavam uma nova forma de governo, isto é, a república, que caracterizava novos tempos, nova forma de vida, já que a maioria das pessoas na França não sabia ler e não possuía acesso à dinâmica sociopolítica, já que reservada ao centro urbano parisiense e para os letrados[15].

Esta forma de vida precária, da maioria dos franceses, considerando a predominância da atividade rural, e portanto a concentração do povo nas áreas circundantes do centro, era ainda recrudescida pela realidade econômica do século XVII, uma vez que a referida atividade rural era desenvolvida através do aluguel das terras, que tornava as pessoas trabalhadoras apenas arrendatárias, quase-escravas, pois cultivavam e pagavam altos valores, usufruindo bem pouco da produção, já que esta deveria satisfazer a subsistência familiar e era operacionalizada por mecanismos rudes e pouco

14. "Os monarcas hereditários pela graça de Deus comandavam hierarquias de nobres proprietários, apoiados pela organização e a ortodoxia das igrejas e envolvidos por uma crescente desordem das instituições que nada tinham a recomendá-las, exceto um longo passado." (Hobsbawn, Eric J. *A era das revoluções*. 16ª edição, Rio de Janeiro, Paz e Terra, 2002, p. 43).

15. "O mundo em 1789 era, portanto, para a maioria dos seus habitantes, incalculavelmente grande. A maioria deles, a não ser que fossem arrancados da sua terrinha por algum terrível acontecimento, como o recrutamento militar, viviam e morriam no distrito ou mesmo na paróquia onde nasceram." (Hobsbawn, Eric J. *A era das revoluções*, 16ª edição, Paz e Terra, 2002, p. 43).

desenvolvidos. Acrescente-se o fato de que a burguesia adquiria os produtos dos artesãos e os vendiam a preços mais elevados, alcançando, assim, lucro com pouco esforço. Mas considerando que estes é que fomentavam o mercado, pois possuíam dinheiro para comprar os produtos, o comércio esta restrito aos seus interesses e preços.

A ideia de uma revolução contagiou o povo francês, considerando o propósito de que mudanças sobre suas condições de vida mudariam para melhor, pois sendo uma sociedade estamental, de característica rural, seus trabalhadores poderiam tornar-se proprietários, únicos beneficiários da produção. Os ideais dos liberais, essencialmente difundidos na França por Rousseau, provocaram a mobilização social, liderados pela burguesia, em nome de uma sociedade livre, igual e democrática. Contudo, esse era o discurso e o interesse do trabalhador rural francês, mas não da burguesia, que pretendia assumir o poder político e manter a dominação social, por meio da concentração do capital e do reconhecimento formal dos direitos, como forma de convencimento de existência de um governo democrático e garantidor.

A proposta da revolução, que resultaria num Estado Republicano, com direitos e deveres consagrados em lei, segundo a influência dos contratualistas, era de resolver o problema da centralização do poder e da desigualdade social[16]. Assim, como forma de tornar iguais as pessoas, a propriedade também foi defendida como direito natural, a partir da influência do inglês John Locke. A ideia era de transformar uma sociedade de poucos em uma sociedade de todos, com a clara característica de coletividade.

A Revolução Francesa, ocorrida em 1789, provocou a elaboração da Declaração Universal dos Direitos do Homem, ocorrida no mesmo ano, e a promulgação da Constituição da França, em 1791, garantindo a todos a soberania popular, e os direitos naturais defendidos pelos liberais, Hobbes, Locke e Rousseau.

Certamente que, o fim do poder absolutista francês representou significativas mudanças para a França como para a Europa, como ocorrido, anteriormente, na Inglaterra e nos Estados Unidos. Contudo, tais mudanças permaneceram muito mais no plano do reconhecimento formal de direitos do que na transformação da realidade de vida, principal motivo desencadeador da revolução.

16. "Na França, ao contrário, o grande impulso revolucionário eclodiu como uma desforra, longamente reprimida contra a humilhação das desigualdades" . (Comparato, Fábio Konder. *A afirmação histórica dos Direitos Humanos,* 2ª edição, São Paulo, Saraiva, 2001, p. 133).

As propostas de consolidação de uma sociedade capitalista francesa, segundo os interesses da burguesia, concederam à Europa, e ao futuro do mundo ocidental, uma efetiva solidificação deste modelo socioeconômico, que transformou pessoas em coisas, e as coisas em lucro. E o regime político instaurado fez do direito o seu maior instrumento de controle e legitimação, para uma dominação democrática em defesa dos direitos individuais.

A declaração do povo francês não representou, dessa forma, somente a consagração dos direitos naturais (este foi o verdadeiro fator de mobilização para o proletariado), defendidos na França por Rousseau, mas sim a busca por uma nova vida, baseada na liberdade das relações comerciais internas (pretensão da burguesia para o seu fortalecimento político e acúmulo de riquezas, livres dos altos impostos).

2.2 . A formação da sociedade burguesa republicana e o papel do Direito

A sociedade europeia, a partir do século XVIII, quando já apresentava traços de um complexo econômico, delineado pelas relações comerciais internas em expansão, seguiu o ritmo acelerado de desconfiguração do modelo feudal, fazendo subsistir com grande força o modelo característico da produção quantitativa e da troca qualitativa. A produção quantitativa referia-se ao novo modelo que se implantava de fomentar o consumo e a "suposta" necessidade material do indivíduo moderno, e troca qualitativa se dava pela valoração do bem pela moeda.

As relações sociais, notadamente aquela impulsionada pela França, considerando que o novo modelo social francês construía as bases da sociedade capitalista (produção e troca) na Europa, intensificavam cada vez mais a importância do produto e da moeda. Percebe-se, portanto, um redirecionamento das atenções, isto é, o olhar que sempre esteve voltado à terra, como principal direito do homem dominante, passou para a moeda, reduzindo a propriedade como consequência da concentração do capital, diferentemente do que ocorria com o modelo estamental, no qual a monarquia, a Igreja e a nobreza é que dispunham dos benefícios da concentração das riquezas da produção feudal.

A moeda, que determinava o poder social, visto que tudo começa a ser vendável, torna-se indiscutivelmente o instrumento de dominação, o que, na verdade, foi percebido e controlado pelo interesse burguês, intermédio da condução política da modernidade, que se firmará através da ciência, e que será analisado posteriormente. A dominação social ocorreu, assim, pela transição do modelo político e pela transformação dos meios de produção. As consequências sociais dessa conjuntura social fomentará o surgimento de teorias que tentarão explicar positivamente a condição do indivíduo, considerando a sua indigna condição de vida. Consequentemente, haverá o surgimento das políticas criminais, como forma moderna de organização social que efetivamente estarão voltadas ao controle social das pessoas condicionadas às camadas sociais econômicas inferiores, estigmatizadas como carentes, marginais, sujas e perigosas.

Para Eugenio Raúl Zaffaroni, a revolução industrial provocou profundas mudanças de ordem social e econômica, na Europa, cujas consequências foram mantidas e maximizadas ao longo do tempo, e que são atualmente percebidas[17].

O que se tem constatado, efetivamente, é que o projeto liberal da burguesia francesa, instaurado a partir da revolução de 1789, permitiu a elaboração de um projeto econômico, cada vez mais sólido, e facilmente administrável no futuro, desde que a meta não fosse alterada, isto é, busca incessante pelo lucro, no qual o Direito deveria constituir a base para a legitimidade, posto que, tornando-se legais os objetivos da sociedade burguesa, o controle social através de um Direito Penal seria fundamental. Eis aí o papel do Direito Penal moderno, que, segundo Zaffaroni, persiste até hoje.

Nesse passo, a consolidação do Estado republicano provou ser o melhor e efetivo instrumento político para a constituição da sociedade capitalista, perseguida da nova classe do poder político dominante, a burguesia.

O conjunto de indivíduos passou a enquadrar-se nas regras do jogo moderno, que utilizou o discurso da cidade de todos e para todos (contratualismo), a fim de concretizar as suas bases estruturais.

A importância de Hobbes nesta estrutura social foi a de apresentar uma condição de poder que não fosse obtida nem mantida por meio da força, e sim adquirida por uma concessão, sob o argumento de que o indivíduo, para

17. "Não há aqui qualquer profissão de fé de determinismo ou reducionismo econômico, e sim o reconhecimento pleno de um fato histórico constatado: a revolução industrial acarreta uma transformação socioeconômica que gera as condições de uma mudança cultural profunda, cujas consequências persistem até os nossos dias." (Zaffaroni, Eugenio Raúl. *Manual de Direito Penal Brasileiro,* São Paulo, *Revista dos Tribunais*, p. 258).

"viver bem", deveria sentir-se em segurança, e não sob ameaça constante. Resulta, pois, a relação entre a virtude de se viver bem e a proteção do corpo. O "viver bem", objeto de reflexão em Aristóteles, para Hobbes é viver em segurança. Este aspecto é muito bem analisado no Capítulo 4, onde é feita uma análise da obra de Giorgio Agamben.

Particularmente sobre as transições sociais citadas, a sociedade burguesa utilizou da teoria hobbesiana de legitimação do poder soberano absoluto, e da divisão das funções políticas do poder afirmadas por Montesquieu, para difundir a ideia de que o Estado não concederia só a segurança, mas todos os direitos fundamentais do homem, defendidos por Rousseau, posto que definidos como direitos naturais. Estes direitos não poderiam deixar de ser reconhecidos, para uma classe que pretendia se manter no poder, pois estavam acima da vontade do homem, o que representava a essência do jusnaturalismo.

É neste compasso que o direito assume o posto de servir a esta estrutura política de dominação, sob a fantasia do protecionismo e do garantismo do direito, em uma sociedade que, nascida da desigualdade, deveria se manter desigual.

A concepção de garantia, promovida pelo contratualismo, criou a ficção da igualdade[18], na qual as pessoas acreditaram e depositaram esperança, enquanto saída para uma vida melhor, pois, nesta perspectiva, o Estado advogaria a favor dos mais fracos, concedendo proteção contra os mais fortes, através do manto jurídico. Nessa sociedade, crescente no século XVIII, o individualismo também ganhou espaço, uma vez que a busca da felicidade exigia um esforço concentrado do indivíduo, por meio da acumulação do capital. Esta possibilidade seria efetivada através do direito à igualdade, reconhecida na lei. Este seria o ponto alto do pacto social, revelado pelo contratualismo garantista.

Mais uma vez, Zaffaroni, ao vincular "revolução industrial" e "controle social", afirma que as mudanças promovidas pelo modelo de acumulação de bens tornou-se a questão central do domínio sociopolítico, exercido pelos proprietários dos meios de produção e donos da força de trabalho, sobre os indivíduos submetidos às regras do contrato.

18. " As mudanças estruturais que marcam esse período podem ser... estruturas marginalizantes." (Zaffaroni, Eugenio Raúl. *Manual de Direito Penal Brasileiro*, São Paulo, Revista dos Tribunais, p. 260).

A burguesia, nesse processo, se revelou como detentora do indivíduo, de seu futuro, e das verdades sociais, para a qual a ciência será concebida como um fundamental e estratégico instrumento de legitimação. Essa estratégia de dominação fez com que a burguesia interferisse também sobre a vida dos desempregados, já que se apresentavam como ameaças, contra aqueles que esbanjavam fortuna, no quadro conflitante da expansão econômica e do crescimento da criminalidade[19].

O momento de confirmação do processo da sociedade capitalista é o mesmo momento, portanto, do reconhecimento da estratégia do controle social, do Estado republicano-garantista.

O controle social, para o final do século XVIII, é o instrumento decorrente de uma estrutura sociopolítica democrática, que os indivíduos concebem como legítimo. É bem verdade que apenas no século posterior serão demonstradas as tarefas dos instrumentos de controle, pois incidirão, de forma mais intensa, sobre os despossuídos e marginalizados, aliás, característica permanente até hoje, conforme retrata a realidade brasileira, principalmente nas grandes capitais, como é o caso do Rio de Janeiro. Contudo, é importante frisar que o controle social pós-Revolução Francesa é aceito como uma consequência de um poder político conquistado pelo povo, segundo a referência que foi a Revolução Francesa para toda a Europa. Esta ideologia, difundida largamente ao longo do século XVIII, fez com que o controle social, através do Direito Penal, deixasse de ser um castigo arbitrário, conforme postulado pelo contratualismo penal de Beccaria (Escola Clássica), e passasse a ser um instrumento de reforma do indivíduo, para uma sociedade que precisava que os indivíduos assumissem papéis positivos dentro dela. O fato é que a classe dominante admitia a não absorção de todos no mercado, o que fez da pena de prisão, adotada pela Igreja Católica, mais enfaticamente até a Idade Média, fosse um eficaz meio de apartação, porém em nome da defesa social.

O contexto político dessa época, considerando o Estado como legítimo representante do povo, e a lei como o necessário instrumento de regulação

19. "Essa redução da oferta e conseguinte aumento de salários se vai operando lentamente, ao compasso da acumulação de bens de produção (acumulação do capital). Mas, durante esse processo, a população concentrada nas cidades torna-se perigosa, porque não tem trabalho, tem fome, desprendeu-se dos controles sociais feudais, nada tem a perder e está geograficamente no mesmo lugar em que se concentram as riquezas. A riqueza e a miséria concentram-se nas cidades. Os crimes aumentam. É necessário apelar a um controle social exemplar, de contenção." (Zaffaroni, Eugenio Raúl. *Manual de Direito Penal Brasileiro*, São Paulo, Revista dos Tribunais, p. 260).

social, tornou esta lei um mecanismo imparcial, já que consagrado como um produto da "evolução" social, e sua complexidade das relações interpessoais. O espírito fraterno dessa sociedade, que buscava no modernismo a melhor organização social, fazia com que todo o esforço de controle sobre os mais fracos fosse interpretado como de interesse coletivo. Dessa concepção de crime contra as aspirações sociais de progresso, ou seja, conduta contra o bem comum, é que tornou-se possível, na prática, adotar as medidas coercitivas e punitivas contra o sujeito que poderia agir de forma diferente e não o fez, pois, a todos, teoricamente, era concedida a liberdade e a igualdade. Dependeria, somente, de cada indivíduo, para que este promovesse o esforço próprio para alcançar o sucesso e a felicidade.

Contudo, no século XIX, com a Escola Positiva, vai prevalecer a teoria da ressocialização do sujeito, uma vez que o crime não seria somente um ente jurídico, resultado do livre-arbítrio do indivíduo (responsabilidade moral do crime), mas sim, segundo Enrico Ferri (autor da obra *Sociologia Criminal*), resultado de fatores externos, e que, portanto, envolveria a sociedade na responsabilidade pela existência social do crime (responsabilidade social do crime).

Por certo que esta visão positiva da sociedade capitalista, e do próprio controle social do século XVIII, foi objeto de contestação, por parte do próprio proletariado, que não percebeu os benefícios postulados pela revolução burguesa.

As declarações da modernidade, que consagraram os direitos naturais, serviram de paradigma para a sociedade organizada burguesa, mas não para transformar as vidas dos mais necessitados. Apesar desta constatação, a lei foi alçada como a melhor forma de se provar o compromisso social da classe dominante, que impunha as dificuldades da burocracia estatal como impedimento de efetivação acelerada dos direitos individuais.

Compreendidas, de fato, como estratégicos instrumentos de dominação política, as declarações não alteraram o aspecto da concentração da riqueza e da consequente desigualdade social, apesar da ficção do direito à propriedade, tendo servido, tão somente, para ludibriar o consciente coletivo sobre a aceitação do domínio burguês sobre toda a massa excluída. A norma, neste processo que se construiu ao longo dos séculos XIX e XX, ainda é compreendida como a garantia popular, e fundamental para a sociedade democrática:

> somente as normas de direito podem assegurar as condições de equilíbrio imanentes à própria coexistência dos seres humanos, proporcionando a todos e a cada um o pleno desenvolvimento das suas virtualidades e a conservação e gozo de suas necessidades sociais, ao regular a possibilidade objetiva das ações humanas[20].

A partir de outra perspectiva, cuja vertente admite a filiação ao marxismo, é possível identificar a norma como produto de um formalismo organizacional, que opera sobre as condutas, impondo padrões de comportamento, como meio de se efetivar o controle social[21].

O presente trabalho, fortemente influenciado por esta análise crítica, histórico-materialista, empreendeu um estudo sobre a influência do Direito, nesta sociedade burguesa formada no século XVIII, precisamente na França, e em específico sobre o Direito Penal, em face da ação estatal de controle social sobre a maioria das pessoas (fora do jogo burguês da concentração de riquezas), como forma de interpretar a utilização prática do movimento inspirado pelo contratualismo, isto é, esforço supostamente realizado para garantir [22].

Destarte, a escolha do objeto desta investigação, isto é, análise sobre a relação entre o surgimento das declarações de direitos, formação da sociedade burguesa e controle social punitivo, buscou a finalidade de descortinar a função do Direito Penal, na sociedade capitalista, onde o discurso jurídico ainda utiliza os argumentos de defesa e promoção de direitos.

O que se constata, neste sentido, é que o Direito Penal pode ser compreendido como um estratégico instrumento de manutenção da dominação político-burguesa, numa sociedade desigual, visto que a norma, neste cenário não revelado a todos, assumiu o papel de ser a principal arma para se efetivar os fins de um pequeno grupo dominante, que procurava se proteger (seus bens) do crescente número dos alijados da dinâmica capitalista do mercado. Para se consolidar este processo de concentração

20. Diniz, Maria Helena. *Compêndio de introdução à ciência do direito*, São Paulo, Saraiva,1998.

21. "O pensamento jurídico dominante, que coloca em primeiro plano a norma como regra de conduta estabelecida autoritariamente, não é menos empírico, e da mesma forma, como podemos observar nas teorias econômicas, possui um formalismo extremo, totalmente desligado da vida." (Pasukanis, Eugeny Bronislanovich. *A teoria geral do direito e o marxismo*. Tradução Paulo Bessa, Rio de Janeiro, Renovar, 1989, p. 60).

22. "A dogmática jurídica. Conclui, então, que todos os elementos existentes na relação jurídica, inclusive o próprio sujeito, são criados pela norma." (Pasukanis, Eugeny Bronislanovich. *A teoria geral do direito e o marxismo*. Tradução Paulo Bessa, Rio de Janeiro, Renovar, 1989, p. 63).

de riquezas, sem qualquer contrariedade, seria preciso ditar as regras, para conter os possíveis insatisfeitos. O Direito, desta forma, surgiu em nome da regulação social, do progresso e da garantia de direitos individuais. Mas de fato, ele se fez presente para que a realidade fosse a da negação, da exclusão e da punição. O excluído do processo de acumulação, quando se desviasse da conduta rígida imposta para que se mantivesse imóvel, deveria ser considerado criminoso, perigoso, mas nunca produto da nefasta ambição burguesa de apropriar-se de todas as riquezas.

Esta forma de análise da relação entre Direito Penal e sociedade confirma a característica do Direito em ser consequência de um processo complexo que envolve o conflito e a lei. Esta percepção é facilmente demonstrada quando permitimos a utilização do saber filosófico, sociológico e histórico sobre o surgimento do ordenamento jurídico moderno, fatalmente vinculado ao surgimento da sociedade capitalista burguesa.

O interesse por se questionar o fundamento do Estado e do Direito, dialeticamente, possibilita o deslocamento de nossa atenção para as relações entre os sujeitos, considerando as suas verdadeiras condições de vida. E na transição política que ocorreu entre o poder monárquico e o poder republicano, o direito realmente apresenta-se como a necessária ferramenta para se garantir a segurança daqueles que pretendiam subjugar a grande maioria dos indivíduos, apesar da utilização do argumento da insegurança geral que permeou a influente teoria hobbesiana do Estado absoluto.

A referida análise crítica do Direito, como sendo um instrumento criado para legitimar a dominação social moderna, diante dos postulados de defesa dos direitos individuais, permite vislumbrar que a instituição do Direito admite tanto o movimento de resistência deste Direito, como o que o defende, isto é, para um o direito precisa ser aplicado para garantir direitos a todos, e para o outro este mesmo Direito, visão não dominante, certamente porque contrária a finalidade estabelecida pela burguesia, serve, na verdade, para concretizar (democraticamente) a exclusão social e a manutenção da ordem capitalista.

3. A função da ciência do direito a partir do século XIX. A ciência a serviço do juridicismo positivista: a construção do controle penal iluminista na Europa

3.1. A transição teórica para explicação do real: do abstrato ao empírico

Diante das características da sociedade europeia configurada após a Revolução Francesa, vislumbrada a expansão da atividade comercial e o exercício do poder político através de um poder soberano, legitimado pela vontade popular (teoria rousseauniana), surge a necessidade de normatizar as relações sociais, em nome da organização social e da garantia do povo, expresso pelo consequente limite de agir do Estado.

Este cenário, que neutralizou fortemente a palavra de Deus sobre as ações humanas, pelo menos quanto à organização política, motivou a estratégia de afirmar a realidade através da observação e da experiência, isto é, através da ciência.

Este momento da prática da observação, como método de explicação da realidade social, gerou um movimento denominado Iluminismo, que caracterizava a atividade do raciocínio-indutivo, voltado à constatação de regularidades na investigação de fatos particulares e do estabelecimento de relações entre estes. A razão, portanto, seria o meio de se analisar o objeto, a fim de se afirmar o real[23].

A referida capacidade de observação e afirmação dos acontecimentos sociais produziu, todavia, um efeito direto no Direito, posto que a ação de julgar passou a estar vinculada à determinação do certo e do errado, do falso e do verdadeiro, a partir da condição natural e racional do indivíduo, que lhe concede o poder de determinar-se previamente antes de realizar qualquer conduta.

Certamente, sobre esta nova consistência da explicação da ação humana, a moral, o justo e o ético passaram a fazer parte das ilustrações filosóficas e científicas da sociedade moderna. Todo o valor concedido ao objeto de análise seria justificado pelas teorias científicas, reservado, porém, o resultado desta análise, dependendo da posição daquele que elaborava a afirmação, uma vez que poderia fazer parte do conservadorismo ou da crítica sobre o real.

23. Com Immanuel Kant (1724-1804), influente filósofo do pensamento contemporâneo, e autor da obra *Teoria Pura do Direito*, "a experiência do real será resultado do uso da razão, através da sensibilidade e do entendimento. Na primeira os objetos nos são dados e no segundo são pensado, e estes diante do sujeito".

Dessa forma, com a sociologia que surge no século XIX, o método da explicação da sociedade passa pela fundamental análise sobre a construção do real, na qual o fato social (Durkheim) é constituído por significado principal, enquanto objeto da ciência, ao lado do ser humano, para o qual toda a atenção deveria estar voltada, posto que motivador da ação social (Max Weber).

Todavia, antes da consolidação deste processo, ainda no Renascimento, alguns filósofos dedicaram-se a construção do método científico, para explicar a realidade, como por exemplo Bacon (1561-1626), que escreveu *Novum Organum*, e Descartes (1596-1650), autor de *Discurso sobre o método*, que influenciariam a prática das ciências sociais do século XIX.

Por certo a consolidação da sociedade burguesa exigiu uma explicação positiva da sociedade moderna, como forma de motivar a aceitação desta característica das novas relações, baseadas nas práticas do consumo, e que ensejaram o discurso do progresso, da riqueza e da ordem, com um novo e "evoluído" modelo social. O Direito deveria ser um bom instrumento para este modelo burguês de sociedade, dirigido à finalidade de dominação política e controle social, e não representar um obstáculo. Não se poderia pôr em prática, desta forma, as promessas das garantias dos direitos naturais, consagradas nas declarações modernas.

Assim sendo, as teorias científicas deveriam ser elaboradas para justificar um Direito justo e imparcial, como principal instrumento de controle social. A partir de então, várias teorias surgirão para confirmar o Direito burguês, sob o amparo do instrumento da razão científica, mas outras também se fizeram presentes para denunciá-lo como componente derivado da estratégia técnica e sutil de dominação social, aparentemente imparcial, democrática e voltada ao bem comum.

A perspectiva de afirmação científica da sociedade burguesa alcançou relevo com o surgimento das ideias de Augusto Comte (1798-1857), pensador francês que promoveu a doutrina denominada positivista, que defendeu a ciência como sendo a forma válida de analisar a sociedade, sobre os estudos das relações humanas, que deveriam ser fruto de análises metodológicas, fundando, para alguns, a sociologia, que deveria, prioritariamente, "propor normas de comportamento, segundo a orientação resumida na famosa fórmula positivista: 'saber para prever, a fim de prover'"[24].

24. Lakatos, Eva Maria. *Sociologia Geral*, São Paulo, Atlas, 1980. p. 35.

A contribuição de Comte para a afirmação da sociedade burguesa deve-se pela constituição dos princípios da "prioridade do todo sobre as partes", "o progresso dos conhecimentos é característico da sociedade humana" e "o homem é o mesmo por toda a parte e em todos os tempos". Tais afirmações buscaram apresentar a interpretação positiva da sociedade moderna, na medida em que a humanidade em geral caminha para o progresso. Suas obras mais importantes foram *Curso de filosofia positiva* (1830-1842) e *Política positiva* (1851-1854).

Outro pensador que influenciou a análise positiva da sociedade burguesa foi Émile Durkheim (1858-1917), considerado também, por alguns, como fundador da sociologia, uma vez que criou o curso de sociologia na França. Foi o responsável pelos princípios da "consciência coletiva" e "solidariedade mecânica e orgânica", na obra *A divisão do trabalho social* (1893).

Neste aspecto, contribuiu positivamente no projeto do modelo liberal da burguesia dominante, pelo fato de afirmar que, na medida em que a sociedade se forma mais complexa, a divisão do trabalho promove a independência da consciência individual sobre a consciência coletiva, cujo inverso se verificava nas sociedade primitivas.

Era preciso demonstrar a fundamentalidade do indivíduo, para que este aceitasse as regras impostas pelo movimento industrial, e isto somente parecia possível através do argumento do interesse político e público do desenvolvimento social (progresso), para que a divisão do trabalho fosse compreendida como parte integrante da solidariedade orgânica e não mecânica, resultado de um todo sistêmico, a partir dos sujeitos atomizados.

Na contramão das teorias positivas de afirmação da sociedade burguesa, surge a crítica de Karl Marx (1818-1883), filósofo e economista alemão, fundador do materialismo histórico, fortemente influenciado pela dialética de Hegel (1770-1831), que baseou-se no método antitético, segundo o qual a sociedade não apresentaria um processo uniforme e avançado positivamente, mas sim permanentemente inconstante e mutável, no qual somente os mais fortes sobreviveriam.

Para Marx a questão principal da sociedade burguesa é o determinismo econômico, em que o fator econômico é determinante da estrutura do desenvolvimento da sociedade. Segundo este

> o homem para satisfazer suas necessidades atuais sobre a natureza, criando relações técnicas de produção, na qual a produção e a distribuição são necessárias ao consumo, o homem relaciona-se com outros seres humanos, dando origem às relações de produção. O conjunto dessas relações promove o modo de produção. Os homens desenvolvem as relações técnicas de produção através do processo de trabalho (força humana e ferramentas), dando origem a forças produtivas que, por sua vez, geram um determinado sistema de produção (distribuição, circulação e consumo de mercadorias); o sistema de produção provoca uma divisão de trabalho (proletários e não-proprietários das ferramentas de trabalho ou dos meios de produção) e o choque entre as forças produtivas e os proprietários dos meios de produção determina a mudança social[25].

A referida concepção, para Marx, exige um sistema social baseado em dois tipos de estruturas. A primeira divide-se em uma estrutura jurídico-política, representada pelas leis, e a estrutura ideológica, representada, por exemplo, pela filosofia e pela religião, que apresentariam e justificariam a realidade. O segundo tipo de estrutura seria a econômica, representada pelas relações de produção e pelas forças produtivas.

Suas principais obras são *A crítica da filosofia do direito de Hegel* (1843), *A sagrada família* (1845), *A ideologia alemã* (1845), e a famosa obra *O Capital* (1867), no qual aborda criticamente ser a mercadoria o produto do trabalho acumulado, e que possui um valor de troca, que deve ser, segundo a sociedade burguesa, consumido por uma questão de necessidade. Nesse contexto, o próprio indivíduo passa a ser necessário, com um vital elemento para a manutenção da produção, do consumo e da acumulação de riquezas pela classe dominante.

Assim sendo, a partir do século XVIII, apresentou-se uma sociedade em plena transformação, com a desestruturação do sistema feudal, e o avanço da ordem burguesa, que resultou no Iluminismo, como corrente filosófica racional preocupada em mostrar a história a partir de um processo avançado de progresso linear. Para os iluministas a Idade Média representou o período das trevas e a Idade Moderna a fase do conhecimento e da verdade. A burguesia, entretanto, principal motivadora da transição do poder político medieval, procurou reorganizar as suas formas de pensamento, para,

25. Lakatos, Eva Maria. *Sociologia Geral*, São Paulo, Atlas, 1980, p. 35.

estratégica e ideologicamente, promover a necessária e positiva explicação da realidade. O liberalismo é a justificação racional dessa nova sociedade, posto que a corrente filosófica que liderou a interpretação positiva da sociedade burguesa defendia o progresso através da liberdade, e do trabalho, diferentemente do que ocorria quando o poder estava centralizado no sistema monárquico, fundado na vontade divina.

No século XIX percebeu-se, pois, o rompimento com a prática explicativa através da metafísica, e a consequente consolidação do projeto burguês liberal-capitalista, implantado por meio da produção industrial, vinda da força de trabalho, e da difusão do consumo material, processo este objeto da crítica marxista.

O Direito, neste contexto, segundo Marx, serve enquanto instrumento político de dominação, em uma sociedade de classes, que, ao explorar a força de trabalho do indivíduo, sem o pagamento justo pela produção da mercadoria, o afastou rigorosamente daquele que foi o postulado clássico do contratualismo: o direito à igualdade.

É nesta perspectiva que o Direito Penal serve para reafirmar a condição de *coisa* do indivíduo pobre, desprovido materialmente dos direitos fundamentais, punindo-o sob o estigma de perigoso, pois, como ser dotado de razão, e capaz de discernir sobre o certo e o errado, não poderia lançar-se sobre o bem de terceiro, geralmente os bens patrimoniais, tão protegidos pelo grupo social concentrador. O Direito Penal, como parte do ordenamento jurídico contemporâneo, efetivamente exerce o controle sobre a massa, constituída por indivíduos mantidos à margem (ironicamente denominados "marginais" pelo senso comum), mediante mirabolantes teorias jurídicas, que explicitam a existência inquestionável do Estado, e que determinam a prevalência do mercado e do individualismo sobre a dignidade humana e o coletivo.

3.1.1. A norma posta pelo Estado burguês: o direito do homem para o homem

O surgimento do método indutivo no estudo sobre a sociedade projetou a sociologia de Comte e Durkheim ao instrumento para se afirmar a verdade, a partir do século XIX, na Europa. Assim, o formalismo jurídico encontrou bases no naturalismo típico da filosofia iluminista e na filosofia positivista. A filosofia iluminista salientou o estudo científico da realidade objetiva, as ditas "ciências naturais", mediante a utilização do método empírico, enquanto a filosofia positivista privilegiou o estudo das relações constantes entre os fatos sociais, da mesma forma utilizando o método empírico de investigação.

O positivismo não se propunha definir o conhecimento universal e absoluto, mas sim um conhecimento eficiente, enfeixado na coordenação sistemática das leis descobertas e formuladas pelos diferentes campos científicos. Destes, alcançou relevo o campo das ciências humanas e sociais. O objetivo era buscar na sociedade as leis constantes e imutáveis que a explicassem, como ocorria com a explicação da natureza e com as recentes ciências exatas.

Este positivismo filosófico influenciou a formação de uma pretensa nova ciência: a do Direito.

A ideia que certamente marcava posicionamento de defesa do Direito como ciência encontrava alicerce na possível intervenção da lei sobre a sociedade, sobre a qual seriam aplicados mecanismos para a regulação social, que necessitaria sempre de equilíbrio, pois a realidade não era apresentada como invariável. Assim, o crime, por exemplo, sempre existiria e para *Durkheim*, em particular, toda e qualquer sociedade deveria aprender a aceitá-lo como natural[26]. Este era o seu objetivo.

Seguindo essa trajetória, a norma criada após o estudo social dos conflitos seria o melhor instrumento de aplicação pelo poder político, posto que o Estado Republicano, legítimo representante do indivíduo, deveria não só reconhecer seus direitos, através da lei, mas auto regular-se.

Esse quadro de organização política, através da instauração do ordenamento jurídico moderno, afastando a prática metafísica de agir sobre o indivíduo, configurou a confluência das ideias entre a filosofia positivista e a filosofiajurídica-positivista.

Ressalte-se que esta harmonia dos teóricos modernos estava impregnada dos ideais do conservadorismo burguês, difundido para corporificar a

26. "Não nos devemos espantar, aliás, que outros fenômenos da natureza apresentem, sob outras formas, a característica pela qual definimos os fenômenos sociais. Esta similitude decorre simplesmente de tanto uns como outros serem coisas reais, porquanto tudo o que é real se impõe pela sua natureza definida, com a qual é necessário contar e que, mesmo quando conseguimos neutralizar, nunca fica completamente vencida. No fundo, é isso o que há de mais essencial na noção de constrangimento social, pois tudo o que ela implica é que as maneiras coletivas de agir ou de pensar têm uma realidade exterior aos indivíduos que, em cada momento, a ela se conformam. São coisas dotadas de existência própria, que o indivíduo encontra completamente formadas e não pode impedir que existam ou fazer com que existam de modo diferente."(Durkheim, Émile. As regras do método sociológico. In: *Os pensadores*. Tradução: Carlos Alberto Ribeiro de Moura, Luz Cary, Margarida Carrido Esteves e J. Vasconcelos Esteves. São Paulo, Abril Cultural, 1978, p. 82).

relação de poder entre os detentores do capital e o indivíduo subjugado (proletário, desempregado, a família pobre...).

A produção da norma, após a investigação dos conflitos, por parte do Estado, como legítimo mecanismo de controle social, soou como a melhor das estratégias da sociedade burguesa moderna, eis que evidenciaria o encaixe das peças do jogo, cujo resultado seria um sistema político, ordenado juridicamente, ou seja, por regras claras, a serem aplicadas, teoricamente, a todos. Realizar a referida trama política tornava-se, inexoravelmente, um efetivo exemplo do reconhecimento da prática garantista estatal, ao mesmo tempo que potencializava o projeto liberal burguês de uma sociedade capitalista controlada. Eis a dimensão política da norma, isto é, verdadeiramente uma ferramenta utilitarista[27] do interesse social dominante.

Especificamente, sobre o positivismo jurídico penal, a norma é posta como remédio para um fato social presente aos olhos de todos, ou seja, o crime. No momento em que se debate a problemática do crime, pelos juristas, através da ciência, Durkheim já apresentava sociologicamente o conceito de fato social[28], quando o distingue de fato natural, próprio de outras ciências, como a biologia e a psicologia.

27. "Durante o predomínio do pensamento positivista no campo da filosofia, no fim do século XIX, surge a Escola Positiva, coincidindo com o nascimento dos estudos biológicos e sociológicos.

A Escola Positiva surgiu no contexto de um acelerado desenvolvimento das ciências sociais (Antropologia, Psiquiatria, Psicologia, Sociologia, Estatística etc.). Esse fato determinou de forma significativa uma nova orientação nos estudos criminológicos. Ao abstrato individualismo da Escola Clássica, a Escola Positiva opôs a necessidade de defender mais enfaticamente o corpo social contra a ação do delinqüente, priorizando os interesses sociais em relação aos individuais." (Bitencourt, Cezar Roberto. *Tratado de Direito Penal.* Parte Geral, volume 1, 8ª edição, São Paulo, Saraiva, 2003, p. 52).

28. "Antes de procurar saber qual é o método que convém ao estudo dos fatos sociais, importa dar a conhecer os fatos que assim designamos.

A questão é tanto mais necessária quanto as pessoas se servem desta qualificação sem grande precisão. Empregam-na correntemente para designar, pouco mais ou menos, todos os fenômenos que ocorrem na sociedade, mesmo que apresentem, apesar de certas generalidades, pouco interesse social. Mas, partindo desta acepção, não há, por assim dizer, acontecimentos humanos que não possam ser apelidados de sociais. Cada indivíduo bebe, dorme, come, raciocina, e a sociedade tem todo o interesse em que estas funções se exerçam regularmente. Assim, se estes fatos fossem sociais, a sociologia não teria um objeto que lhe fosse próprio e o seu domínio confundir-se-ia com os da biologia e da psicologia.

Mas, na realidade, há em todas as sociedades um grupo determinado de fenômenos que se distinguem por características distintas dos estudados pelas outras ciências da natureza.

Quando desempenho a minha obrigação de irmão, esposo, ou cidadão, quando satisfaço os compromissos que contraí, cumpro deveres que estão definidos, para além de mim e dos meus atos, no direito e nos costumes." (Durkheim, Émile. As regras do método sociológico. In: *Os pensadores.* Tradução: Carlos Alberto Ribeiro de Moura, Luz Cary, Margarida Carrido Esteves e J. Vasconcelos Esteves. São Paulo, Abril Cultural, 1978, p. 87).

A abordagem durkheimiana sobre a questão do crime como fato social, ou seja, como objeto de ciência, incentivou a concepção da questão jurídica como científica[29], contudo, para este pensador, o crime, já que definido como fato social segundo sua perspectiva positivista, era próprio de toda e qualquer sociedade[30], ou seja, elemento integrante da sociedade, incapaz, inclusive, de ser minimizado. Este sentido filosófico de crime produziu o argumento científico-jurídico de que o crime poderia e deveria ser controlado, uma vez que presente permanentemente na sociedade. Considerando o interesse em se proteger, de fato, os bens materiais da burguesia dominante, perante os perigosos e inferiores indivíduos marginalizados, o direito cientificamente pode afirmar seu papel político de potencializar o projeto de uma sociedade desigual, sob o discurso da norma garantista, destinada aos interesses de todos os indivíduos, independentemente das condições pessoais ou sociais, uma vez que reconhecia a igualdade entre homens.

No âmbito da esfera penal as contribuições principais surgiram com Cesare Lombroso (1836-1909), Rafael Garófalo (1851-1934) e Enrico Ferri

29. "Mas o positivismo jurídico não seguiu a tendência sociológica apontada por Augusto Comte. Firmou-se muito mais sobre as bases do formalismo, uma vez que para uma teoria objetiva do direito importava muito mais o conjunto das normas postas pelo Estado, através de suas autoridades competentes, do que a realidade social propriamente dita. A vontade do Estado soberano prevalece sobre a vontade difusa da nação. O direito positivo, com isso, passa a reconhecer-se no ordenamento jurídico posto e garantido pelo Estado, como o direito respectivo a cada Estado. O direito positivo passa a ser o único direito que interessa ao jurista, porque é o único direito existente, contrapondo-se em definitivo ao direito natural, de difícil verificação."(Camargo, Margarida Maria Lacombe. *Hermenêutica e Argumentação. Uma contribuição ao Estudo do Direito.* 2ª edição, rev. e ampl. Rio de Janeiro, Renovar, 2001, p. 91).

30. "O crime não se produz só na maior parte das sociedades desta ou daquela espécie, mas em todas as sociedades, qualquer que seja o tipo destas. Não há nenhuma em que não haja criminalidade. Muda de forma, os atos assim classificados não são os mesmos em todo o lado; mas em todo o lado e em todos os tempos existiram homens que se conduziram de tal modo que a repressão penal se abateu sobre eles. Se, pelo menos, a taxa de criminalidade, ou seja, o quociente entre o número anual de crimes e da população, tivesse tendência para baixar à medida que as sociedades passam dos tipos inferiores para os superiores, poder-se-ia admitir que, apesar de permanecer um fenômeno normal, o crime tendia, no entanto, para perder este caráter. Mas não temos nenhum motivo para acreditar na realidade desta progressão. Pelo contrário, vários fatores parecem demonstrar a existência de um movimento no sentido inverso. A estatística fornece-nos desde o princípio do século o meio de seguir a evolução da criminalidade; ora, ela aumentou por todo o lado. Na França o aumento é quase de trezentos por cento. Não há portanto um fenômeno que apresente de maneira tão irrefutável como a criminalidade todos os sintomas da normalidade, dado que surge como estreitamente ligada às condições da vida coletiva". (Durkheim, Émile. As regras do método sociológico. In: *Os pensadores.* Tradução: Carlos Alberto Ribeiro de Moura, Luz Cary, Margarida Carrido Esteves e J. Vasconcelos Esteves. São Paulo, Abril Cultural, 1978, p. 119).

(1856-1929). O ambiente favorecido pelo cientificismo das ciências naturais e sociológicas, que influenciaram o surgimento da ciência do Direito, refutou a concepção individualista do crime, motivado simplesmente pelo arbítrio do infrator, até porque em Durkheim afirmou-se o recrudescimento do crime a partir do século XIX. Certamente que esta análise não determinou que a sociedade burguesa, que promovia a concentração do lucro e a marginalização, estivesse vinculada ao referido aumento da criminalidade, mas tão somente contribuiu para minar o argumento individualista da causa do crime, segundo a Escola Clássica.

O crime deveria ser compreendido como parte da sociedade. Neste sentido, era preciso reconhecer as suas verdadeiras causas, ou seja, o seu caráter etiológico. Participou Lombroso, através de sua obra *O homem delinqüente*, neste processo afirmação das verdades sobre o crime, ao afirmar a teoria do criminoso nato (por ele mesmo contestada posteriormente), que, a partir do método experimental científico, determinou o motivo do crime como resultado de uma particularidade inferior (anormalidade) do indivíduo. Da mesma forma Garófalo, em seu livro *Criminologia*, ao tratar o crime como resultado da inferioridade moral do criminoso. Com tais acepções científicas, estes mantiveram-se aliados ao individualismo, apesar de pertencentes à Escola Positiva, que ressaltava o vínculo da sociedade quanto à existência do crime e as afirmações decorrentes de análises experimentais. Com relação à teoria lombrosiana do criminoso nato, cujas causas do crime estavam localizadas no atavismo, podemos afirmar que, atualmente, no senso comum, esta teoria ainda se mantém sobre o simbólico estigma da índole ruim.

Para Zaffaroni[31], o discurso conservador do Direito apontou, e ainda

31. "Já não era o 'espírito' da humanidade que avançava triadicamente, e sim a 'raça humana', que passava de um estágio teocrático a outro metafísico, alcançando finalmente o estágio positivo ou científico. Ingenuamente, isto ainda é repetido ao fazer-se a história de nossa disciplina, quando se afirma que houve um direito penal teocrático (vingança privada e vingança pública), um direito penal humanista (o poder capitalista em ascensão, que arranca no fim do século XVIII) e outro positivo ou científico (o do poder do capital consolidado). Isto se harmoniza com a afirmação de que a humanidade havia avançado em um século mais que em todos os milênios anteriores, posto que o 'progresso' era medido pelo grau de 'domínio' da natureza'.

Assim, os 'melhores', os mais 'evoluídos', tinham um 'direito natural' de domínio, não só em nível nacional, como também no plano internacional. Já não se podia sustentar que os negros deviam seu destino à maldição de Noé sobre o filho Cam, que lhe vira despido enquanto dormia embriagado, condenando Canãa, o filho de Cam, a ser escravo de seus tios. Era muito mais conveniente que uma 'ciência' demonstrasse que estes povos estavam em estágios culturais superados pelos europeus. Em sua origem, a antropologia foi uma boa ideologia de justificação das empresas colonialistas do século assim o faz tradicionalmente, para uma *evolução*[32] das práticas jurídicas. Contudo, o que se percebe, a partir de uma análise do contexto histórico que "surgiu" do direito, através de um olhar crítico que pode identificar neste processo o interesse dos grupos dominantes da sociedade burguesa, é a estratégica manipulação do discurso formal do direito, que tornou rígida e dominante a ideia de um ordenamento a ser aplicado imparcialmente, promovendo a justiça, por um Estado legítimo, que visa garantir o direito de todos. Esta é mais uma forma de se compreender o distanciamento entre o discurso e a prática do Direito, segundo seus objetivos formais. Contudo nos permite concluir pelo fiel cumprimento de seu objetivo político, ou seja, conservar a divisão da sociedade, punir as condutas que contrariam o ambiente da ordem e do progresso "buscado" pelo Estado burguês, e consolidar os aparentes sistemas republicano e democrático, que ocultam a sua verdadeira face da seletividade e exclusão.

O Direito Penal é formulado pela ciência, segundo os cientistas criminais, representantes da Escola Positiva, para afirmar que o crime seria um produto de uma anormalidade particular do indivíduo (inferioridade física) ou uma possível degenerescência moral do infrator (inferioridade moral).

Somente Ferri ousou, por influência sofrida por Marx, aludir sobre os fatores exógenos do crime, em sua obra *Sociologia Criminal*, não tendo contudo efetivada a predominância de sua teoria. Este, porém, foi o maior responsável pela problematização do crime, como um fato desencadeado por fatores individuais, mas também externos (sociais). O que realmente se mantinha firme enquanto afirmação da verdade era o caráter individual da causa do crime, herança permanente dos teóricos do contratualismo penal, integrantes da denomina Escola Clássica.

Ainda assim, a Escola Positiva difundiu, teoricamente, a finalidade da pena como ressocializadora, ao contrário da proposta da Escola Clássica, que admitiu, através de Beccaria, a finalidade retributiva. Dessa forma, o

XIX, que não só era levada a cabo pelas potências colonialistas, mas também por outras que nunca o haviam sido (Alemanha, Bélgica e Itália)". (Zaffaroni, Eugenio Raúl; Pierangeli, José Henrique. *Manual de Direito Penal Brasileiro. Parte Geral.* 2ª edição, São Paulo, Revista dos Tribunais, 1999).

32. O termo evolução, segundo a explicação tradicional do processo histórico do Direito, está vinculado a cientificização da explicação da natureza humana, em Darwin, ao afirmar a evolução das espécies. O Direito, seria, portanto, algo que evoluiria, independentemente da ideologia dominante, como forma de determinar sua imparcialidade: aquilo que evolui socialmente não é passível de manipulação para satisfação de interesse.

infrator deveria não ser castigado, mas sim reformado, para o retorno à sociedade. Esta prática foi objeto da recepção da oferta católica da penitência, uma vez que a proposta de John Howard (1725-1790) foi a de determinar a prisão como pena, para que o sujeito fosse mantido em um ambiente especificamente destinado a este fim (penitenciárias), como ocorria nos mosteiros, em que os clérigos se isolavam para alcançar a redenção divina, através da penitência, obtida pelo longo período de reza, em que Deus lhe concederia o perdão, e este poderia livrar-se da clausura.

Certamente que esta prática foi estrategicamente implementada, pois os atos inquisitoriais no século XVIII foram questionados, e o grande número de criminosos não mais permitia os autos-de-fé[33].

Assumiu, pois, o Direito Penal, a finalidade de proteger a sociedade, contra os indivíduos perigosos e inferiores, segundo as bases da ciência explicativa criminal e da defesa dos direitos naturais, como sendo um instrumento humanista e de interesse de toda a sociedade. Incrivelmente ainda hoje, mais de um século que se passou, reproduz-se no ensino do Direito esta visão da evolução das práticas jurídicas, e da finalidade social do Direito, segundo os seus preceitos formais, quando na verdade, a prática, já vislumbrada no passado, nos indica que este Direito nasceu com um compromisso político muito bem definido.

O fato é que, em uma sociedade que se dispunha a consolidar o projeto liberal de concentração de riquezas, através da exploração do homem, como admitir que esta mesma sociedade pretendesse ressocializá-lo para recebê-lo "melhor"?

A condição de criminoso, considerado como um fator estigmatizante por Erwing Goffman, que reduz socialmente a condição do sujeito, segundo a doutrina rotulacionista, apropriada pela Criminologia da sociologia estrutural-funcionalista do norte-americano Howard Backer, é produto da

33. "Os autos-de-fé eram enormes festas populares. Havia os autos-de-fé públicos e os particulares, reservados para os casos menos graves, ou especiais, como quando devia ser julgada uma pessoa pertencente à alta nobreza. Os autos públicos eram muito dispendiosos e realizavam-se em geral uma vez por ano. Construíam-se estrados, utilizava-se mobiliário, decorações. Os autos-de-fé duravam o dia todo e às vezes, quando o número de réus era muito alto, estendiam-se até altas horas da noite, chegando mesmo até o dia seguinte. À medida que os anos passavam, os autos-de-fé aumentavam seu caráter festivo e sua ostentação. Compareciam o rei, os infantes, toda a corte, e quando havia um visitante ilustre na cidade era convidado de honra." (Novinsky, Anita Waingort. *A inquisição*, São Paulo, Brasiliense,1983, p. 66).

reação humana, que em nada estimula a sua reconsideração sobre a prática do crime, pelo contrário, condiciona-o cada vez mais à ilicitude, mantendo seu posicionamento social em condições e características negativas, como se a sua pessoa fosse um erro, repudiado e negado para sempre.

3.2. O pensamento e a prática penal no Brasil: a lógica interna do controle social-penal no Brasil

No Brasil, a partir do processo instaurado pelo positivismo sociológico e pelo positivismo jurídico europeu, formou-se, em face da intervenção do pensamento e prática jurídica portuguesa, a corrente nacional do positivismo jurídico penal, representada por vários teóricos, que se dedicaram à explicação do crime, na sociedade que se constituía enquanto república, no início do século XX.

É bem verdade que no Brasil, na época de seu descobrimento, firmaram-se as bases de uma sociedade escravocrata, como relata o historiador Antônio Carlos Wolkmer:

> Ora, o modo de produção e a formação social surgiram e se consolidaram como uma etapa da lenta transição que ocorreu na Europa Ocidental, entre aproximadamente finais de século XV (regime feudal) e o século XVIII (sistema capitalista). As transformações econômicas e sociais nesse período foram comandadas por grupos ascendentes e enriquecidos, provenientes do comércio e das práticas mercantis. Lembra Álvaro de Vita que, enquanto "o trabalho servil – a forma de trabalho obrigatório própria do feudalismo – desaparecia na Europa, os europeus recriaram a escravidão em suas colônias". A produção de gêneros tropicais para o comércio no Brasil foi organizada com base na exploração do trabalho escravo.
>
> Nos primeiros séculos após o descobrimento, o Brasil, colonizado sob a inspiração doutrinária do mercantilismo e integrante do Império Português, refletiu os interesses econômicos da Metrópole e, em função deles, articulou-se[34].

Esta articulação social centrada na exploração das riquezas naturais do Brasil, mediante a exploração do trabalho humano violento, efetivou a característica latifundiária nas sociedades brasileiras, fomentando a relação de submissão perante a metrópole portuguesa.

34. Wolkmer, Antônio Carlos. *História do Direito no Brasil.* 3ª edição, Rio de Janeiro, Forense, 2003, p. 37.

Iniciou-se, assim, o sistema político brasileiro de negação aos direitos do indivíduo, salvo aos pertencentes às classes superiores, compreendidas pelos representantes da coroa. Nesse sentido, a aliança entre os aristocratas da coroa e as elites agrárias permitiu a formação de uma sociedade voltada à proteção dos interesses dos dominantes, mesmo após a independência e a república brasileira.

Assim, o Estado seria o próprio detentor dos interesses da concentração das riquezas, já que o Brasil não acompanhou a formação da sociedade burguesa europeia, tendo sido constatada a detenção do poder inicialmente pelos jesuítas, posteriormente pelos governadores-gerais, até o momento da centralização exercida pelos representantes do movimento republicano, ocorrida tempos após a transferência da família real. Percebeu-se, neste período de alterações do quadro político, um efetivo crescimento da população brasileira e seus conflitos. Esta é a determinante causa do processo de difusão do positivismo jurídico, já que a população estava constituída de forma heterogênea, pela miscigenação ocorrida entre os índios, negros, portugueses e outros poucos estrangeiros europeus. Os grupos dominantes relacionavam-se com o povo de forma defensiva e opressiva, já que a grande parte das pessoas era considerada de classe inferior. Daí o devido interesse por uma estratégia de controle social.

A independência do Brasil, apesar dos postulados formais, movidos pela onda liberal difundida na Europa, e pela implementação do progresso e modernização, não desconfigurou as características da sociedade escravocrata, eis que a estrutura social estava mantida pelo patrimonialismo e protecionismo dos dominantes políticos.

É neste processo de transição ordinariamente política, de pouca expressão na estrutura social, que o Direito assume o papel de atender formalmente os discursos de defesa dos direitos individuais, mas de manter, na prática, a condição superior dos dominantes políticos, conforme afirma Wolkmer:

> A implantação dos dois primeiros cursos de Direito no Brasil, em 1827, um em São Paulo e outro em Recife (transferido de Olinda, em 1854), refletiu a exigência de uma elite, sucessora da dominação colonizadora, que buscava concretizar a independência político-cultural, recompondo, ideologicamente, a estrutura de poder e preparando nova camada burocrático-administrativa, setor que assumiria a responsabilidade de gerenciar o país. Neste sentido, os cursos jurídicos surgiram, concomitantemente, com o processo

> de independência e a construção do Estado Nacional. Tais centros de reprodução da legalidade oficial positiva destinavam-se muito mais a responder aos "interesses do Estado" do que às expectativas judiciais da sociedade. Na verdade, sua finalidade básica não era formar advogados, mas, isto sim, atender as prioridades burocráticas do Estado. Assim, as escolas de Direito foram destinadas a assumir duas funções específicas: primeiro, ser pólo de sistematização e irradiação do liberalismo enquanto nova ideologia político-jurídica capaz de defender e integrar a sociedade; segundo, dar efetivação institucional ao liberalismo no contexto formador de um quadro administrativo-profissional. Contudo, essas funções distintas, mas interligadas, não deixam de revelar certa contradição, que, como demonstra Joaquim de A. Falcão, comprova-se na pretensão de serem, de um lado, defensoras dos princípios liberais, de outro, de fomentadoras da emergência de uma elite burocrática para o controle do poder[35].

As consequências sócio-políticas deste processo de constituição do Direito no Brasil desencadearam a formação de um grupo conservador e defensor das teorias científicas iluministas do Direito Penal. Este passa a ser, na teoria e na prática, o instrumento legítimo e eficaz para o controle social, sobre aqueles que se dispunham a agir contra o interesse nacional do progresso. Os crimes são, portanto, classificados segundo as concepções individualistas e estigmatizantes, que legitimavam o caráter curativo sobre o sujeito perigoso[36].

Temos, pois, no Brasil, um berço juridicista formal, no qual o Direito se revelou muito mais como uma arma oficial de seleção, no que tange aos interesses dos grupos dominantes – e com um remédio, para os casos de doença

35. Wolkmer, Antônio Carlos. *História do Direito no Brasil.* 3ª edição, Rio de Janeiro, Forense, 2003, p. 80-81.

36. "Trata-se de disciplinar o espaço da prisão, que não deve apenas excluir, mas ser capaz de evitar possíveis alianças entre os presos, promovendo também um aprendizado de obediência e moralidade através do trabalho. É enquanto reforma moral que se define, neste momento, a recuperação do preso. Mas já se fala aqui de uma outra finalidade da pena, que não se reduz à intimidação ou à punição.
O processo de medicalização, enquanto introdutor no Brasil de uma ordem disciplinar, cria condições para uma reflexão médica sobre as prisões, que vai acabar por estabelecer um parentesco, desde então sempre afirmado, entre doença e crime. Além disso, ele vai possibilitar uma reorganização do espaço da prisão, processo que vai se dar de forma lenta e incompleta. Pois permanecerão existindo no Brasil, em maioria absoluta, os depósitos de presos, estes espaços mais ou menos caóticos, cuja finalidade é apenas a exclusão e o castigo, ao lado de outras instituições, onde já se opera a implantação de uma teconologia disciplinar." (Rauter, Cristina. *Criminologia e subjetividade no Brasil.* Instituto Carioca de Criminologia. Coleção Pensamento Criminológico, Rio de Janeiro, Revan, 2003, p. 32).

– que infligiam a tecitura social. Revela-se, de fato, no Brasil, a instalação de um ordenamento jurídico integralmente importado, que incluiu estratégias de controle sobre os grupos considerados inferiores.

Os principais nomes que se destacaram neste processo do positivismo no Brasil, a partir do final do século XIX, foram: Tobias Barreto, Clóvis Bevilácqua, Evaristo de Morais, Moniz Sodré, Tito Rosas, entre outros.

CAPÍTULO 3

Direito penal contemporâneo: racionalismo x humanismo

1. Sociedade de conflitos e ordem racional

ESTE capítulo tem por objetivo apresentar como a sociedade moderna fez uso dos novos mecanismos criados a partir das mudanças paradigmáticas ocorridas no plano político da Europa e nos EUA, no século XVIII.

O enfoque destacado é da transição do regime absolutista e da legitimação metafísica, para o regime republicano, agora legitimado pela consagração dos direitos individuais, através da lei, considerando a determinante influência filosófica promovida pelos clássicos liberais. Posteriormente, quando a norma já se revela como fundamental instrumento de governo, a filosofia kantiana exerceu forte influência sobre a análise da forma de governo, centrada na relação de poder existente entre a lei e o homem, como forma de promoção da justiça, segundo a vertente teórica sobre a ética.

Neste aspecto, o racionalismo e o dogmatismo apresentaram-se como elementos prioritários das ações estatais modernas, direcionadas às sociedades que pretendiam caracterizar-se como ordenadas e voltadas ao desenvolvimento. O Direito assume destacada importância, diante do posicionamento de Kant, para uma época em que se assistiam a mudanças dos quadros políticos internos, onde a barbárie se fez, em um passado recente, regra na Europa.

O Direito, portanto, tanto sob os argumentos da política como da filosofia, é aceito como parte da nova sociedade que se constituía sob as bases da coletividade e do bem público, tornando-se verdadeira e inexorável medida de justiça. O que estivesse de acordo com a lei seria o melhor, o justo, o perseguido pelo povo. Nesse sentido, a pena passa a ser não mais compreendida como um possível excesso, mas sim como uma reação da sociedade, contra o indivíduo que conhecia a norma, e reconhecia a possibilidade de ser punido, por um poder legítimo e aceito segundo a estrutura do contrato social.

Os fundamentos contemporâneos do Direito Penal encontram origens neste conjunto sistêmico político, no qual o indivíduo precisa do poder estatal, que utiliza a norma contra aquele que atenta contra a segurança de todos, através da punição, se presente a lei anterior e a culpa do infrator devidamente comprovada no processo acusatório.

Esta análise pode ser ampliada quando nos desprendemos do rigor da lei, da sua teórica finalidade de progresso e respeito aos direitos individuais e coletivos, como faz o professor Marildo Menegat, em sua obra sobre a crise da modernidade.

A apresentação da obra é realizada por Joel Birman, teórico da psicanálise e estudioso das ações humanas e violência.

Fiel ao objetivo de apresentar o trabalho de Marildo Menegat, Joel Birman afirma que o autor buscou relacionar a modernidade ao historicismo sobre a razão e a barbárie, sendo esta uma evidente consequência do afastamento do homem às condições naturais de vida, expressadas por Birman como "perda da sensualidade natural do sujeito"[1]. Nesse passo, o recurso utilizado foi a instrumentalidade da ciência, após o século XVIII, sendo a modernidade o marco desta concepção estrategicamente pragmática e positivista.

Na introdução da obra, o autor, sem dúvida alguma, utilizou o positivismo como a maior referência para a sua análise sobre a efetivação do racionalismo, e a consequente barbárie relacionada às guerras mundiais do século XX. Segundo o autor, a barbárie deve ser compreendida em seu sentido histórico, para que se entenda "criticamente" a estratégia executada pelos representantes do racionalismo. Estabelecer uma direta relação entre este e o capitalismo é fundamental, para que se percebam as bases desta estratégia, da qual a ciência é o instrumento fundante do discurso legitimador.

O capítulo primeiro é dedicado às experiências da razão, materializadas tanto pela violência como pelo afastamento ao sujeito. Quanto à violência, esta se apresentou no início do século XX, através da Primeira Guerra Mundial, sobre a qual cita Erich-Maria Remarque e Benjamim[2].

1. Menegat, Marildo. *Depois do fim do mundo. A crise da modernidade e a barbárie.* Rio de Janeiro, Relume Dumará, 2003, p.14.

2. Menegat, Marildo. Idem, p. 29. O autor cita a experiência da geração de Erich-Maria Remarque, na frente de batalha da Primeira Guerra Mundial.

Sobre a negação da singularidade natural do sujeito, o autor faz referência a Horkheimer[3], para demonstrar que o ocidente prendeu-se aos interesses bélicos desprezando as necessidades humanas, que poderiam, inclusive, ser atendidas em face da abundância de seus recursos. A razão, portanto, estaria a serviço dos horrores da guerra, da barbárie ou da repressão, o que demonstrará o seu excesso e não a sua ausência.

Esta engrenagem de veste racional, no Ocidente, caracterizaria as relações humanas, pedra primária de um sistema prático-teórico, elaborado dedicadamente aos seus objetivos materialistas, segundo o escopo científico. A razão produziria uma ambiência sólida, na qual as ações poderiam ser realizadas segundo os interesses legitimados pelo ideal moderno de vida.

As críticas à insanidade da razão iluminista foi protagonizada pelos representantes da Escola de Frankfurt, especialmente Horkheimer e Adorno. Segundo o autor, "para estes autores, o pouco mais de meio século que separa o fim do século XIX e as primeiras décadas do século XX, teria sido o da consolidação da formação conservadora da sociedade burguesa"[4]. Percebe-se, pois, o caminho imaginado e percorrido pelo racionalismo, visível pela instrumentalização da ciência, que gerou o positivismo, tanto sociológico como o jurídico (elementos responsáveis pela regulação do sistema), e que despistou o real interesse de um grupo minoritário (consolidação de uma sociedade burguesa, centrada em um modelo socioeconômico limitado).

A percepção deste sistema moderno, em que a produção das riquezas estava centralizada pela minoria pensante, reduzia o indivíduo como o "sujeito singular que movimenta esta estrutura"[5], mas que em contrapartida o nega, o rejeita, o despreza.

Este sujeito encontra-se afastado do processo dinâmico do mundo ocidental moderno, e a razão não estaria mais disputando com o abstrato (universalismo abstrato de Marx), mas sim determinando os resultados futuros, através de suas ações práticas e de caráter individualista. Importante para a consolidação deste sistema é o discurso da igualdade, onde todos estão diante da lei, coagidos e protegidos por ela.

3. Menegat, Marildo. Idem, p. 30.
4. Menegat, Marildo. Idem, p. 30.
5. Menegat, Marildo. Idem, p. 30.

Em Weber o autor diagnostifica o racionalismo na forma de relação da vida social, onde o sujeito está submetido às normas de procedimentos, caracterizados como impessoais, e que, de certa forma, garante ao indivíduo uma determinada proteção, ao mesmo temo que o desqualifica. O resultado desta qualificação é a necessidade do indivíduo de se adequar a este sistema, composto por funções, e que exige especificidades, desconectadas do todo. O vínculo único existente é que esta especificidade, somada a outras, reproduz o todo. Chama a atenção, o autor, para a dialética do progresso referida por Adorno e Horkheimer, na qual o indivíduo deve adequar-se, para minimamente suprir as suas necessidades, ou nada usufruir. Assim, os indivíduos tornam-se atomizados, guindados pelas normas de procedimento, e o Estado se mantém como legítimo administrador.

A referida análise é, em grande medida, corroborada por Lukás, quando afirma que a racionalização era um fenômeno mediante o qual os homens abandonavam as forças produtivas da sociedade burguesa. Segundo Menegat, esta concepção "reforça o aspecto da adequação do indivíduo... ao conjunto do aparato mecanizado de produção". Esta forma de subsunção da particularidade ao sistema oculta a minoria burguesa, que se posiciona dirigindo o todo, como em *Ulisses*.

A consequente análise do autor sobre estes pensadores é realizada segundo os críticos da Escola de Frankfurt (Adorno e Horkheimer), através do conceito de sociedade administrada. A partir deste conceito, formula-se a interpretação crítica do sistema capitalista, sustentado pela razão iluminista, em que a sociedade revela-se como um estado de coisas, em contínuo progresso, na qual o indivíduo deve cumprir sua função, amontoado como átomo, mantendo em funcionamento o todo sistêmico.

No que tange às disfunções deste sistema, estas são compreendidas "incongruentes da parte", a fim de alcançar a sua conservação. Desta forma, a absorção de todos é possível, pelo sistema capitalista, pois utiliza a norma como referência de comportamentos, mantém o "senhor" oculto com seus interesses, e resolve as crises disfuncionais, como problema particular, e não do todo.

As disfunções referidas, segundo o autor, não se referem ao problema da racionalização dos sistemas, mas como da não adequação do sujeito, que, portanto, deve reconhecer sua necessidade social como função, e a partir daí, buscar enquadramento, a fim de atingir seus objetivos, mantendo, como questão fundamental, o todo.

A noção de crime surge desta questão da disfunção, que segundo o autor resulta a própria barbárie:

> a barbárie vem experimentada como um horizonte natural da vida social. Cabe a cada um, dentro deste contexto, de posse das leis sagradas que o regem, buscar saídas individuais para precaver-se dos golpes violentos a que a maioria está submetida, e que soam como desvios e perversões da ação de indivíduos desajustados[6].

Ao menos quatro questões apresentadas pelo autor sobressaem como imbricadas, e que servem para diagnosticar o chamado "caos" ou "guerra" presente nas grandes cidades, onde a violência é alçada à condição do verdadeiro problema da atualidade, ou seja, o incômodo está presente na violência que o outro pratica sobre os "bons cidadãos" . A primeira, resta evidenciada quando o autor, ao comentar a experiência do espírito citada por Kierkegaard, na qual o indivíduo busca a verdade dentro de si, cuja experiência interior preserva certa imediatez, afirma que a modernidade possui "camadas de ruínas"[7], que transformam este indivíduo em coisa.

A segunda referência fundamental, presente no mesmo contexto de abordagem da primeira – a experiência do espírito – é a que contextualiza a modernidade como o momento em que as "coisas" recaem sobre o indivíduo, afastando-o cada vez mais da natureza, e de si próprio[8].

A terceira elementar referência é a que aponta o capital como o instrumento de desenvolvimento social, no qual o controle e a organização sobre o indivíduo, e sobre a própria natureza, são os meios efetivos deste resultado[9].

A quarta referência exemplar se torna nítida após as três citações anteriores, isto é, o projeto da sociedade capitalista admite a sua responsabilidade pela criação do ambiente proporcionado, por seus meios e resultado. Assim, o autor, aludindo Adorno sobre a questão da barbárie e da ausência de surpresas neste tipo de sociedade tensa, revela que o sistema produz os próprios indivíduos[10], que são necessários para mantê-la, ou seja, os próprios bárbaros se tornam fundamentais, quando estes são "coisificados" e desprovidos de desejo e reconhecimento da realidade. Trata-se, portanto, da ausência de

6. Menegat, Marildo. Idem, p. 172.
7. Menegat, Marildo. Idem, p. 136.
8. Menegat, Marildo. Idem, p. 136.
9. Menegat, Marildo. Idem, p. 192.
10. Menegat, Mardildo. Idem, p. 69.

sentimentos vinculados aos valores humanos e fundamentais. Reforço desta concepção é a afirmação do autor de que: "a sociedade legitima a lei da selva como seu fundamento dos laços sociais, ela admite o desespero como seu estado natural"[11], e o homem "quando comete um ato de violência ao outro o faz em nome dos recursos que lhe faltam para entrar no jogo das trocas, bastante simbólicas, é verdade, da economia capitalista"[12].

Finalmente, o que se mostra é que o movimento do sistema capitalista demonstra incoerências, posto que muitos não se projetam em suas funções, e são ignorados, tornando-se elementos impróprios. Para estes, quando realizam ações contrárias ao bom funcionamento (disciplinado), aplica-se o estereótipo de desviante, ou seja, aquele que não conseguiu se enquadrar.

Para Jock Young esta condição do sujeito desviante amolda-se no processo da modernidade recente, no qual o indivíduo é condicionado a manter-se na exclusão. Isto é, o seu ritmo na sociedade é caracterizado pela "marca" permanente da exclusão[13].

O crime passa a ser considerado um problema para todos, que atrapalha o progresso, e legitima a repressão. A barbárie é a prática daquele que não conseguiu realizar um papel específico e por isto reage com violência. Contudo, a sociedade administrada o considera desqualificado, inábil; inútil, o indivíduo não se ajusta ao sistema, como um verdadeiro elemento deficiente, como uma peça inferior. A competitividade exige determinadas qualidades que estes não possuem. Não possuindo as referidas qualidades, não são interessantes para o todo (sociedade). O fato é que esta contradição não é questionada, pois todos estão atomizados, submetidos pela razão do progresso e do mérito individual.

11. Menegat, Mardildo. Idem, p. 172.

12. Menegat, Mardildo. Idem, p. 172.

13. "Este livro fala sobre dificuldade e diferença. Observa a rápida esgarçadura do tecido social do mundo industrializado no último terço do século XX, mapeando o crescimento do individualismo e das demandas de igualdade social emergentes do bojo das forças de mercado que permearam e transformaram todos os cantos e recantos da vida social. Comenta a lenta mas constante erosão do respeito, tanto na política como na vida pública, na sala de aula ou na família. Trata-se de um movimento que parte de uma sociedade inclusiva de estabilidade e homogeneidade para uma sociedade excludente de mudança e divisão. No mundo moderno recente, a exclusão se dá em três níveis: exclusão econômica dos mercados de trabalho, exclusão social entre pessoas na sociedade civil, e nas atividades excludentes sempre crescentes do sistema de justiça criminal e da segurança privada." (Young, Jock. *A sociedade excludente. Exclusão social, criminalidade e diferença na modernidade recente.* Instituto Carioca de Criminologia. Coleção Pensamento Criminológico, Rio de Janeiro, Revan, 2002, p. 11).

2. O resgate do corpo como objeto fundante do poder

A abordagem crítica que superdimenciona os verdadeiros interesses da sociedade capitalista, segundo as bases da intervenção democrática do Estado, revela ainda, segundo Giorgio Agamben, em sua obra sobre a vida, a política e o Estado, o intrínseco objetivo de controle e dominação do homem. O Estado pode e deve ser colocado como objeto de análise filosófica, para que se compreenda o papel do Direito, em face dos indivíduos que buscam segurança e felicidade.

Pretende o autor contextualizar a vida humana na modernidade, a partir dos clássicos Aristóteles e Platão, e a sua relação com o Estado. A referida contextualização especifica-se segundo a utilização da vida humana por parte do Estado. Portanto, o autor inicia sua abordagem pela compreensão da vida, como objeto político ou mero objeto da natureza.

Duas foram as expressões utilizadas por Aristóteles e Platão para se referirem à vida, sendo o termo *zoé* aquele que exprime o simples fato de viver e que é comum a todos os seres vivos. A palavra *bios* significava a forma ou a maneira de viver, própria de um indivíduo ou de um grupo.

Contudo, o termo *zoé* prende-se ao aspecto natural, e não ao aspecto político, o que levou Aristóteles e Platão a utilizarem o termo *bio*, como foi feito ao distinguirem a vida contemplativa (*bios apolausticos*) da vida de prazer (*apolausticos*) e da vida política (*bios políticos*), apesar de ter utilizado o termo político *zôon* em sua obra *Política*.

Ao demonstrar que a vida, ou melhor, a forma de se viver, através dos clássicos, já foi objeto de reflexão, enquanto elemento de análise política da sociedade, vislumbra o autor a importante tarefa para compreender as diversas conexões históricas havidas entre o Estado e o homem, sendo este o possível objeto de manipulação ou interferência dos interesses do Estado.

Assumindo esta pesquisa – estudo da vida do homem na modernidade, e sua relação com o Estado – o autor objetiva afirmar que a vida humana possui grande valor para o Estado, podendo, inclusive, ser a referência de seu poder. Sendo este seu objetivo, o autor divulga o interesse por esta questão, não citando somente Aristóteles e Platão, mas também Foucault, Arendt, Benjamin e Schmitt.

Ao tratar do tema, especialmente com Aristóteles, ressalta a diferença entre o simples viver e o viver segundo um bem, isto é, o simples fato de viver, diferentemente da vida politicamente qualificada[14].

Com Foucault, o autor evidencia a estreita relação entre a vida e o Estado, posto que, ao final da vontade de saber, Foucault aponta a vida natural da Idade Moderna como um instrumento de poder do Estado, convertendo a política em biopolítica, enquanto estratégia de manipulação e disciplina do corpo.

Segundo Hannah Arendt, referida pelo autor, a vida natural passa a ingressar na cena política do mesmo modo que serve para medir a decadência da sociedade moderna[15].

Constatada a relação entre a vida humana e o interesse do Estado, o autor aduz sobre a presença efetiva dos modelos jurídico-institucionais, na vida do sujeito moderno, uma vez que para este a interferência do Estado através destes modelos sobre a vida do indivíduo revela a fundamental relação de poder, limites e castigos impostos pelo Direito, sob o discurso da ordem jurídica, ou administração político-administrativa do Estado, sobre o complexo coletivo:

> A presente pesquisa concerne precisamente a este oculto ponto de interesse entre o modelo jurídico-institucional e o modelo biopolítico do poder. O que ela teve de registrar entre os seus prováveis resultados, é precisamente que as duas análises não podem ser separadas e que a implicação da vida nua na esfera política constitui o núcleo originário – ainda que encoberto – do poder soberano. Pode-se dizer, aliás, que a produção de um corpo político seja a contribuição original do poder soberano[16].

Ao enfatizar a origem ou o fortalecimento do poder soberano a partir da vida nua, o autor apresenta a análise de Schmitt sobre o poder soberano e como este visualiza este poder na sociedade. A inserção da análise de Schmitt para o desenvolvimento da reflexão do autor se verifica, pois, para aquele, o Estado detém o poder pelo fato de poder situar-se fora da lei, isto é, não se encontra subordinado plenamente à lei. Nesse passo, é sustentado que a exceção é a revelação do poder estatal, e desta insubordinação à ordem legal, ao mesmo tempo que esta ordem legal é utilizada para buscar

14. A expressão "vida politicamente qualificada" seria para o autor a vida como meio de inserção social". (Agamben, Giorgio. *Homo sacer e a vida nua*, 2002, p. 9).

15. Arendt, Hannah. A condição humana. In: Agamben, *Homo sacer e a vida nua*, p. 11.

16. Agamben, Giogio, Idem, p. 14.

a normalidade (ordem jurídico-político-social), o que se torna possível considerando ser o Estado o detentor do poder constituído.

Ultrapassando a questão da intrínseca relação entre vida nua e poder soberano, o autor parte para os indícios objetivos desta arquitetura teórico-filosófica, visto que indica a vulnerabilidade da vida humana, através do direito romano, pela figura do *homo sacer*, cuja importância histórica reside no fato de ser alcançada a morte se obedecidos os procedimentos rituais contra o homem impuro, que praticou sacrilégio e que precisa morrer para atender aos desejos divinos. Portanto, a indicação prática de sua análise é conduzida aos governos totalitários, nos quais o poder estatal atinge violentamente o indivíduo, isto é, a vida nua. Citando Hannah Arendt, o autor posiciona os campos de concentração como forma de exercício do poder soberano, potencializado e originado pela vida nua: "Arendt percebe com clareza o nexo entre domínio totalitário e aquela particular condição de vida que é o campo (...). O totalitarismo – tem como objetivo último a dominação total do homem.... "; "Os campos de concentração são laboratórios para a experimentação do domínio total, porque, a natureza humana sendo o que é, este sim não pode ser atingido senão nas condições extremas de um inferno construído pelo homem (Arendt, 1994, p. 240)"[17]; "Hannah Arendt uma vez observou que, nos campos, emerge em plena luz o princípio que rege o domínio totalitário e que o senso comum recusa-se obstinadamente a admitir, ou seja, o princípio segundo o qual 'tudo é possível'"[18].

Ao justificar a existência do poder estatal a partir da vida nua, na qual vê-se clara a sua condição de objeto político, e que no campo de concentração exsurge como algo desprovido de valor, o indivíduo apresenta-se na modernidade como o menos importante, o que não precisa ser potencializado, e o que se encontra descartado do jogo dos grandes jogadores, que determinam o curso sistemático dos atos. Os indivíduos são, apesar da ênfase concedida, a fragilidade humana, o que revela o poder estatal, considerando a possível ação deste sobre a vida nua, protegendo-a ou anulando-a.

Tal característica de ser do Estado o mantém potente, e a vida nua se torna, ao mesmo tempo, objeto de reconhecimento de direito, isto é, conteúdo

17. Agamben, Giorgio. Idem, p. 126.
18. Agamben, Giorgio. Idem, p. 177.

mais elevado de proteção jurídica. As declarações do século XVIII constaram a vida em seus textos, através do reconhecimento formal de proteção, a partir da liberdade e da igualdade entre todos os nascentes.

Todavia, o autor, citando mais uma vez Hannah Arendt, demonstra que efetivamente o Estado possui o controle sobre a vida – inclusive do indivíduo moderno – quando realiza todas as barbáries da guerra do século XX – não muito diferentes das guerras dos séculos anteriores, salvo os recursos materiais utilizados para a execução – tornando a vida algo eliminável, dependendo do interesse político imperante. Aqueles considerados direitos naturais serão reduzidos a nada, e os poderes estatais não se lembrarão de suas consideráveis localizações histórico-filosóficas, pois sobre elas o poder soberano se totaliza, se revela e se concretiza: "No sistema do Estado-nação, os direitos sagrados e inalienáveis do homem, mostram-se desprovidos de qualquer tutela e de qualquer realidade no mesmo instante em que não seja possível configurá-los como direitos dos cidadãos de um Estado"[19].

Após a Segunda Guerra Mundial, denota-se e deflagra-se novo movimento inquestionável de proteção dos direitos, não mais denominados "direitos do homem", mas "direitos humanos", através do qual pactos são realizados, visando ao compromisso de proteger formal e materialmente a vida e as suas formas de manifestação.

O que se percebe, no entanto, é o permanente distanciamento da política concreta ao homem concreto. Milhares de vidas não são alcançadas, por estes pactos, mas que sustentam e legitimam a política, no que tange ao exercício do poder, transformando a vida natural em fonte de poder (biopolítica).

Dessa forma, as declarações universais representam um instrumento referencial a ser adotado pelo Estado-nação moderno, que a república solidificou a partir da representação do interesse particular, mas que oculta a verdadeira imagem não humana desta criação lendária, cujas raízes liberais foram fortalecidas por projetos de extensão extraterritorial do capitalismo. Existe, assim, um conjunto de Estado-Nação agindo harmoniosamente, promovendo discursos garantidores de direitos humanos, mas que estão, verdadeira e estrategicamente, executando cada vez mais os projetos de controle da vida natural.

19. Agamben, Giorgio. Idem, p. 133.

3. A cultura da pena de prisão como regra para infratores

O curso histórico da sociedade capitalista a partir do século XIX, promovida pela burguesia ascendente, seria marcado pela influência da sociedade positivista e do positivismo jurídico europeu, este determinado pela necessidade de controle social sobre as inúmeras pessoas compelidas a serem expectadoras do dinamismo social, ou a serem somente forças exploradas, com inexpressiva participação política, salvo no início do século XX, com a organização dos operários, que consolida o início da organização sindical, após tanta opressão e exploração.

Esta complexa relação entre o poder político dominante e dominado é que inspirou o movimento de codificação, resultado maior do positivismo jurídico. O Estado deveria, pois, em nome da garantia dos direitos naturais do indivíduo, demonstrar o seu papel garantidor, expressando na lei não só os referidos direitos mas as condutas nocivas aos direitos individuais, através de um sistema penal punitivo, revelando um Estado promovedor da representação organizacional da sociedade, através do reconhecimento de direitos e imposição de direitos. Aparentemente este era o contexto político no qual se assentava o positivismo jurídico.

Contudo, este contexto aparente não deveria demonstrar a face oculta da efetiva finalidade política do sistema penal, ou seja, a lei deveria cumprir a tarefa de legitimar o Estado, agir em nome do bem comum, porém contra a grande maioria das pessoas que constituíam a miséria e inexpressão social.

A lei deveria ser elaborada e fundamentada para ser dirigida aos seres não portadores de direitos, e não beneficiários da ação estatal garantista. A referida função social seletiva da lei, neste ambiente do século XIX, poderia ser aplicada na prática, considerando que o grupo social objeto desta engenharia política, a exemplo do que ocorreu no absolutismo monárquico, não era integrado por sujeitos de direitos. É neste momento, da origem do discurso e da prática normativa das garantias dos direitos individuais, que se deflagram (e que ao longo do tempo de solidificam) as estratégias de dominação oficial e legal do indivíduo moderno.

A real finalidade política do controle social legal, isto é, a punição sobre a conduta do indivíduo de um determinado grupo, quando da prática de um crime previsto em lei (introdução do princípio da legalidade, sob o engodo retórico da garantia do indivíduo contra a arbitrariedade e parcialidade do Estado), como forma de envolvê-lo na armadilha do sistema jurídico, representava uma efetiva condição de segurança da burguesia dominante[20].

É possível interpretarmos a história das teorias penais, consequentemente, como um produto do dogmatismo jurídico, a serviço da ideologia política de controle das pessoas integrantes da classe dominada (pobres e miseráveis)[21], posto que considerados ameaçadores e excedentes da nova ordem socioeconômica, oportuna para poucos, que se consolidou numa nova elite, que se incomodava com a visibilidade da pobreza e a possível ameaça violenta e organizada, e que poderia ser perpetrada pelos excluídos.

A doutrina jurídica dominante do século XX e a deste século apontam para uma crítica da pena de prisão, pertencente a um sistema penal em

20. "A proteção das relações de produção dominantes implica a proteção das forças produtivas (homens, tecnologia e natureza) e, assim, certos tipos penais parecem proteger bens jurídicos gerais, comuns a todos os homens, independente da posição de classe (a vida, a integridade física e psíquica, a liberdade individual e sexual, a honra, etc.). Mas a proteção desses valores gerais é desigual: a) os sujeitos titulares desses bens jurídicos, pertencentes às classes dominantes (ou categorias sociais afins), são protegidos como seres humanos; b) os sujeitos titulares desses bens jurídicos, pertencentes às classes dominadas (especialmente, o proletariado), são protegidos como força de trabalho (enquanto energia necessária à ativação dos meios de produção, como mercadoria especial dotada da propriedade de produzir valor superior ao seu preço: a mais-valia, extraída do tempo de trabalho execedente), e, portanto, como objetos; c) finalmente, os sujeitos titulares desses bens jurídicos, pertencentes às classes dominadas sem função como força de trabalho (a força de trabalho excedente, excluída do processo de produção de mais-valia, especialmente o lumpenproletariado), não são protegidos nem como objetos: ao contrário, são destruídos ou eliminados, pela violência estrutural (relações de produção) ou institucional (aparelho policial e grupos paramilitares de extermínio), sem qualquer consequência penal. Assim, se a incriminação abstrata (lei penal) parece indiferenciada ou neutra em relação a esses valores gerais, a criminalização concreta (aplicação da lei penal) é diferenciada (ou parcial) conforme a posição dos sujeitos respectivos." (Santos, Juarez Cirino dos. *Direito Penal. A nova parte geral.* Rio de Janeiro, Forense, 1985, p. 26)

21. "Enfim, o sistema carcerário e subsistemas auxiliares: substitutos penais consome o 'criminoso', rótulo oficial do sujeito criminalizado. Esse consumo forçado não se reduz à supressão da liberdade, mas inclui outros direitos não especificados: o direito ao trabalho remunerado, à correspondência, à informação, à educação formal, aos direitos políticos, à dignidade (degradações, brutalizações e torturas), à sexualidade, à recreação, etc. A realidade carcerária é justificada pela ideologia da pena: retribuição (equivalente) do crime e ressocialização do criminoso." (Santos, Juarez Cirino dos. *Direito Penal. A nova parte geral.* Rio de Janeiro, Forense, 1985, p. 29); A presente abordagem é feita também por Nilo Batista e Zaffaroni. (Batista, Nilo; Zaffaroni, Eugenio Raúl. *Direito Penal Brasileiro I.* 2ª edição, Rio de Janeiro, Revan, 2003). "A facilitação da exploração da classe operária e racionalidade posta a serviço de seu controle social exigiam a remoção dos limites colocados pelos velhos liberais, de modo que, quando a burguesia industrial se assentou definitivamente no poder, na segunda metade do século XIX, teve início um movimento para o disciplinamento sutil e pragmático, isento dos limites liberais, isto é, meramente funcional: recondicionou-se a distinção entre inimigos (já não do soberano, mas da sociedade) e indisciplinados, que remontava pelo menos à Carolina, com a perseguição aos vagabundos, agora empiricamente identificáveis nos pobres não incorporados ao modo de produção industrial."

"evolução" (termo que afirmava o suposto processo de desenvolvimento da sociedade moderna), como instrumento ruim, mas, ao mesmo tempo, necessário[22], como algo advindo por força da organização imparcial da sociedade.

Para os críticos que interpretam a realidade do sistema prisional e da ideologia política do qual foi concebido o sistema carcerário, a pena de prisão não representou a negação do crime, como afirmou Hegel, mas sim a negação da especificidade da condição humana, ao atingir os mais especiais valores do indivíduo (liberdade e dignidade).

Decorrente deste processo imposto sutilmente pela burguesia dominante, que produziu os intelectuais e técnicos para a consolidação desta ideologia de controle e seletividade, os códigos penais surgiram, sob a forma de voluptuosos compêndios legais, compostos por ingredientes eruditos, e forjados por "mentes brilhantes" (poucos "homens" tiveram acesso ao conhecimento, posto que a formação educacional estava restrita às elites) detentoras do saber. Toda esta aparente realidade representaria, no século XIX, o arsenal ideológico do controle social, do presente e do futuro, astuciosamente fundada sob as bases da denominada "justiça", constituída teoricamente sob os fundamentos dos direitos naturais e aplicada na prática sob as formas do Direito Canônico (perseguição do autor, denúncia do crime, processo controlado por um membro do poder e reforma do criminoso).

Assim sendo, na Europa surgiu, por interferência da legislação napoleônica do início do século XIX, o primeiro Código Penal, precisamente na Espanha, em 1822, país que representou o rigor da severidade da inquisição, ao lado de Portugal. Outros surgiram na mesma época, como o de El Salvador, em 1826, o do Brasil, em 1830, o da Bolívia, em 1831, o do México, em 1835, o do Equador, em 1837, os da Guatemala e Nicarágua, em 1837, o da Bélgica, em 1867, o da Argentina, em 1878, o da Holanda, em 1881, o da Itália, em 1889, entre outros[23].

Esses códigos penais foram elaborados, via de regra, obedecendo às antagônicas teorias da retribuição e da utilidade, ou melhor, da vingança

22. "A prisão é uma exigência amarga, mas imprescindível. A história da prisão não é a de sua progressiva abolição, mas de sua reforma. A prisão é concebida modernamente com um mal necessário, sem esquecer que guarda em sua essência contradições insolúveis."(Bitencourt, Cezar Roberto. *Falência da pena de prisão*, 2ª edição, São Paulo, Saraiva. 2001, p. 1).

23. Batista, Nilo Batista; Zaffaroni, Eugenio Raúl. *Direito Penal Brasileiro* I. 2ª Edição, Rio de Janeiro, Revan, 2003.

e da prevenção. A primeira corrente, pertencente às denominadas teorias absolutas, que determinavam o caráter retributivo da pena, foi inicialmente difundida por Kant[24], Hegel, Von Lizst e Beling, sob o argumento dogmático e filosófico da pena como justa consequência ao mal do crime, que dispensou qualquer finalidade da resposta penal estatal.

Em Kant, particularmente, a igualdade e a liberdade figuravam como ideais de justiça, diferentemente do que ocorreu na Idade Antiga e Idade Média. Para Hegel a pena era a negação do crime, com este era a negação do direito.

Para o jurista Heleno Fragoso foi com Hegel que o Direito Penal alçou a condição de Direito Penal Punitivo, eis que Hegel defendeu a sua teoria dialética, inclusive, no campo do crime e da pena, através da "negação da negação", que correspondia "o crime como lesão e a pena como reparação[25]".

A doutrina alemã, com Edmund Mezger, que no início do século XX publicou a obra *Tratado de Direito Penal*, utilizou a vertente filosófica retributiva para cunhar a teoria causal da ação[26], que afastava o aspecto subjetivo (vontade-finalidade) da conduta realizada pelo indivíduo, tendo defendido que a conduta deveria ser entendida como uma vontade exteriorizada de maneira a pôr em marcha a causalidade, a tipicidade como proibição da causação de um resultado que eventualmente também leva em conta elementos subjetivos, a antijuridicidade como contradição entre a causação do resultado e a ordem jurídica e a culpabilidade, como a reprovação do sujeito, posto que vinculava a ação ao resultado, neste elemento inserida a vontade. Esta teoria foi contestada por vários teóricos, como por exemplo Radbruch e Wezel, este o principal responsável pela definição da conduta humana vinculada à vontade, pelo que deslocou o dolo e a culpa (aspecto subjetivo) para a conduta,

24. "Quando Kant faz aplicação desses princípios no direito penal, conclui que a pena não pode ser imoral, ou seja, não pode tomar o homem como meio. Afirma que a pena nunca pode ser um meio, porque, se assim for, mediatiza o apenado. Nem sequer aceita que seja um meio para melhorar o próprio delinqüente. Daí que conceba a pena como um fim em si mesmo, derivado da simples violação do dever jurídico."(Zaffaroni, Eugenio Raúl. *Manual de Direito Penal Brasileiro, Parte Geral.* 2ª edição, São Paulo, Revista dos Tribunais, 1999, p. 265).

25. Fragoso, Heleno Cláudio. *Lições de Direito Penal. Parte Geral.* 15ª edição, Rio de Janeiro, Forense, 1995, p. 42-43.

26. Bitencourt, Cezar Roberto. *Tratado de Direito Penal*: Parte Geral, volume 1, 8ª edição, São Paulo, Saraiva, 2003, p. 154; do mesmo, "Para Mezger a pena é 'a irrogação de um mal que se adapta à gravidade do fato cometido conta a ordem jurídica.' É, portanto, retribuição e, necessariamente, a privação de bens jurídicos." (p. 74); Zaffaroni, Eugenio Raúl. *Manual de Direito Penal Brasileiro. Parte Geral*, 2ª edição, São Paulo, Revista dos Tribunais, 1999, p. 398.

mantendo na culpabilidade somente a reprovação do sujeito, por não agir de forma diferente, quando poderia (exigibilidade de conduta diversa).

A segunda corrente, utilitária ou prevencionista, que pressupunha a utilidade para a pena de prisão, foi defendida basicamente por Feuerbach e Jeremy Bentham (1748-1832), no início do século XIX. Este último, autor da obra *Teoria das penas e das recompensas* (1827), foi considerado o fundador do utilitarismo[27].

Para Bentham a pena deveria atingir a finalidade da prevenção através da ação sobre o coletivo e sobre o indivíduo criminoso. Com relação à coletividade, Bentham entendia que a pena cumpriria a função de prevenção geral ao intimidar as pessoas a não praticarem o crime. A específica relação com o criminoso, no que tange à aplicação da pena quando o indivíduo já praticara o crime, revela-se pela finalidade da reforma do sujeito, certamente influenciado pela proposta da Igreja Católica. Bentham também influenciou o sistema carcerário ao propor o *panóptico*. O *panóptico* era um modelo de prisão, que se constituía numa construção circular, na qual os presos deveriam ser mantidos em celas localizadas na linha periférica e a segurança (guarda) no centro, em uma torre, controlando eficazmente todos os presos, com inexpressivo quantitativo de guardas, segundo a possibilidade de controle visual pleno. Este modelo, baseado no "olho que tudo vê", foi incorporado às teorias de controle social, tendo sido aplicado nos EUA.

A proposta de Bentham se somava à ideia reformista do inglês John Howard, que, no século XVIII, fundado na concepção católica da penitência, difundiu a ideia da reforma do criminoso em locais próprios, os quais denominou penitenciárias.

27. "Uma casa de penitência, no plano que se propõe, será uma construção circular; ou melhor, duas construções encaixadas uma na outra. Os aposentos dos prisioneiros formarão a construção da circunferência com a altura de seis andares: podem-se representá-los como celas abertas do lado interno, porque uma grade de ferro mais espaçada deixa-as inteiramente à vista. Uma galeria em cada andar estabelece a comunicação; cada cela possui uma porta que se abre para esta galeria.

Uma torre ocupa o centro: é o posto dos inspetores, porém a torre é dividida somente em três andares, porque eles são dispostos de maneira que cada posto domine completamente dois andares de celas. A torre de inspeção também é cercada por uma galeria coberta por uma gelosia transparente, que permite ao inspetor ver as celas e o que o impede de ser visto, de maneira que, com um olhar ele vê um terço de seus prisioneiros e, movendo-se em um pequeno espaço, pode vê-los a todos em um minuto. Mas, se estiver ausente, a opinião de sua presença é tão eficaz quanto ela própria." (Bentham, Jeremy. Panóptico-Memorial sobre um novo princípio para construir casas de inspeção e, principalmente, prisões. Trad. Anita Edite Ribeiro Montoia. In: Revista Brasileira de História, nº 14, Dossiê-Insitituições, São Paulo, 1987, p. 199-229).

Essencialmente a pena de prisão foi adotada como regra pelos governos europeus, nos EUA, e difundida na América Latina, segundo os Códigos surgidos no século XIX. Este exemplo de resposta penal, articulada no ambiente dos novos tempos, construído pela burguesia dominante, foi ratificada pelos teóricos do positivismo jurídico, a partir de complexas teorias penais, principalmente com *As normas e sua contravenção*, de Karl Binding (1841-1920)[28].

Críticas foram e são apresentadas contra esta forma de controle do corpo, como as realizadas por Foucault[29], posto que expressa o indivíduo como objeto de estratégia política, impregnada de forma sutil na sociedade moderna, como instrumento necessário, útil e fundamental para a defesa social. As referidas críticas, fomentadas por vários pensadores do século XX, considerados como pertencentes à Criminologia Crítica[30], utilizam a interface do conhecimento, notadamente através da filosofia, história e sociologia, para afirmar que o Direito, eleito como instrumento oficial de controle social, nas sociedades em que se desenvolveu o capitalismo, fundamentalmente no lado ocidental do globo, vem prestando um serviço histórico à elite dominante, que criou estratégias de convencimento a partir dos direitos naturais, convertidos em direitos humanos, amplamente internalizados nas leis dos países que adotaram a política seletiva, em nome da segurança e do bem estar coletivo.

Máxima crítica precisa ser realizada neste sentido sobre a política de controle social realizada em Nova York, denominada "Tolerância Zero",

28. "A mais importante obra de Binding foi sua volumosa *As normas e sua contravenção*. É nela que desenvolve, com maior extensão, a sua famosa obra 'teoria das normas'". (Zaffaroni, Eugenio Raúl. *Manual de Direito Penal Brasileiro. Parte Geral*. 2ª edição, São Paulo, Revista dos Tribunais, 1999, p. 309). "Como diz Mezger, Binding pertence àqueles escritores criminalistas que exigem, do modo mais terminante, a derivação dos conceitos penais dos preceitos do direito positivo, e que, em verdade, a realizam da forma mais conseqüente e absoluta. A doutrina alemã, a partir de Binding, desenvolveu os estudos da Dogmática Jurídico-Penal de forma insuperável, exercendo enorme influência na doutrina e na legislação de vários países." (Fragoso, Heleno Cláudio. *Lições de Direito Penal. Parte Geral*. 15ª edição, Rio de Janeiro, Forense, 1995, p. 50).

29. Foucault, Michel. *Vigiar e Punir. Nascimento da prisão*. 19ª edição, Petrópolis, Vozes, 1999.

30. A criminologia crítica revelou-se contemporaneamente como a principal vertente crítica do sistema punitivo institucionalizado, através de vários teóricos, como por exemplo, Lola Anyar de Castro, Roberto Bergali, Massimo Pavarini, Elena Larrauri, Caridad Navarrete Calderón, Louk Hulsman, Loic Wacquant, Juarez Cirino dos Santos, Nilo Batista, Gizlene Neder, Vera Malaguti Batista, Augusto Thompson e tantos outros de igual e elevada importâcia. Especificamente sobre a crítica ao panóptico, a historiadora Catherine Duprat. (Duprat, Catherine. Punir e Curar. Em 1819, a prisão dos Filantropos. *Revista Brasileira de História*, São Paulo, v. 7, nº 14, p. 7-58, mar./ago. 1987).

implantada pelo Prefeito Rudolph Giuliani, no final da década de noventa, com base no postulado da ordem na vida urbana e contra os denominados inimigos da cidade.

Fundamentalmente, conforme a análise crítica realizada pelo geógrafo Milton Santos, sobre a globalização[31], as ações dos governos neoliberais vêm sendo implantadas internacionalmente, assim como, segundo Loïc Wacquant, a política do *Estado de Polícia*, utilizada como alternativa ao *Estado Providência*, contra a pobreza travestida pelas elites de criminalidade, e que foi difundida mundialmente, como um objeto deste processo globalizante[32].

No Brasil, particularmente, conforme demonstrado claramente pela historiadora Gizlene Neder[33], foi instalada a política de controle sobre os pobres, no início do período republicano, especialmente no Rio de Janeiro, que serviu de modelo para as demais cidades, quando as pessoas trabalhadoras de baixa renda, os soldados que perseguiram e mataram as pessoas em Canudos, (vieram em busca de seus soldos), e posteriormente os moradores expulsos de suas "casas" no famoso bota-abaixo, se concentraram nos morros, dando origem as favelas, e reservados num "canto" da cidade, como lugar "perigoso", mas que, contraditoriamente, serviu de berço para a cultura hoje elitizada, i.e., o samba e o carnaval.

Brilhante e feliz análise também é feita, sobre esta realidade brasileira, pela pesquisadora e escritora Vera Malaguti Batista[34], quando, ao abordar a questão do medo na cidade do Rio de Janeiro. destacou a sua formação socioeconômica e a condição dominadora da elite branca.

Com isto, o que se percebe é a notória influência das políticas de controle social baseadas na repressão, como forma de elevar a sensação desegurança

31. "Esse motor único se tornou possível porque nos encontramos em um novo patamar de internacionalização, com uma verdadeira mundialização do produto, do dinheiro, do crédito, da dívida, do consumo, da informação. Esse conjunto de mundializações, uma sustentando e arrastando a outra, impondo-se mutuamente, é também um fato novo." (SANTOS, Milton. *Por uma outra globalização. Do pensamento único à consciência universal*. Rio de Janeiro, Record, 2000, p. 30).

32. "De Nova York, a doutrina da 'tolerância zero', instrumento de legitimação da gestão policial e judiciária da pobreza que incomoda – a que se vê, a que causa incidentes e desordens no espaço público, alimentando, por conseguinte, uma difusa sensação de insegurança, ou simplesmente de incômodo tenaz e de inconveniência – propagou-se através do globo a uma velocidade alucinante." (Wacquant, Loïc. *As prisões da miséria*. Rio de Janeiro, Jorge Zahar Editor, 1999, p. 30).

33. Neder, Gizlene. Cidade, identidade e exclusão social. In: *Revista Tempo*. v. 2, nº 3, Rio de Janeiro, UFF/Relume Dumará, 1997, p. 106-134.

34. Batista, Vera Malaguti. *O medo na cidade do Rio de Janeiro*. Rio de Janeiro, Revan, 2003.

pleiteada pela camada social média e rica, mesmo que ao custo da ofensa aos direitos individuais dos demais cidadãos, e a declaração da negação da cidadania dos pobres, historicamente, considerados menos sujeitos do que outros.

Neste quadro social, bem como neste processo de cultuação da exclusão e da potencialização da inferiorização do exercício de direitos, que só interessam à política de protecionismo das instituições dominantes, o direito torna-se um fiel escudeiro do verdadeiro inimigo do povo: o projeto histórico de concentração de riquezas e poder, instaurado pela burguesia capitalista. Para tanto, o direito se utiliza de uma legítima couraça política, fundida pelas suas eruditas teorias: a lei.

4. Direito Penal Garantista

Diante dos intercalados discursos do controle do crime e da proteção do indivíduo, que a partir do século XVIII (período pós-determinismo inquisitorial e da arbitrariedade soberana) mantiveram-se sobrepostos, a prática de governo, consequente das políticas públicas do poder conservador, revelou o verdadeiro interesse de sufocar as ações e os interesses insurgentes de determinados grupos, bem como de impor regras rígidas de padrões de comportamento, segundo o molde do "homem honesto", cuja finalidade foi implementada pela operação simbiótica entre o uso da ciência e da razão.

Neste aspecto do nebuloso quadro social, constituído a partir do século XIX, onde a ciência firmou as bases positivistas de uma sociedade capitalista e excludente, o sistema penal foi efetivamente sedimentado segundo as bases da ideologia do controle, criando, como forma de sua manutenção e legitimação[35], algumas determinadas situações, em normas permissivas, para que se vislumbrassem as bases da república, e o ambiente da democracia. O século XX é formal e oficialmente o século do crescimento, do desenvolvimento econômico e dos direitos formais da pessoa.

35. O jurista argentino Eugenio Raúl Zaffaroni, com seu brilhantismo, abordou a questão da legitimação do Estado, afirmando, ao contrário, que diante de sua histórica ação sobre os excluídos, através do sistema punitivo institucionalizado, tornou-se deslegitimado para impor as suas regras, difundindo a atual crítica através da co-culpabilidade, ou co-responsabilidade, do Estado diante do quadro da criminalidade. (Zaffaroni, Eugenio Raúl. *Em busca das penas perdidas*, Revan, Rio de Janeiro.

A sociedade deve crescer para dividir, e o sujeito não pode ser objeto de arbitrariedade, como por exemplo a pena de morte em casos de crimes graves. Este movimento é uma consequência do Iluminismo, que alavancou a necessária atenção ao homem, quando este era marcado pelo ferro do poder, que centralizava as riquezas e ação pública. Contudo, esta transição estava, estrategicamente, montada para se admitir a representação política por aqueles que sempre estiveram usufruindo as benesses sociais. Ressalte-se, portanto, que o início do século XX deveria ser de um novo mundo ocidental, para que, efetivamente, o poder dominante pudesse agir, sob o argumento da providência coletiva.

O humanismo clássico, suscitado pelos positivistas, na medida em que exigiu a atenção para o indivíduo, como verdadeiro objeto da ciência, fez com que o Estado demonstrasse instrumentos garantistas, ao contrário das práticas arbitrárias do poder absolutista de outras épocas.

Após a Primeira Grande Guerra, antes da qual não havia nenhum acordo internacional sobre a interferência da soberania de outro país, nem mesmo sobre o tratamento de presos de guerra, posto que nenhum fato de tamanha dimensão havia ocorrido anteriormente que envolvesse diversos países, fez-se com que tratados fossem firmados, para que a guerra, o horror e a violência internacional fossem regulamentados, como se admitida, porém, mediante regras claras[36]. A partir deste contexto na sociedade internacional, os conflitos entre nações exigiram a obediência a certas regras mínimas, que denotavam, no fundo, com o seu surgimento, a permissividade da invasão, da quebra de soberania, da violência em larga escala e da deflagração de um processo traumático e degradante que até hoje não se rompeu, ou seja, o da guerra, desde que justificada por qualquer motivo econômico ou humanitário.

Após a Segunda Grande Guerra, o que se percebe são as consequências trágicas sobre as populações dos países envolvidos (ordinariamente os países de pouco recurso tecnológico defensivo e ofensivo, como os países dependentes, denominados subdesenvolvidos), considerando que todo o investimento bélico foi direcionado para a supremacia tecnológica e econômica, que desde então permeia as relações internacionais. Tal fato é corroborado pela continuidade dos conflitos, que se desencadearam sob outra forma, isto

36. Convenção de Genebra. In: Comparato, Fábio Konder. *A afirmação histórica dos Direitos Humanos*, p.

é, não mais visível aos olhos de todos, considerando as críticas sustentadas contra a guerra e que foi denominado como "guerra fria". Este quadro foi desencadeado e controlado por dois grupos internacionais que buscavam o controle político através das armas de guerra, e que dividiram o mundo em duas partes: os EUA, que representavam o homem do mercado e do capital e a União Soviética, que representava o sistema socialista de governo.

Todavia, a questão do discurso prevaleceu, e inúmeros países uniram-se para elaborar um documento internacional de proteção dos direitos de todos, isto é, um instrumento normativo que deveria servir de referência para as normas internas de todos os países do mundo. Certamente que, considerando o instituto da soberania, regra máxima das relações entre os países, que teoricamente deveria evitar a interferência de um país sobre o outro, o referido instrumento protetivo dos direitos da pessoa deveria ser aceito e não imposto pelo grupo de interesse. Inicialmente formulou-se a Carta das Nações Unidas, e posteriormente, com a criação da ONU, a Declaração Universal dos Direitos do Homem[37].

A relação entre este processo internacional de reconhecimento formal de direitos mínimos, e as normas internas, que determinam a relação entre Estado e indivíduo, prende-se sob o enfoque do discurso garantista, sem que efetivamente se materialize a pretensão. Tanto os conflitos bélicos não foram evitados, como ocorreu recentemente entre EUA e Iraque, como não se constatam políticas internas de incentivo ao exercício de direitos fundamentais.

Reduzindo esta análise para a questão da específica relação entre Estado e indivíduo, a simples ausência de políticas inclusivas revelam que, considerando o ordenamento jurídico punitivo e seletivo, remanescente das regras arbitrárias e absolutistas, contudo sobre o argumento da proteção, os Estados não instrumentalizaram, nem instrumentalizam, medidas de suspensão das ações violadoras dos direitos individuais, apesar de esboçarem, como o Brasil, o interesse em agir de forma tutelar, inicialmente internalizando as regras da Declaração de Direitos.

37. "Prenuncia-se, deste modo, o fim da era em que a forma pela qual o Estado tratava seus nacionais era concebida como um problema de jurisdição doméstica, decorrência de sua soberania.

Inspirada por estas concepções, surge, a partir do pós-guerra, em 1945, a Organização das Nações Unidas. Em 1948 é adotada a Declaração Universal dos Direitos Humanos, pela aprovação unânime de 48 Estados, com 8 abstenções."(Piovesan, Flávia. *Temas de Direitos Humanos*. São Paulo, Max Limonad, 1998, p. 24).

No caso do Brasil, com a Constituição de 1988, a população surpreendeu-se com os inúmeros preceitos humanistas, como o artigo quinto, que estabelece as normas de direito individual e coletivo. O movimento da sociedade civil organizada (e alguns representantes de partidos políticos) desencadeou o processo pela Constituinte, a qual alcançou o desfecho vanguardista através de uma constituição denominada "Constituição Cidadã".

Mas o que incomoda de fato, apesar de sabermos que as normas constitucionais precisam de leis regulamentadoras, é que a estrutura social, composta por interesses conflitantes, não assumiu a mudança que foi prevista na lei maior. No caso do tratamento penal do réu e do condenado, a maioria das leis é anterior às regras constitucionais, sendo assim consideradas, pois, regras infraconstitucionais duvidosas, posto que não compatíveis com os preceitos garantistas individuais vigentes. Existem leis novas que, de forma inacreditável, agravaram a condição do réu e do condenado, como é o caso da Lei nº 8.072/1990, que inicialmente restringiu o direito do condenado em cumprir a sua pena progressivamente, apesar de intensas críticas posteriores surgidas. Para muitos, especialmente para "o corpo social do medo", esta lei ainda se mantém como legítima e legal, apesar de ferir o interesse internacional, revelado pelas Regras Mínimas do Direito do Preso, por afastar a possibilidade da "demagógica" e formal ressocialização.

Neste aspecto, prendemo-nos ao estudo da obra de Salo de Carvalho[38], que propõe demonstrar a importância dos paradigmas na construção do saber, como fonte legitimadora do poder.

O autor parte da ideia de que a ciência assume o papel de consolidar e romper com as ideias, como se instaurasse um marco falível. Nesse passo, o autor apresenta a referência jurídico-penal da Idade Média, cuja referência foram as práticas inquisitoriais – configuração do não respeito ao homem – que declararam a ausência de limites da Igreja e do Estado, característica do mundo metafísico. Como contramedida, busca o autor afirmar a nova perspectiva, a partir da modernidade, onde o homem, através da razão, ganha destaque.

Resultado desse processo, o Direito Penal é um efeito desta transição, na qual a ciência se afirma como o método de conhecimento da realidade, e a norma positiva o instrumento de regulação do indivíduo. O mundo, segundo

38. Carvalho, Salo de. *Pena e Garantias. Uma leitura do garantismo de Luigi Ferraioli.* Rio de Janeiro, Lumen Juris, 2001, p. 40.

as bases do período medieval, é percebido, a partir do século XIX, sob o olhar dos sociólogos, filósofos, médicos e juristas, que lançam as teorias interpretativas da sociedade, e o presente supera o superficialismo do passado.

Neste mundo moderno, de novos tempos, verticalizado pela ciência, o Estado republicano precisa assumir na prática o discurso de proteção e reconhecimento dos direitos do homem, que nunca fora tratado com sujeito de direitos. Este é o resultado do movimento de normatização dos direitos, deflagrado pelas declarações do século XVIII.

Percebe-se, pois, a relação do Estado sobre a vida natural, trabalhado por Agamben, quando afirma que tanto nas ordálias como na inquisição a vida foi o ponto de análise da sociedade. (Da mesma forma para Foucault, nas quais as instituições totais representam o domínio sobre o corpo). Não seria diferente também para Marx, ao afirmar que a burguesia, ao controlar os meios de produção, extrai, do trabalho produzido pela força do operário, o seu lucro.

O autor admite e trabalha com a ideia de que os postulados dos contratualistas liberais foram as fontes de limitação do poder estatal: "A razão ensinaria aos homens que nenhum deles deve prejudicar a vida, a saúde, a liberdade, ou as posses de outrem".

A constatação do processo de racionalização da vida, segundo o autor, desencadeou a substituição da sociedade bárbara, na qual o homem estava desprotegido, para a sociedade organizada, onde o homem seria objeto de proteção, sendo esta a finalidade maior do interesse público: "A passagem do estado de natureza para o estado civil representaria a transferência consensual do poder privado ao poder público, ... a saída da barbárie e a opção pela civilidade"[39].

Nesse passo o Estado é alçado à condição de protetor-garantidor do próprio homem, na medida em que este, em conjunto com os demais, imaginou Estado-regulador-garantidor, limitado pela lei, cuja prestação pública é a promoção da segurança suscitada por Hobbes.

O Estado, na concepção contratualista clássica, e do próprio autor, somente existe e se legitima para proteger a sua essência: o homem.

> Desta maneira, o pacto se constitui como instrumento de deveres e de direitos recíprocos. Ao poder do soberano de regular a sociedade com suas leis corresponde o dever de garantir a segurança dos bens. Ao dever de obediência

39. Carvalho, Salo de. *Pena...*, p. 43.

às leis por parte do cidadão, corresponde o direito de exigir as garantias pactuadas[40].

Diferentemente, Agamben afirma que o Estado está fora da lei, e a exceção é o exemplo deste fato, desta demonstração obrigacional perante o homem[41].

Assim, com relação à utilização estratégica da vida natural pelo Estado, e a necessidade de manipulação e disciplina do corpo, podemos perceber a flagrante contradição histórica deste duplo processo – controle e garantia –, já que o discurso utilizado para a consolidação do poder centralizado no mundo moderno o Estado, – justificado pelas declarações de direitos, deveria fazer de tudo para proteger o homem, pois este seria o fundamento de sua legitimação.

Ao contrário, ao analisarmos criticamente a característica da sociedade moderna, deparamo-nos com a flagrante violação dos direitos do homem, desde o desprezo aos ex-escravos, no final do século XIX, como a rigidez da exploração dos operários. Soma-se a estas provas a discriminação étnica aos negros, aos judeus, ao pobre etc.

No caso do Brasil, o estudo de Gizlene Neder, sobre a formação socioeconômica a partir da República, demonstra que na sociedade brasileira, segundo os interesses da Europa, especialmente Portugal, o uso da norma pelo Estado é dirigido totalmente para o controle, contudo, já incluído como na estratégia do modelo capitalista, considerando a existência de uma grande massa excluída, apesar da liberdade e da igualdade já figurarem como princípios fundamentais do século XIX.

Assim, o discurso garantista-liberal prima pela positivação de direitos, como a obrigação maior do Estado, que detém o poder sobre todos os seus garantidos. Ao mesmo tempo, justifica e defende a utilização da sanção como forma de intimidação e punição dos infratores, justamente para efetivar a proteção dos indivíduos. O que não se admite é que nesta nova sociedade uma grande maioria estará muito mais próxima da sanção estatal, considerando a sua vulnerabilidade social, ao passo que outros se acomodarão nos históricos privilégios e nos benefícios que a sociedade industrial promove.

40. Carvalho, Salo de. *Pena...*, p. 46.

41. Agamben, Giorgio. *O homo sacer e a vida nua*, 2002, p. 23.

Para o autor, a sanção penal, através da pena privativa de liberdade, não reforça a vida natural do sujeito, protegido pelo Estado, mas a diminui: "Em sendo fenômeno da política, a pena, assim como a guerra, não representa afirmação do direito, pelo contrário, simboliza sua negação". Ambas se constituem através da potencialização da violência e da imposição incontrolada do sofrimento. O caráter incontrolável, desproporcional e desregulado da política (pena e guerra) reivindica, no âmbito das sociedades democráticas, um determinado limite.

As declarações e as normas internas humanistas, posicionadas e voltadas aos interesses do cidadão, bem como da coletividade, representam, igualmente, como no período pré-científico, em contraposição ao racionalismo pragmático da modernidade, o canto do "anjo adormecido", enquanto a pena, cada vez mais fosca, representa a traição da fera viva, que, insaciável e indomável, não se permite desmascarar.

O Estado, regulador e protetor, serviu-se ao horror das guerras, ao desprezo pela miséria e ao estímulo da ignorância. A política, na moderna democracia, preteriu-se ao projeto lançado pelos pretensiosos gregos. A lei, portanto, serve como arma do forte, enquanto a dignidade uma simples promessa em vão.

Neste aspecto a sociedade contemporânea apresenta uma nova alegoria teórica para a aceitação da lei, segundo a necessidade do contrato social, ainda citando os clássicos, contudo sobre os novos contornos dos conflitos sociais e das contradições internas. Um autor que vem sendo cada vez mais debatido, e consequentemente suas ideias difundidas, é John Rawls, que visivelmente assumiu o compromisso de teorizar e legitimar as ações do poder político contemporâneo[42].

Este autor renovou o debate acerca do contratualismo, contudo sob as bases da justiça, e ponderando sobre Kant. Para Rawls a sociedade

42. "O que se requer é uma concepção política da justiça que seja reguladora, que possa articular e ordenar os ideais, bem como os valores do regime democrático em função de um princípio e, dessa maneira, definir os objetivos que uma constituição deve alcançar e os limites que ela deve se impor. Ademais, deve esperar, para que essa concepção política seja assim, que haja alguma possibilidade de que ela se beneficie do respaldo de um consenso por justaposição, isto é, de um consenso que a sancione através das diversas doutrinas religiosas, filosóficas e morais cuja perenidade parece assegurada ao longo das gerações numa democracia constitucional mais ou menos justa, na qual o critério da justiça é essa própria concepção política." (Rawls, John. *Justiça e democracia*. São Paulo, Martins Fontes, 2000, p. 246). John Rawls, professor da Universidade de Harvard, é autor também de *Teoria da Justiça*, lançado em 1987, considerada a sua principal obra.

democrática moderna se ajusta no consenso, para a busca da justiça. Em uma abordagem conceitual do contrato social para a contemporaneidade, o autor apresenta as bases deste sistema político, as quais ordena sob a forma de "estrutura básica", a qual entende ser constituída pelas principais instituições políticas, sociais e econômicas de uma sociedade e à maneira pela qual elas se põem de acordo num sistema unificado de cooperação social. Assim, a sua ideia de consenso, nas atuais sociedades democráticas, reacende e reafirma os conceitos de moral, liberalismo, poder e justiça, que, aliás, representa o seu maior interesse.

Finalmente, o que efetivamente marca esta teoria do contrato social Contemporâneo, do qual se filiam Chaïn Perlman e Ronald Dworkin, autores de várias obras de conteúdo liberal, entre elas, *A Lógica Jurídica*, do primeiro, e *O Império da Lei*, do segundo, é a permanência do individualismo, que foi o principal agente do processo burguês de desenvolvimento do poder político moderno.

O que pode ser analisado, diante dos discursos garantistas e liberais da sociedade contemporânea, é o fato de que o Estado mantém-se rígido na sua missão de representante do interesse social, segundo as teorias que o sustentam. No fundo há uma crucial relação entre os projetos políticos da sociedade capitalista e a filosofia, em que o direito assume o papel de servir de instrumento de controle, sob o falso discurso da justiça, no qual se incluem, inclusive, os conceitos da lógica, do consenso, da moral, da norma jurídica, da razão etc. Na verdade, tudo pode ser interpretado como ingredientes da retórica, de recursos hermenêuticos estratégicos de quem se apresenta como o mais competente para expressar a vontade da lei e da sociedade, diante de uma diagnostificada realidade.

5. A solidificação das permanências do sistema jurídico-político-punitivo no Brasil

As características da sociedade atual, em termos dos modelos ocidentais, demonstram a hegemonização dos governos, que, através da democracia, efetivam a nítida proteção dos direitos de uma minoria privilegiada economicamente, e de outros que, mesmo não usufruindo as benesses do capitalismo, aceitaram o padrão da "ordem e do progresso", que utiliza a polícia como meio de controle, sobre aqueles que não realizam as condutas esperadas, segundo o padrão social, idealizado para uma sociedade perfeitamente ajustada e harmônica.

A engrenagem mobilizada para agir em nome desta sociedade que deve crescer e desenvolver, teoricamente, para todos, apresenta figuras que estavam presentes em épocas anteriores, nas quais a ação era evidentemente autoritária e desumana.

Estamos diante, pois, das permanências históricas, que não se diluíram no tempo, mas que se mantiveram com vida, apesar da representação democrática do poder (des)legítimado pela participação popular. Esta abordagem é feita pela autora Vera Malaguti, em sua obra[43] que analisa um Brasil flagrantemente violador dos direitos da maioria pobre.

A autora parte de fatos recentes para determinar seu objeto de investigação, isto é, os discursos do medo nas campanhas eleitorais no Brasil, especialmente os referentes à "corrida" presidencial do ano de 2000, na qual o Senador Fernando Henrique Cardoso, um dos principais candidatos, chamava a responsabilidade do povo brasileiro quanto ao fato de elegerem o caos, e a eleição ao governo do Estado do Rio de Janeiro, em 1994, na qual a Segurança Pública tornava-se a base das campanhas dos partidos, sob a influência dos arrastões que aconteciam nas praias de suas cidades.

A experiência do medo no Brasil, considerando a forte influência da imprensa ao difundir matérias relativas a violência, a partir de 1993, passa a ser o grande objeto jornalístico, e o fato das pessoas começarem a admitir o *locus* urbano como um lugar perigoso, além de não se permitir a difusão da impunidade, diante de tantos crimes recorrentes[44]. O que a autora privilegia, em sua pesquisa, é a relação deste discurso do medo com o indivíduo perigoso, portanto nocivo, qualidade que recai sobre os pobres e negros, que historicamente foram considerados os estranhos da cidade.

A análise do medo nesta obra, neste particular aspecto do discurso propagado nas campanhas eleitorais, demarca o traço histórico da sociedade brasileira, determinada pela prevenção através do controle e da disciplina do

43. Batista, Vera Malaguti. *O medo na cidade do Rio de Janeiro*. Rio de Janeiro, Revan, 2003.

44. "Na pesquisa sobre mídia realizada por Sônia Wanderley, na grande imprensa carioca entre 1992 e 1996, a historiadora analisa a produção de sentido para o conceito de violência difundido pelos grandes jornais, para a criação de um consenso sobre o tema, que propicia desdobramentos de força, ou seja, que exigem intervenções urbanas com derramamento de sangue nas favelas." (Batista, Vera Malaguti. *O medo na cidade do Rio de Janeiro*. Rio de Janeiro, Revan, 2003, p. 110).

desviante, afirmativa consolidada desde a colonização do Brasil, e que se cristaliza com as teorias da sociologia funcional-estruturalista norte-americana. Isto significa que, desde o período imperial no Brasil, o discurso do medo serve de instrumento de perseguição contra os que não fazem parte da elite, o que demonstra o evidente liame político entre a indicação de inimigos do povo e a cultura do medo, considerando a presença de pessoas com as características remanescentes do indivíduo negro, ex-escravo, agora pobre e favelado.

A referida sensação de medo determinada na sociedade brasileira, pelo próprio poder político, porque representado pelas forças da burguesia, que faz deste conteúdo do terror a estratégia de uma ideologia conservadora e excludente, legitima a repressão do crime e proteção do chamado "medo branco"[45].

O engendramento do medo na sociedade brasileira é possível, segundo a autora, parafraseando o cientista político Luiz Eduardo Soares, em face da utilização do método da representação, isto é, a teatralidade da ordem discursiva. Neste condão de massificar o medo o Brasil adotou a prática de eleger seus inimigos, a começar pelo índio, e depois pelo negro[46]. O criminoso das grandes cidades, a partir dos conceitos difundidos pelas teorias criminais, que influenciam, subjetivamente, a aceitação do crime e do infrator como verdade incontestável, alastrou-se sobre todos os estranhos, isto é, o malandro, o camelô, os membros de movimentos sociais organizados.

Nesse passo, o Brasil apropriou-se das estratégias de neutralização social, que instrumentalizou a política de controle e disciplinamento[47], que para a autora é consequência da difusão do medo, e planejado em face das massas empobrecidas.

Esse alargamento do medo, portanto, está presente no Brasil durante a escravidão, após o abolicionismo da escravidão, na república e durante todo o período dito democrático do século XX, ressalvado o extenso governo

45. "O projeto de construção da ordem burguesa no país se deparou sempre com o medo da rebeldia negra." "A preocupação com a segurança se traduz em todos os níveis. O medo branco faz com que o temor à insurreição seja mais sólido que a própria perspectiva da insurreição." (Batista, Vera Malaguti. *O medo na cidade do Rio de Janeiro*. Rio de Janeiro, Revan, 2003, p. 36).

46. "Num país em que o crescimento da cultura do café vai introduzindo enormes contingentes de africanos na cidade vão se refinando as técnicas de repressão." (Batista, Vera MalagutI. *O medo na cidade do Rio de Janeiro*. Rio de Janeiro, Revan, 2003, p. 145).

47. O método da disciplina, enquanto forma de controle do sujeito, é trabalhado por Foucault em seu livro *Vigiar e Punir*, no qual o autor aborda a intervenção do Estado não sobre o fato, mas sobre o corpo do indivíduo, como forma de demonstrar o poder soberano sobre qualquer pessoa chamada de perigosa.

militar autoritário instaurado em 1964, que se fez presente durante a ameaça de um novo governo (João Goulart) que difundiu a política voltado para as massas, no qual defendeu, inclusive, o projeto da reforma agrária.

Quanto ao período imperial a autora abordou a revolta dos *malês*, ocorrida em 1835, quando um grupo de africanos ocupou as ruas de Salvador, após a violência[48] perpetrada pela ordem mesquita em 1834.

Sobre a questão da escravidão no Brasil, e a cultura do medo do negro-escravo, ressalta a autora não ter havido movimento de força contra a relação desumana praticada entre a sociedade branca e os negros, mas sim a favor do controle e utilização das sanções disciplinadoras[49].

A forma empregada pela autora, ao analisar as práticas de controle contemporâneo, através da cultura do medo, desde o Brasil-Império, resulta na influência consignada pela história, de diagnosticar a realidade presente, através de fatos passados.

Para a autora, a contribuição da história neste processo é determinada pela posição dos próprios historiadores, quando cita Marc Bloch, ao afirmar "da necessidade de compreender o passado pelo presente"[50].

Diagnostifica-se com o texto a importância de descortinar a realidade através da interpretação dos fatos ocorridos, o que nos permite visualizar a condução do cotidiano, por um veículo estratégico e perverso, que serve de manipulação da ideologia burguesa dominante, que somente se mantém mediante a implementação de práticas de controle sobre os reiterados "inimigos" do povo. Para este processo de desobscurização a autora cita o paradigma indiciário de Ginzburg[51].

48. "Na noite de 24 de janeiro de 1835, algumas centenas de africanos ocuparam as ruas de Salvador, na Bahia, enfrentando as tropas armadas. Liderado por malês (africanos muçulmanos), o conflito eclodiu no 27º dia do Ramadã, o mês do jejum, o momento mais importante do calendário muçulmano. Este dia, o 27º do mês do jejum, é conhecido como a festa do Lailat al-Qadr, ou Noite da Glória." (Batista, Vera Malaguti. *O medo na cidade do Rio de Janeiro*. Rio de Janeiro Revan, 2003, p. 23).

49. "É interessante observar que o debate sobre as consequências e medidas a serem tomadas diante da perspectiva de uma grande rebelião escrava, não aparece qualquer concessão ou demanda por mudanças naquela sociedade violentamente hierarquizada. A sociedade imperial nem sequer se questionou sobre a instituição da escravidão." (Batista, Vera Malaguti. *O medo na cidade do Rio de Janeiro*. Rio de Janeiro, Revan, 2003, p. 28).

50. Batista, Vera Malaguti. *O medo na cidade do Rio de Janeiro*. Rio de Janeiro, Revan, 2003, p. 35.

51. "É na história da arte, mais precisamente entre 1874 e 1876, que Ginzburg retoma o método para atribuição de quadros antigos proposto por Giovani Morelli em artigos publicados sobre pintura italiana. Este método constitui-se numa técnica de verificação de autenticidade que, ao invés de basear-se nas

Diante de um modelo disciplinar, como forma de controlar o "outro", a sociedade brasileira contemporânea edificou o medo sobre determinadas áreas das cidades, prática implementada a partir da resistência contra a concentração dos pobres e negros, como ocorre nas favelas[52].

Assim, verdadeiramente impregnou-se no Brasil, a partir de sua colonização, o que foi difundido pela elite portuguesa, ou seja, a postura discriminatória contra o diferente, como sendo o responsável pela violência, instabilidade social e possível caos, que pode ocorrer a qualquer momento.

Este quadro não se revela como uma simples caricatura folclórica, mas a própria realidade que se sustenta pela difusão do medo, sobre uma cidade afirmada como doente, onde convivem pessoas francamente puras e boas e outras estranhas, sujas[53], infratoras e tendentes a praticar o mal. Este ambiente de tensão e incômodo pelo outro, que possui características definidas – pobre e negro – vai provocar o que a autora denomina permanência histórica do medo, contra as incertezas de ação coletiva do estranho.

Enfim, as práticas de controle social, disciplinadoras e punitivas da ideologia burguesa, oriunda da colonização portuguesa, e mantida pelas práticas neoliberais, conduzem as políticas públicas sociais em políticas assistencialistas, excepcionalmente, e em políticas de segurança, ordinariamente. Dessa forma, o que fica consignado na história é a prática de segregação, antes

'características mais vistosas' das obras, deve investigar os detalhes mais 'negligenciáveis' e menos influenciados pela escola a que pertencia o pintor. Foi descrevendo lóbulos de orelhas, dedos e unhas que Morelli descobriu a catalogou a orelha em Botticelli e Cosmè Tura." (Batista, Vera Malaguti. *O medo na cidade do Rio de Janeiro*. Rio de Janeiro, Revan, 2003, p. 46). "Mas o paradigma indiciário utilizado nas políticas de controle social poderia, para Ginzburg, dissolver as névoas da ideologia." (Batista, Vera Malaguti. *O medo na cidade do Rio de Janeiro*. Rio de Janeiro, Revan, 2003, p. 48).

52. "A favela aparece nos editoriais como *locus* do mal e dissolutora de fronteiras:" (Batista, Vera Malaguti. *O medo na cidade do Rio de Janeiro*. Rio de Janeiro, Revan, 2003, p. 111).

53. "A busca da pureza moderna expressou-se diariamente com a ação punitiva contra as classes perigosas; a busca da pureza pós-moderna expressa-se diariamente com a ação punitiva contra moradores das ruas pobres e das área urbanas proibidas, os vagabundos e indolentes." (Batista, Vera Malaguti. *O medo na cidade do Rio de Janeiro*. Rio de Janeiro, Revan, 2003, p. 79, apud Bauman, Zygmund. *O mal-estar na pós-modernidade*. Rio de Janeiro, Jorge Zahar Editor, 1998, p. 13). "As políticas de segurança 'tolerância zero' e suas versões miméticas tupiniquins são prova viva disso, na busca da ordem urbana contra a impureza dos camelôs, flanelinhas e mendigos. Os estranhos 'não se encaixam no mapa cognitivo, moral ou estético do mundo', eles 'poluem a alegria com a angústia', embaralham as fronteiras e por isso produzem mal-estar e insegurança. Na guerra contra os estranhos apresentam-se duas estratégias: uma é antropofágica, que ao devorar assimila, a outra é antropoêmica, que ao vomitar exclui. Para Bauman esta seria a diferenciação entre os projetos liberal e racista-nacionalista. O caráter conservador do liberalismo brasileiro talvez torne mais tênue a diferenciação entre os dois projetos".

mediante o banimento, agora mediante a limpeza, através das ações sutis de ordem e progresso[54], cujo discurso foi inaugurado a partir da independência do Brasil, para o qual a criminologia, que se apresentava como ciência colaboradora do Direito Penal (Criminologia Positivista), sustentava teorias estigmatizantes que justificavam o sistema punitivo que se formava[55].

Resulta desta realidade, sobre a manipulação do crime e da prisão, que as teorias e práticas conservadoras se firmaram ao longo do tempo, constituindo uma massa produtiva para o senso comum, e que se tornou o principal ingrediente do produto político contemporâneo, a segurança. Nesse sentido, a expansão cada vez mais consistente da Criminologia Crítica torna-se prioritária para a revelação do Direito Penal, enquanto histórico instrumento de controle[56].

54. "A pureza e a higiene são o oposto da sujeira e da desordem, e, para Mary Douglas cada época e cada cultura teriam um padrão ideal de pureza a ser mantido. Bauman chama a atenção para a significação política e social da busca de pureza e da gravidade de suas consequências nas sociedades modernas, já que, em alguns momentos da história, seres humanos foram concebidos como um obstáculo à higienização, e consequentemente à ordem. O autor fala de um mundo em que muitos aspectos são tão óbvios que já não são conscientemente notados. O lugar do negro na sociedade brasileira é um exemplo deste processo, em que uma rígida hierarquização social é naturalizada a ponto de se tornar imperceptível. Tudo isto diz respeito à relação com o outro, e é por isso que a chegada de um 'estranho' estremece a segurança cotidiana. O estranho seria a síntese da 'sujeira' automática..." (Batista, Vera Malaguti. *O medo na cidade do Rio de Janeiro*. Rio de Janeiro, Revan, 2003, p.78).

55. "Ao longo de cerca de quatro décadas, a partir do final do século XIX, a criminologia se expandiu, ampliando sua importância junto ao direito penal e produzindo transformações concretas nas práticas judiciárias. O Código Penal brasileiro de 1940 é saudado como aquele que finalmente incorpora as inovações trazidas por esta jovem ciência, ainda que com atraso em relação aos grandes centros e mesmo em relação a outros países da América Latina.

A criminologia, esta espécie de amálgama confuso formado a partir das ciências humanas, se por um lado deixa a desejar em termos de elaboração teórica, por outro é talvez a mais pragmática dentre as mesmas."; "A criminologia busca ser a ciência do sistema penal, ela pretende dar um respaldo técnico-científico à ação desse aparelho de Estado." (Rauter, Cristina. *Criminologia e Subjetividade no Brasil*, Instituto de Carioca de Criminologia. Coleção Pensamento Criminológico, Rio de Janeiro, Revan, 2003, p. 67 e 68).

56. "O conceito da tríplice finalidade é bastante familiar mesmo ao homem comum do nosso tempo, para que, ao menos no plano racional, o preso é colocado na penitenciária com vistas a ser punido, intimidado e, principalmente, reformado.

Essa ideia, ainda num enfoque puramente lógico, é de enganosa pureza e simplicidade, todavia.

Com efeito, como dizia Bernard Shaw: 'Para punir um homem retributivamente é preciso injuriá-lo. Para reformá-lo, é preciso melhorá-lo. E os homens não são melhoráveis através da injúria'." Thompson, Augusto. *A questão penitenciária*. 3ª edição, Rio de Janeiro, Forense, 1991, p. 5).

CAPÍTULO 4

Abordagens críticas sobre os conceitos de culpabilidade e antijuricidade

1. A recuperação do debate numa ilusão mantida sobre a culpabilidade no Direito Penal Político.

O TEMA proposto pode ser enfrentado à luz do academicismo convencional, isto é, a culpabilidade segundo as doutrinas nacional ou internacional, clássicas ou progressistas, em um claro processo de reinterpretação, direcionado ao convencimento do que já foi definido. Renovando-se discursos católico-medievais que asseguram o **status quo** – o que é deve ser e não muda –, a culpabilidade petrificou-se durante o século XX junto com outro mineral, a inferiorização social do sujeito criminoso. O que deveria ser um lance interligado ao sentido de realidade e justiça, confirmou-se como um instrumento de desprestígio humano, em face da condição social do sujeito. Assim, o Direito Penal se mantém e as mudanças são sutilmente inseridas sem abalar as estruturas. Mas, quanto à essência do rigor criminalizante e punitivo, veiculado em grande medida contra os mais fracos, politicamente, em vigor deste o medievo, não há alteração.

O eixo estimulante deste trabalho aponta para o notório debate da educação enquanto meio de formação, promovedora da qualidade de vida entre os sujeitos relacionantes da sociedade, posto que devem ser constituídos por uma base social incentivadora da consciência, dignidade e reconhecimento (político).

Dessa forma, sendo a educação um forte instrumento para o cidadão, ferramenta de inserção social, que o transforma do bruto, animal, feroz e irracional para o nobre, sujeito de direito, consciente e sensível, deve ser concebida como um elemento de análise no momento de valoração da conduta do sujeito criminoso, pois não raro encontramos discursos estigmatizantes que chancelam o perfil do sujeito devido a sua aparência e ausência de recursos culturais-educacionais. Esta sempre foi, continua sendo e será a prática das instituições punitivas, que se utiliza de um ordenamento jurídico complexo, no qual a culpabilidade se opera ocultando a sua própria essência – reprovação da conduta –, ao mesmo tempo que se vale, como único papel, para determinar a periculosidade do sujeito criminoso, quando este apresenta características pessoais de inferiorização social, mas também serve para aplacar a sensibilidade ao considerar inofensivo o sujeito quando este possui qualidades sociais nobres.

O Direito Penal ao se deparar com um injusto penal parte para a avaliação do sujeito, mas apenas com a perspectiva jurídico-criminal, deixando de lado o sujeito enquanto pessoa, existente em um meio social que exige enfaticamente determinadas qualidades, sejam econômicas (ser consumidor) ou culturais (letrado ou educado), o que, numa ótica concreta, revela-se parcial, limitada e politicamente voltada à classificação social: pobre, carente, excluído, perigoso, estranho, vagabundo, infeliz, criminoso etc.

O conteúdo deste trabalho é um esforço para apontar os nítidos interesses políticos existentes na teoria e na prática penal, ao rejeitar a história do indivíduo, para aplicação das penas privativas de liberdade, ou para protegê-lo, quando conveniente o discurso de um pequeno erro, absolvendo-o ou aplicando uma reduzida pena de prisão. A culpabilidade, neste aspecto, assume peculiar posição, pois pode desfazer toda tendência esculpida ao longo da história ocidental.

É possível admitir que o Direito Penal não está para o debate sobre a realidade do crime e do criminoso, como o leão também não está para o adestramento humano. São posições aparentemente inalteráveis.

O método fundamental da produção do conhecimento a partir das relações intersubjetivas, ou seja, da apreensão da realidade a partir da práxis, não se surpreende com a indisponibilidade da análise complexa do ser humano e do crime por parte do Direito Penal, uma vez que este não se subordina, historicamente, às contribuições científicas sobre o ser.

A análise comparativa sobre o leão serve, didaticamente, para demonstrar como se tornou difícil para o Direito Penal adaptar-se a um novo modelo, quando um corpo e uma mente já formados dispensam interferências sobre suas existências. O fato é que, quando tratamos do Direito Penal, estamos nos referindo a um instrumento institucionalizado que inflige sofrimento, isolamento e depreciação. Então, promover uma mudança no Direito Penal, atualmente mais repressivo do que nunca, é promover, por consequência, uma mudança sobre a condição do próprio ser.

Ao se pretender discutir as alterações sobre as concepções do Direito Penal, buscamos alterar a própria vida do sujeito submetido a este recurso estatal. E a mudança do Direito Penal contemporâneo passa a aceitar o ser humano como objeto de formação e transformações. Este é o fim deste esboço reflexivo.

Diante deste desafio, algumas indagações surgem: O ser humano merece ser avaliado como algo influenciável? O que pode ser feito para o indivíduo mudar suas atitudes? O que a sociedade pode e deve fazer para deparar-se com um sujeito diferente, novo, alterado...? A infância possui alguma importância para a formação, para o tipo de pessoa que será...?

A presente abordagem sobre a dogmática penal, especificamente sobre a estrutura da culpabilidade, bem como sobre a aplicação das regras penais punitivas, tem por objetivo conduzir a reflexão justamente para este enfoque sobre a formação da vida humana, considerando sua capacidade racional e intelectiva de agir, diferentemente do animal, mas que também não aceita pura e simplesmente o ato violento de castigo e clausura.

1.1. A estrutura consolidada da culpabilidade

Podemos inserir este parêntese reflexivo às interpretações ampliadas acerca da teoria geral do delito, realizadas sobre as esteiras do causalismo e do finalismo, cujas tendências clássicas continuam presentes em todos os manuais doutrinários.

Contudo, como extraordinariamente faz o paradigmático Prof. Juarez Cirino, é possível afirmar que nem mesmo as mais sólidas teorias são realmente sólidas:

> O atual conceito normativo de culpabilidade é o produto inacabado de mais de um século de controvérsia sobre a sua estrutura, que começa com o conceito psicológico do século XIX, evolui para o conceito psicológico-normativo no início do século XX, transforma-se em conceito normativo puro durante o século XX e, na passagem para o século XXI, parece imerso em crise insuperável[1].

1. A assertiva realizada destaca a influência atual do estudioso alemão Claus Roxin sobre a política criminal, notadamente quanto à imputação objetiva. (Santos, Juarez Cirino. *A moderna teoria do fato punível*. 2ª edição, Rio de Janeiro, Revan, 2002, p. 174).

Seguindo a proposta do Mestre Cirino, a análise sobre a culpabilidade pode e deve ser objeto de contínua atenção dos acurados juristas brasileiros, apesar de podermos vinculá-los à conjuntura política atual que apresenta o Direito Penal: *maximização das mais remotas justificativas e práticas de vingança social do crime, pautados que estão pela mídia e pela elite insegura.*

De acordo com o histórico teórico sobre a culpabilidade, vislumbramos, ordinariamente, três relevantes teorias:

a) **Teoria psicológica:** a culpabilidade compreende somente o aspecto subjetivo do crime, servindo apenas para vincular o sujeito infrator ao fato praticado, segundo a intencionalidade do mesmo em alcançar o resultado. Assim, dolo e culpa estavam localizados no conceito de culpabilidade.

Para a conduta restava unicamente o acontecimento, como um produto exterior, desprovido de qualquer elemento interno do sujeito. Isto quer dizer que, para esta teoria, o exame da conduta só se verifica no fato em si, descolada da intenção do sujeito, uma vez que este aspecto subjetivo era tratado na culpabilidade. Seu grande defensor foi Von Liszt.

b) **Teoria psicológica-normativa:** buscando ajustar a teoria psicológica, manteve-se a estrutura do crime intacta, havendo, pois, como grande alteração, a inclusão do conceito de reprovação na culpabilidade, deixando de ser simples vínculo psicológico, entre o autor e o fato, para ser também uma questão de valoração social do fato. Investiu-se, ainda, no conteúdo da tipicidade – inclusão dos elementos normativos e subjetivos – e da antijuridicidade, e além do crime corresponder a uma contrariedade à ordem jurídica, deveria também ser um dano social. Os principais nomes foram Reinhard Frank, James Goldschmidt e Ernest Von Beling.

c) **Teoria normativa-pura:** esta teoria, fugindo da construção híbrida do conceito de culpabilidade da teoria anterior, propôs o deslocamento do aspecto subjetivo, vinculada a intencionalidade do sujeito, para a conduta, e manteve, tão somente, na culpabilidade, a reprovabilidade. A reprovação deveria ser identificada na própria norma,

> e não pelo arbítrio do juiz. A exigência de agir em conformidade com o Direito deveria ser um papel exclusivo da culpabilidade, mas somente após se constatar o injusto penal (ação típica e antijurídica). A justificativa do deslocamento da subjetividade humana (vontade) para a conduta, no evento criminoso, revelou-se nítida ao se afirmar, quanto ao conceito de ação, que: "a ação humana é exercício de uma atividade final. Ação é, portanto, um acontecimento final e não puramente causal"[2]. O responsável por esta contribuição revolucionária foi Hans Welzel.

A partir desta construção conceitual do crime, como um esforço jurídico de aproximação do fato ao seu contexto mais concreto, é possível perceber o avanço promovido nos estudos do crime, como algo que resulta da vontade humana ou de sua falta de cuidado (condutas imprudentes).

O processo de identificação de um crime exige uma profunda análise do comportamento realizado, sob todos os aspectos psicobiológicos do sujeito infrator. Nesse passo, a abordagem sobre uma conduta criminosa importa, necessariamente, uma investigação sobre os motivos do crime, a condição emocional do sujeito infrator no momento da prática do fato, bem como a sua relação diante da sociedade em que vive. A referida relação do sujeito, com os demais membros da sociedade, importa para o delineamento de seu compromisso com a ordem social e sua subordinação política ao ordenamento jurídico. Este é o objeto deste trabalho teórico. Será realizada, a partir das linhas a seguir, uma apropriada descrição sobre os elementos da culpabilidade, adotando-se, no entanto, uma perspectiva crítica sobre a condição do sujeito na sociedade, isto é, sua efetiva relação com a vida política, desde sua formação social à sua condição de cidadão.

A culpabilidade, segundo a teoria normativa-pura possui os seguintes elementos determinantes: imputabilidade, potencial de consciência do ilícito e exigibilidade de conduta diversa. Estes três elementos em conjunto representam a capacidade culpável do sujeito infrator. Sendo assim, a ausência de pelo menos um importa na exclusão da capacidade e, por força do conceito analítico do crime, influenciado pelo finalismo welzeliano,

2. Welzel, Hans. *O novo sistema jurídico-penal. Uma introdução à doutrina da ação finalista.* Trad. Luiz Regis Prado. São Paulo, Revista dos Tribunais, 2001, p. 27.

deixará de ser crime.

O primeiro elemento, **imputabilidade**, corresponde à capacidade psicológica do sujeito, ou seja, o infrator para ser considerado como tal deve ser capaz de entender o caráter ilícito do fato e de determinar-se de acordo com este entendimento. Em outras palavras, o sujeito precisa compreender o que faz e assumir as consequências de sua conduta. Ao não possuir esta capacidade será o mesmo considerado inimputável, como nas hipóteses da menoridade penal, doença mental e da embriaguez completa involuntária.

O segundo elemento, o **potencial de consciência do ilícito**, caracteriza-se pela possibilidade do sujeito poder considerar a existência da lei definidora do crime, mas age desconsiderando esta possibilidade.

Ao sujeito exige-se, além de conhecer as normas, o potencial que o possibilita ter consciência que aquela determinada lei existe. Assim, quando tem este potencial e realiza a conduta, deve ser responsável pela mesma.

Quando o sujeito realiza a conduta sem ficar demonstrado que possuía este potencial, não será considerado culpável, e sua conduta será atípica, pois, pelo finalismo, o crime integra o conceito de crime, e não havendo a culpabilidade do sujeito não haverá, por consequência, o crime. Estaremos diante de uma exclusão de culpabilidade.

A prática de uma conduta ilícita, com a constatação da ausência do referido potencial, configura o que a doutrina denomina "erro de proibição direto". Mas existe também outro tipo de erro de proibição, denominado como erro de proibição indireto. Esta hipótese se apresenta quando o sujeito, diante de um fato, imagina que as circunstâncias tornam a ação ilegítima e acredita que uma norma permissiva do art. 23 lhe protege, o que não é verdade (previsão no parágrafo único do art. 20 do CP). A prática da conduta por alguém que não demonstra identificar o erro sobre o fato e a permissão, retira-lhe, da mesma forma, a responsabilidade pelo fato praticado e será excluída a sua culpabilidade.

O terceiro elemento configurador da culpabilidade é a **exigibilidade de conduta diversa**. Neste aspecto, em particular, o sujeito sendo imputável e possuindo o potencial de consciência do ilícito será avaliado da seguinte forma: a conduta praticada era sua única opção, ou poderia ser-lhe exigida outra conduta, não ilícita. Será destacada a possibilidade que o sujeito tinha de agir de outra forma, de acordo com o Direito, mas preferiu agir contrariamente ao Direito.

O Código Penal apresenta duas hipóteses que a doutrina classifica como configurantes da culpabilidade, segundo o elemento da exigibilidade de conduta diversa. Contudo, a doutrina o faz inversamente, pois as hipóteses legais são de exclusão de culpabilidade, considerada a inexigibilidade de conduta diversa, que são: obediência hierárquica à ordem manifestamente legal e coação moral irresistível.

Assim, quando o sujeito age pensando estar agindo conforme o Direito, diante de uma ordem de seu superior, não será culpável e, ao ser ameaçado moralmente e vir a praticar a conduta, da mesma forma não será considerado culpável.

1.2. A culpabilidade e o "agir" humano

Dentro de uma acepção puramente ontológica, o ser humano compreende uma multiplicidade de fatores que condicionam o seu pensamento e o seu agir. Os estudos da psicanálise permitiram lançar explicações fortes e desestabilizantes sobre os comportamentos humanos, notadamente os fatos que possuíam mais expressão para a coletividade, como o homicídio, o incesto, a vontade excessiva e incontrolada sobre algo, o sentimento (paixão, ira...), entre outros fenômenos, sempre vinculado ao desejo. Enfim, somos seres complexos e desejantes.

O avanço normativo do Direito Penal, a partir da consolidação da sociedade moderna, fundamentada no positivismo jurídico, que legitimou as práticas de correção do indivíduo sob o argumento de defeito, desvio e defesa social, conduziu todas as teorias dogmáticas, inexoravelmente, ao esclarecimento da finalidade do sistema punitivo. A busca incessante pela ordem e estabilização social produziu vários discursos legitimadores do Direito Penal. As teorias da culpabilidade, apesar da contribuição dos mais progressistas e críticos do conservadorismo penal, mantiveram a estrutura normativa deste instituto. Trata-se de uma questão puramente humana, mas que, apesar de todo problema que gravita em torno de qualquer pessoa, encontra seu destino na fria norma penal, para ser traduzida pelo "onipotente juiz, capaz de saber a verdade e traduzir a justiça".

O que se pretende nessa reflexão é aprofundar o tema da culpabilidade, considerando a existência humana com todas as suas complexidades e influências, e não somente as facetas jurídicas, oriundas de uma ideologia de controle e de um discurso punitivo, e possivelmente seletista, segundo as heranças históricas entranhadas em quase todos os ordenamentos jurídicos ocidentais, onde o termo justiça significa castigo e dor.

Parte-se, considerando a finalidade deste trabalho, da indefinição do próprio ser humano e da dificuldade que deve existir para definir uma conduta humana, ainda mais quando essa conduta serve de alvo para instrumentos repressivos, implementados pelo próprio Estado.

A princípio podemos imaginar que o ser humano é capaz inteiramente de realizar aquilo que realmente quer, de acordo com um planejamento. Contudo, as suas práticas estão vinculadas ao condicionamento de sua história.

Em Freud, sobre a ação humana pela busca do prazer, o ser humano tenta ao máximo se livrar da tensão que lhe pesa, ao imaginar os momentos de desprazer. Dessa forma, o ser humano busca se relacionar na sociedade visando o alcance de uma felicidade que não sabe se será atingida, o que o leva a deduzir que poderá ser um resultado de prazer ou não[3].

A própria concepção de ser humano parece não possuir uma definição objetiva: na contribuição grega temos o homem como um animal político; na influência cristã o homem é produto de Deus e este usou esta imagem para tentar salvar o mundo; para os cartesianos, o homem racional é um ser que pensa e logo existe, e para a psicologia o homem é uma construção indefinível. Marx foi mais longe ao afirmar que o homem não conduz a economia, mas sim, é conduzido por ela.

Como então aceitar o fato de que o Direito Penal pode construir normas definidoras de condutas, de caráter universal, para se aplicar aos fatos que se assemelham a elas, se a conduta é resultado de um processo ainda desconhecido pela própria humanidade.

É justamente nesse enfoque problemático da condição humana que podemos debater a definição da culpabilidade, sua estrutura e sua aplicação por outros seres humanos, tão complexos como os que não possuem toga, já que todos são, simplesmente, seres humanos.

A culpabilidade, considerada o seu atual entendimento, estará presente,

3. "Na teoria da psicanálise não hesitamos em supor que o curso tomado pelos eventos mentais está automaticamente regulado pelo princípio de prazer, ou seja, acreditamos que o curso desses eventos é invariavelmente colocado em movimento por uma tensão desagradável e que toma uma direção tal, que seu resultado final coincide com uma redução dessa tensão, isto é, com uma evitação de desprazer ou uma produção de prazer. (Freud, Sigmund. *Além do princípio de prazer*. Trad. Cristiano Oticica. Rio de Janeiro, Imago, 2003).

para a relevância penal, quando o sujeito for imputável, tiver potencial de consciência do ilícito e lhe for possível exigir conduta diversa da que praticou.

A questão que reside sobre a culpabilidade, neste particular esboço intelectual, prende-se à pessoa do criminoso, fundamentalmente sobre "quem" e "como" ele é. A identificação da pessoa na sociedade moderna dá-se pelo nome ou pelo número de um registro oficial. O "como" é o tipo de pessoa, e dependerá das suas características. A conduta praticada será avaliada pela aparência da mesma, e esta é a forma adotada pelo Direito Penal. Todavia, podemos ir mais longe, tentando chegar o mais próximo do "que é" realmente o sujeito, porque realizou o fato e o que deve ser feito sobre este sujeito. O Direito Penal, ao longo da história, consagrou uma práxis que foi cristalizada como verdadeira: o que importa é o fato praticado, se existe alguma exclusão de ilicitude e se opera, sobre o sujeito, alguma exclusão de culpabilidade, que na verdade se traduz em periculosidade.

Assim, considerando as possibilidades de exclusão de culpabilidade, que expressam a não reprovação da conduta, como que aceita pela sociedade, pretende-se questionar o seguinte: *por que a* ***formação*** *do sujeito não faz parte, normativamente, dos elementos de determinação da culpabilidade, como forma de avaliar sua relação e compreensão moral sobre os valores sociais, já que esta é a atitude esperada de todos os cidadãos?*

Fato é que o Direito Penal apresenta princípios, definições e normas de aplicação da Parte Especial do Código Penal. A doutrina estabelece, mediante a interpretação deste conjunto normativo, os parâmetros jurídicos que norteiam e direcionam a prática penal.

Quanto à culpabilidade, a doutrina reconheceu em algumas normas penais a sua existência, contudo mediante as hipóteses de sua inexistência. Estas estão vinculadas à capacidade de entendimento do caráter ilícito do fato, consciência das regras proibitivas e possibilidade de agir conforme o Direito.

Mas, sendo o sujeito imputável, como podemos precisar que este possua ou não o potencial de consciência sem antes avaliarmos sua relação com a sociedade? De outra forma se quer saber: *todas as pessoas são iguais no sentido de poderem ser avaliadas em relação ao ordenamento jurídico, isto é, às suas condições de pessoas fiéis e submissas do sistema organizativo?*

A presente abordagem, sobre a questão específica do sujeito, refere-se ao tipo de relação que uma pessoa pode ter com as regras e a pretendida ordem social, caso, por exemplo, esta pessoa não tenha sido "preparada" para agir assim, no melhor estilo do funcionalismo sociológico (que pautou a política e o discurso para a instalação do modelo social voltado ao desenvolvimento nacional, verticalizado pela ordem e o progresso, que exigiam pessoas dentro de um padrão, embora o Estado não praticasse a sua obrigação assistencial de inclusão – Estado Social).

Para a psicologia, por exemplo, que se dedica ao estudo da condição do ser humano, diferentemente do Direito, observam as influências sobre as pessoas como forte instrumento de construção de sua personalidade e de seu futuro:

> Os pais sociológicos, que podem coincidir ou não com os pais biológicos, são os primeiros modelos imitados pela criança. Consideram-se pais sociológicos as pessoas que desempenham o papel de pai ou de mãe, sejam ou não verdadeiros genitores. Se a avó ou a tia cuida da criança e orienta sua conduta, representa a "mãe social", embora a verdadeira mãe exista e até com ela conviva. Quando uma criança não recebe suficiente atenção e orientação dos adultos que a cercam, pode eleger como modelo pessoas estranhas à constelação familiar...[4]

Nesse aspecto, será possível aliarmos esta análise sobre a formação do sujeito à investigação da realização da conduta criminosa, considerando "quem é" a pessoa, e "como" ela é?

E indagamos mais: é realmente possível considerarmos as influências externas como determinantes para a "construção" da pessoa, a fim de melhor avaliarmos suas condutas? O "eu" realmente importa para ser conhecido pelo "outro"?

A indagação pode ser atendida por aquele que mais prega a necessidade de se ater às condições objetivas do fato criminoso: Günther Jakobs!

Jakobs, procurando justificar as práticas criminalizantes do Estado protetivo (?) afirma a diferença entre sujeito e pessoa:

> ser pessoa significa ter de representar um papel. Pessoa é a máscara, vale dizer, precisamente não é a expressão da subjetividade de seu portador, ao contrário é a representação de uma competência socialmente compreensível[5].

4. Carvalho, Irene Mello. *Introdução à psicologia das relações humanas*. Rio de Janeiro, Editora FGV, 1988, p. 38.

5. Jakobs, Günther. *Sociedade, norma e pessoa*. Coleção Estudos de Direito Penal. São Paulo, Manole, 2003, p. 30.

Pode não parecer tão importante esta afirmação, mas ao relacioná-la ao estudo da culpabilidade, que intercede sobre o valor da conduta, avaliando o sujeito, podemos afirmar que efetivamente o Direito Penal deve se ocupar com a construção social do sujeito, ou seja, com o potencial moral do sujeito, já que dele se exige comportamento adequado e vinculado aos interesses sociais. Lembremos que a psicologia, ciência fundamental sobre o estudo do ser humano, afirma que as influências externas colaboram decisivamente na construção do ser humano.

Jakobs, vislumbrando definir o sujeito submetido ao Direito Penal, categoriza a distinção entre sujeito e pessoa, afirmando que pessoa é aquela que é possível avaliar, eis que ao representar um papel concede os "dados" objetivos que são operacionalizados pelo sistema, ao passo que o sujeito é um ente complexo, impossível de ser compreendido: "A subjetividade de um ser humano, já *per definitionem*, nunca é acessível..."[6].

Desse modo poderíamos, em nome daquilo que se chama justiça, avaliar ao máximo a conduta criminosa, avaliando, portanto, todo o complexo que gravita em torno do próprio fato, sendo o mais importante o próprio sujeito?

Para esse objetivo, que certamente é um dilema para a ciência, o próprio Jakobs sugere uma alternativa:

> Sendo assim, um comportamento atual de outro só pode ser interpretado em atenção ao seu possível sentido subjetivo quando se conhece exatamente a vida do sujeito que o realiza; e inclusive quando se fundamenta de modo sólido essa interpretação, o objetivo em si mesmo continua sendo inacessível[7].

A sugestão de Jakobs suscita o problema investido no Direito Processual Penal, no que tange aos procedimentos judiciários e judiciais de desvendamento do fato, expresso no princípio da verdade real, que Auri Lopes apresenta como um mito da modernidade, mantido na pós-modernidade, graças à contribuição histórica da Processo Penal Católico:

> O mito da verdade real está intimamente relacionado com a estrutura do sistema inquisitório; com o "interesse público" (cláusula geral que serviu de argumento para as maiores atrocidades); com sistemas políticos autoritários, com a busca de uma "verdade" a qualquer custo (chegando a legitimar a

6. Idem, p. 31.
7. Idem, p. 32.

tortura em determinados momentos históricos); e com a figura do juiz ator (inquisidor)"[8].

Acrescenta ainda, Auri Lopes, contribuindo para o debate acerca da praticidade objetiva do Direito Penal, ao se referir ao compromisso do juiz com o fato e com o sujeito, em que pese sua função-regra garantista, a sua obrigação judicante de exercer uma reflexão, isto é, não meramente objetiva-mecânica-formal: "não existe racionalidade sem sentimento, emoção, daí a importância da subjetividade e de todo ***sentire*** no ato decisório".

Ademais, a construção normativa do Direito Penal, mesmo com a evidência das garantias constitucionais, demonstra um conteúdo dogmático, doutrinário e jurisprudencial amplamente contrário à perspectiva de "justiça" para com o sujeito, que deve perceber todo o esforço do Estado, que é, atualmente, Constitucional de Direito, direcionado a sua efetiva condição pessoal e social, diante de um sistema perversamente desumano.

A atenção reclamada nessa ilustração teórica volta-se, legitimamente, para o debate acerca das condições de vida das pessoas que se encontram nas camadas populares do Brasil, especialmente das grandes cidades, das pessoas que se encontram na mira do sistema criminalizante-punitivo, via de regra autoras de crimes contra o patrimônio e comércio ilegal de drogas, e das pessoas concentradas nos estabelecimentos penais. As referidas pessoas, não muito diferentes daquelas que povoavam os calabouços e os quilombos, podem possuir determinadas características relacionadas às suas formas de vida, o que os tornam altamente vulneráveis, clientes do sistema ordenador, que elegeu tais pessoas como um público "perigoso" e em "incorrigível". Mas estas são as mesmas pessoas citadas como prioridade das inexistentes políticas públicas sociais.

As principais pesquisas demonstram a realidade socioeconômica do Brasil, na qual sobrevivem, de alguma forma, milhões de pessoas:

> são inúmeros, no Brasil, os problemas sociais – a questão agrária, o tráfico de drogas, a questão habitacional, o trabalho infantil – para citar aqueles que mais aparecem na imprensa internacional, levando para o exterior a imagem de um país de desigualdades e privilégios. Os meninos de rua são

8. Lopes Jr., Auri. *Introdução crítica ao processo penal (fundamentos da instrumentalidade garantista)*. Rio de Janeiro, Lúmen Júris, 2004, p. 262.

> apenas mais um problema. Todas essas questões, no entanto, resultam de um projeto de nação que tentou, sem sucesso, excluir as etnias e culturas que não se encaixassem no modelo idealizado. (...) Mesmo sabendo que na juventude e infância de hoje estará o Brasil de amanhã, muito pouco se faz para reverter o quadro de abandono e pobreza em que se encontram cerca de 71 milhões de brasileiros, ou 48% da população, segundo dados do PNUD/1999.(...) Todos sabemos que nenhum país pode se desenvolver se não educar suas crianças e jovens, e é fácil constatar que a escola brasileira tem fracassado em promover a educação das crianças pobres[9].

De tudo resulta que, o pragmatismo penalista no Brasil não permite duvidar de suas políticas e decisões "imparciais", "legais", "constitucionais", "legítimas", "justas" e "honrosas". Este modelo penal adotado desde os idos da transição política no Brasil – da monarquia à república – confere o mais elevado grau de poder aos juízes e promotores destinados a alcançar a "justiça" mediante as suas ações inibidoras do crime, que certamente ainda aguardam alcançar, mesmo após um século de permanência deste sistema.

Se nos conduzirmos na análise do suposto sistema garantidor de interesses da coletividade, o que falar das medidas econômicas e sociais que achatam ano-a-ano as condições de vida dos mais despossuídos? Em relatório do IBGE, publicado em 2007, ressalta a brutal desigualdade social que ainda prevalece no Brasil[10].

Diante desses desenhos sórdidos observados no Brasil, vislumbramos as seguintes questões fundamentais:

a) o Direito Penal tende a não penetrar nas questões subjetivas da pessoa;
b) o Direito Penal, apesar de sua prática contundentemente repressiva e excludente, alega utilizar os mecanismos garantistas constitucionais;
c) a culpabilidade não reconhece o potencial do valor moral das pessoas acusadas;
d) a psicologia afirma, apoiada por expoentes penalistas, que a subjetividade é inacessível ao homem;

9. Leite, Ligia Costa. *Meninos de Rua. A infância excluída no Brasil*. Rio de Janeiro, Atual, 2001. p. 85.

10. "Em Salvador, onde os brancos e os pretos e pardos apresentaram as maiores médias de anos de estudo, observou-se o maior diferencial: 2,4 anos de estudo a mais para os brancos. Em média, os brancos atingiam o ensino médio e os pretos e pardos sequer concluíam o fundamental." (IBGE. Estudo Especial da Pesquisa Mensal de Emprego sobre cor e raça. Site oficial. 2007).

e) o Brasil apresenta elevadíssimos índices de desigualdade social, sendo possível encontrar em grande parte dos condenados as características de um "excluído social".

Neste aspecto, sugerimos que o instituto da culpabilidade seja aplicado considerando a efetiva condição humana do acusado, enquanto ser formado por influências sociais externas, e que direcionam as suas ações.

Assim, para o reconhecimento da imputabilidade penal, deve o magistrado enfrentar a seguinte questão:

> *"... o acusado possui o tipo social exigido, segundo uma formação familiar, escolar, bem como religiosa, que lhe propugnasse um comportamento moral de respeito às instituições e aos bens individuais e coletivos presentes na sociedade?"*

A resposta a esta indagação levaria o juiz a acreditar que o sujeito pudesse, a partir daí, ter um **potencial moral-social**, capaz de lhe ser exigido um comportamento adequado, para, posteriormente, se verificar seu potencial de consciência do ilícito e a exigibilidade de conduta diversa, que, via de regra, este último, somente é admissível nos casos de coação moral irresistível ou obediência hierárquica.

Em não sendo percebido este potencial, como exigir do acusado o potencial de consciência do ilícito, já que a presunção é de que todos conhecem a lei e possuem este potencial?

O problema maior a ser enfrentado, ora proposto, é se a pessoa acusada foi socialmente formada, ou mesmo condicionada, para atender aos mandamentos sociais e legais. O fato é que, não tendo sido objeto de formação segundo os padrões esperados, como lhe exigir um comportamento primoroso segundo os padrões da elite, que, via de regra, destina-se a ocupar os melhores espaços para esta formação?

Aliás, confirmando, a princípio, esta análise, percebemos como o sistema criminal trata quem possui a devida formação social e cultural: com paternalismo, e como se fosse um pequeno problema de desvio. Justamente aquele que foi moldado para ser um cidadão fiel às regras sociais, recebe tratamento protetivo, o que nos leva a concluir possivelmente:

a) o cárcere realmente não é um instrumento para todos;
b) a periculosidade, pela condição de excluído, é que revela o sentido do Direito Penal e da própria culpabilidade.

Se investigarmos os vários significados do termo educar, descobriremos uma ampla gama de definições, teorias, especulações e tentativas de pôr em conceito aquilo que vivemos dia-a-dia, no caminhar de nossa existência. Educar como processo onde quem aprende necessariamente convive com o outro e, nesse convívio, passa por uma transformação, adquire novos conhecimentos, revê pontos de vista, reformula hipóteses, sai do lugar comum. Educar como preparo específico do cérebro para a tomada de decisões, para o questionamento, para a formulação de hipóteses, ou mesmo para o exercício da autonomia. Educar como experiência de saber o que é certo e o que é errado, o justo e o injusto, o ético e o não-ético. Com mais ousadia, educação certamente se refere ao processo de "produzir" um homem feliz e sábio[11].

2. A importância da gênese do desvalor da ação na Teoria Geral do Delito: a axiologia kantiana no modernismo penal

2.1. A discussão jurídica do conceito de crime

É histórica a dedicação dos juristas-penalistas de formar um padrão teórico do conceito de crime, justificado por diferentes prismas epistemológicos, referenciados pelo naturalismo, ou pelo racionalismo-normativista, ou ainda por vieses filosóficos clássicos ou modernos. O fato é que, diante de variadas tendências doutrinárias, percebe-se possível conflito principiológico entre as referidas doutrinas, consubstanciado por uma ligeira fragilidade de cunho prático, na medida em que a realidade social não corresponde com as finalidades explicitadas pelo sistema punitivo. As correntes doutrinárias, por diferentes discursos teóricos, apresentam-se como as "melhores explicações", legitimadas pela posição acadêmica e científica que ocupa o seu defensor. *Mas, é preciso reconhecer que tudo isto não basta, e que não resolve a questão primordial a que se destina a prática científica: diante da conduta humana, o que deve ser compreendido como crime?*

Está consagrado nos manuais jurídico-penais, adotado desta forma também no Brasil, a existência de três teorias principais do conceito de crime: *conceito clássico, conceito neoclássico e conceito finalista.*

11. Garcia, Débora. Notas sobre uma trajetória em educação. *Revista do Jornal do Brasil,* 9 set. 2007. Supervisora do Núcleo de Conteúdo e Projetos do Canal Futura.

Para o *conceito clássico*, do final do séc. XIX, cujos precursores são Von Liszt e Beling, o crime é um fato típico e antijurídico, e a culpabilidade representava o conteúdo subjetivo do agente (dolo e culpa). Baseado na essência da exteriorização do agir e da produção do resultado, o crime representava uma ação meramente causal, que significava, simplesmente, um movimento corporal que produzia modificações no mundo exterior.

O *conceito neoclássico* de crime, pouco diferente da corrente anterior, aceitava as bases do conceito de crime do causalismo, incluindo como característica principal, no entanto, o juízo de reprovação na culpabilidade, recrudescendo os critérios da culpabilidade, a partir da contribuição de Reinhard Frank. Todavia, houve ainda a inclusão de um critério de constatação da antijuridicidade, representado pela necessidade do dano social, e não simplesmente, como no causalismo, da contrariedade ao Direito.

Finalmente, para a corrente *finalista ou analítica do crime*, o crime seria composto, como nas teorias anteriores, pela existência do fato, pela previsão normativa, **tipo penal**, pela contrariedade e o dano social, **antijuridicidade**, mas na **culpabilidade** houve um giro teórico, reformulado pela afirmação de que a conduta não poderia ser algo ocorrido por um movimento humano, tão somente, mas motivado pela vontade (ruptura da dissociação do aspecto objetivo e aspecto subjetivo, tornando-os objetos da conduta). Assim, transportando o aspecto subjetivo da culpabilidade para a conduta, Hans Welzel rompe com a preponderância do caráter objetivo do causalismo (presente no conceito clássico e neoclássico) e inaugura uma nova fase na análise jurídica para a caracterização do crime: a vontade do agente.

Nestas teorias, surgidas no final do século XIX e estendendo-se até a primeira metade do século XX, nota-se a filiação destas com o corte científico da modernidade, diante das contribuições filosóficas do iluminismo e do racionalismo, para sustentarem que os conceitos de crime estariam vinculados à noção do ser, e portanto, da razão. Assim, destaca-se a natureza ôntica e racional das posições doutrinárias no Direito Penal, até a contemporaneidade. É sobre este modelo adotado que devemos nos prender, para asseverarmos ou não o caráter do Direito Penal, isto é, se fulcrado na natureza humana racional, ou simplesmente uma questão de política criminal.

2.2 As bases fundantes da antijuridicidade

O crime, como se percebe, é uma construção jurídica, decorrente do esforço doutrinário para concebê-lo como um produto ontológico, moldado a partir da contribuição positivista lisztiana do Direito Penal, cujo corpo revela-se constituído por bases teóricas cientificamente explicadas. Todavia, esta interferência doutrinária não se propõe a comprovar as afirmações conceituais, posto que o crime, no plano jurídico, é um símbolo, uma construção. Resulta, pois, da reflexão humana para padronizar um conceito, visando servir de instrumento a ser aplicado no específico cotidiano do controle social, pelas instituições governamentais.

Restou-nos uma indagação provocativa, nas linhas anteriores, sobre o que vem a ser realmente o crime. Assim, partindo dos conceitos anteriores, especialmente o conceito analítico, considerando a sua dominância no mundo científico-penal, tem-se a exigência de um fato, a sua previsão legal enquanto crime, a sua contrariedade ao Direito, bem como o juízo de reprovação sobre o sujeito. Determinam-nos que, por questão de apreensão e reflexão teórica do conceito jurídico construído ao longo das décadas da centúria passada, não devemos nos prender unicamente ao fato causado e ao significado jurídico de ação, mas sim dos demais elementos do crime, especialmente os relativos a subjetividade, sendo eles: a *tipicidade*, *antijuridicidade* e a *culpabilidade*.

A discussão sobre a tipicidade, ou seja, a existência de um prévio tipo penal, que sirva de modelo legal para o enquadramento do fato realizado pelo sujeito (*nullum crimen sine lege*), foi mantida no campo dos elementos que o integram, como o objetivo, normativo e subjetivo. Atualmente, a questão está conduzida para as subespécies de tipos, a considerar o tipo legal e o tipo penal, resultando no tipo conglobado, suscitado por Zaffaroni[12], o qual conduz o debate para a exigência de uma conduta que não se enquadre simplesmente na norma penal incriminadora, mas que atinja realmente o bem jurídico de forma ilícita (o que para o autor não se confunde com o instituto da antijuridicidade).

Mas quanto à antijuridicidade, que para alguns representa um vínculo da tipificação legal existente do fato (ação tipicamente antijurídica), isto é, se o fato realizado está tipificado é porque é antijurídico, salvo a existência

12. Zaffaroni, Eugenio Raúl. *Manual de Direito Penal Brasileiro, Parte Geral.* 2ª edição, São Paulo, Revistas dos Tribunais, 1999.

de uma justificação, surge aí a contribuição kantiana, pois reserva à antijuridicidade o desvalor da ação, como produto sociocultural. Esta condução teórica, fomentada pelos neokantistas alemães, são destacados por Santiago Mir Puig[13]:

> O neokantismo, ao introduzir a ideia de valor na teoria do delito, levou autores como Sauer e Mezger a substituírem a concepção valorativamente neutra do tipo de Beling por uma visão do mesmo como "juízo provisional de desvalor" (da antijuridicidade). a) Sem a tipicidade não há antijuridicidade: daí deduziu-se que a tipicidade não se encontra desvinculada da antijuridicidade, nem é apenas a sua ***ratio cognoscendi***, senão sua própria ***ratio essendi***. Com isto se quer dizer que a tipicidade de uma conduta não é só um indício (***ratio congnoscendi***) que permite supor sua antijuridicidade, mas que esta, quando surge com relevância jurídico-penal, procede (***ratio essendi***) da realização de um tipo – ainda que tenha que ser sem causas de justificação. A tipicidade não é condição suficiente, mas sim necessária da antijuridicidade penal. (...). b) Normalmente, a tipicidade implica a antijuridicidade. Se o legislador tipifica uma conduta cominando-lhe uma pena, o faz pensando em sua antijuridicidade.

Não nos parece representar esta reflexão feita por Puig como o deslinde do debate. Os penalistas, de uma forma geral, definem a antijuridicidade como sendo[14]:

> antijuridicidade é, portanto, um dos elementos conceituais do crime. Não basta que a ação seja típica, isto é, que retrace na realidade da vida a definição da norma penal; é necessário ainda que seja antijurídica.(...) A antijuridicidade que se define como contrariedade a uma norma de Direito é a antijuridicidade formal. Mas, ao lado da antijuridicidade assim definida, e levando-se mais a fundo a investigação, à vista de que as normas são regras, prescritas para atender a necessidades e interesses da comunidade social e que contra estes é que, na realidade, o crime se dirige, veio-se a construir o conceito de antijuridicidade material ou substancial, em que se exprime o caráter anti-social do fato punível. O núcleo desse conceito não é a relação contraditória entre o fato e a norma, mas o contraste entre o fato e as condições existenciais da sociedade, as condições de estabilidade e persistência da

13. Puig, Santiago Mir. *Direito penal. Fundamentos e teoria do delito*. São Paulo, Revistas dos Tribunais, 2007.

14. Bruno, Aníbal. *Direito Penal. Parte Geral*. Tomo I. Rio de Janeiro, Forense, 2003.

vida associada, condições que tuteladas pelo Direito se constituem em bens jurídicos.(...) A antijuridicidade tem de ser considerada no seu aspecto objetivo, de relação contraditória entre um fato e uma norma. É este o caráter que lhe é geralmente reconhecido e com este caráter objetivo é que ela figura na construção tripartida do conceito de crime, ao lado da culpabilidade e da tipicidade, adjetivando o conceito de ação.

Neste particular aspecto, a antijuridicidade, com pretenderam os defensores do conceito neoclássico (neokantistas), assumiu a característica fundamental de ser a revelação jurídica e de que a conduta merece um desvalor, uma avaliação jurídica negativa, segundo o resultado social ocorrido. *Mas, será esta uma conquista do Direito Penal, que reafirmou o conceito de crime, a partir da inclusão dos elementos normativos, convencendo toda a parte ocidental do mundo que o crime é um fato que contraria o Direito?*

Alerta-nos, doravante exista forte influência do pragmatismo penal, Luiz Régis Prado e Érika Carvalho[15], quando da análise do funcionalismo, sobre as inúmeras contribuições jurídicas, históricas e filosóficas acerca da imputação, segundo os quais havia, inclusive na Grécia Antiga, a necessidade de se definir a *imputatio* para fins de responsabilidade do resultado praticado por alguém. Seria preciso, diante das leituras textuais referidas, que fosse atribuído um valor à ação do sujeito e ao resultado produzido. Entretanto, após as redefinições realizadas por Samuel Pufendorf, Georg Hegel e Richard Honig, quanto ao "porque" deve-se responsabilizar ou não o sujeito realizador do resultado, temos a necessidade de impor a valoração sobre o fato, próprio do movimento neokantista, que inseriu no Direito a necessidade de uma avaliação valorativa nas ações humanas, fundada no racionalismo que expropriou a força da religião das intervenções estatais de controle social.

Nesse sentido, a antijuridicidade requer maiores precisões, a ponto de se permitir o fato como contrário ao Direito. E é neste aspecto crucial que se torna mister a investigação deste instituto no Direito Penal.

A antijuridicidade, como algo que provoca um dano e que não é tolerável pela sociedade, segundo a construção jurídica neoclássica, pertence, a princípio, ao Direito Penal, classificando-se, pois, como Direito Público. *Mas, será possível determinar, genealogicamente, que a antijuridicidade*

15. Prado, Luiz Regis; Carvalho, Érika Mendes de. *Teorias da imputação objetiva do resultado. Uma aproximação crítica a seus fundamentos*. São Paulo, Revista dos Tribunais, 2002.

está fundada no Direito Privado, tendo sido apropriado pelo Direito Penal durante a vigência do positivismo jurídico iluminista (Liszt e Beling)?

Esta reflexão merece destaque, na medida em que o Direito Penal busca, recorrentemente, afirmar os conceitos jurídico-penais como produtos do seu processo histórico de construção do ordenamento jurídico penal. Este ordenamento, construído sob forte tensão teórica, e que tornou-se aplicável à sociedade, está mantido sob um discurso polidamente técnico, mas não nos esqueçamos de sua verdadeira face, isto é, ferramenta estatal que atinge o indivíduo[16]:

> Qual é a sanção para quem viola um contrato? Uma reparação, uma indenização. Quando um cidadão não paga uma indenização devida como resultado da violação de um contrato, é forçado a fazê-lo (dele é expropriado algo de valor), mas os homens da massa criminalizada por esse controle social nada possuíam. O que deles se expropriava? A única coisa que podiam oferecer ao mercado: sua capacidade de trabalho, sua liberdade. Daí surge a ideologia que faz da privação da liberdade uma pena, que até então havia sido apenas uma medida preventiva (o que hoje chamamos "prisão preventiva") durante o processo, pois as penas eram corporais.

Assim, diante da ocorrência dos distúrbios sociais, que o fato humano provoca, o Estado exerce o seu poder e imputa a alguém a prática de uma conduta vulgarmente denominada como criminosa, mas que, para o Direito Penal, traduz-se num complexo teórico, denominado crime!

Sem grande desgaste, encontramos no Direito Civil análises doutrinárias relacionadas às condutas que causam danos às pessoas – jurídicas ou físicas – e que nos esclarecem a multiutilização do termo[17]:

> O indivíduo, na sua conduta anti-social, pode agir intencionalmente ou não; pode proceder por comissão ou por omissão; pode ser apenas descuidado ou imprudente. Não importa. A iliceidade de conduta está no procedimento contrário a um dever preexistente. Sempre que alguém falta ao dever a que é adstrito, comete um ilícito, e como os deveres, qualquer que seja a sua causa

16. Zaffaroni, Eugenio Raúl. *Manual de Direito Penal Brasileiro. Parte Geral.* 2ª edição, São Paulo, Revistas dos Tribunais, 1999.

17. Pereira, Caio Mário da Silva. *Instituições de Direito Civil.* V.1. Rio de Janeiro, Forense, 2007.

> imediata, na realidade são sempre impostos pelo preceitos jurídicos, o ato ilícito importa na violação do ordenamento jurídico. Comete-o comissivamente quando orienta sua ação num determinado sentido, que é contraveniente à lei; pratica-o por omissão, quando se abstém de atuar, se devera fazê-lo, e na sua inércia transgride um dever predeterminado. Procede por negligência se deixa de tomar os cuidados necessários a evitar um dano; age por imprudência ao abandonar as cautelas normais que deveria observar; atua por imperícia quando descumpre as regras a serem observadas na disciplina de qualquer arte ou ofício. Como categoria abstrata, o ato ilícito reúne, na sua etiologia, certos requisitos que podem ser sucintamente definidos: a) uma conduta, que se configura na realização intencional ou meramente previsível de um resultado exterior (Enneccerus); b) violação do ordenamento jurídico, caracterizada na contraposição do comportamento à determinação de uma norma (Enneccerus); c) imputabilidade, ou seja, a atribuição do resultado antijurídico à consciência do agente; d) penetração da conduta na esfera jurídica alheia, pois, enquanto permanecer inócua, desmerece a atenção do direito. Nesta análise cabe toda espécie de ilícito, seja civil, seja criminal.

Estamos, pois, diante de uma definição de antijuridicidade empregada pela doutrina civilista, a partir da nítida compreensão de que o seu significado está atrelado ao resultado ofensivo provocado a alguém, e que, à luz do Direito Civil, merece reparação. Portanto, podemos reconhecer a impropriedade sedimentada na doutrina penal, no que diz respeito ao conceito e ao conteúdo da antijuridicidade, quando nos deparamos com as análises explicativas do termo, como se ao Direito Penal pertencesse originariamente. A antijuridicidade descortinada pela doutrina penal, que visa proporcionar o seu (re)conhecimento, revela um instituto que procura justificar a conduta como uma sólida força contrária ao Direito, que atinge frontalmente os interesses sociais.

Mas o que será a antijuridicidade senão uma construção jurídica, forjada pelos materiais do próprio Direito, e originariamente vinculada aos interesses privados patrimoniais. Percebe-se, neste sentido, mesmo que remotamente, a dúvida sobre "se determinada conduta é antijurídica", isto é, que seja causa de um dano social, como quer a doutrina penal. Outra dificuldade ressai sobre o próprio termo antijuridicidade (contrário ao Direito), posto que, a antijuridicidade, para o Direito Penal, é a conduta enquandrada perfeitamente à norma penal, isto é, que se coaduna às normas legais incriminadoras, portanto vinculada ao Direito Penal. Não há, pois, ofensa ao Direito Penal, mas o torna exequível diante de sua tipificação. Como pode ser contrária ao Direito e ao mesmo tempo adequada às normas penais, como literalmente previsto no ordenamento jurídico penal. Por esta singular controvérsia jurídica é que emprega-se o termo ilicitude, em substituição do termo antijuridicidade. Constata-se, então, mais um problema sobre este instituto.

Esta questão nos conduz, seguramente, a reflexão sobre o próprio conceito de resultado para o Direito Penal, pois em sendo o crime uma ocorrência realizada por uma conduta, e este processo criminoso é tipificado por uma norma, resta saber se este resultado ofendeu a sociedade, e se o Direito Penal está autorizado a agir, punindo a pessoa. Ou seja, o que deve ser compreendido como antijurídico (ação tipificada e desvalorada) para o Direito Penal?

A questão que interessa para esta discussão dogmática alia-se às hipóteses legais que excluem a antijuridicidade, limitadas e rigidamente previstas no ordenamento penal. Supomos a necessidade de se alastrar às hipóteses de exclusão, tendo em vista uma nova concepção de valores, que deva romper com a referência normativa atual, influenciada que foi pelo pensamento kantiano. Neste aspecto indaga-se: *será possível, portanto, considerar que o* ***Estado não devesse criminalizar*** *a conduta do sujeito que vende drogas, tendo em vista a* ***sua condição socioeconômica****, que lhe impulsiona a prática deste comércio, considerado ilegal, isto é, típico, antijurídico e culpável, posto que o dano não deva subsistir somente pela existência da conduta tipificada e sim por um concreto dano social, aliada ainda a real intenção do sujeito (obter recursos)?*

Espera-se, pois, a aceitação positiva de não se considerar a antijuridicidade, enquanto elemento do conceito de crime, como um conceito estável, já que longamente aceito e aplicado sem que se questione a sua legimitidade e influência filosófica.

2.3. A apropriação jurídico-penal para a consolidação do racionalismo punitivo

Diante das colocações abordadas anteriormente, encontramos em determinadas reflexões jurídicas, de matéria penal, as bases históricas e filosóficas da interferência kantiana no Direito Penal brasileiro, que legitimaram e ainda legitimam a aplicação do ordenamento jurídico visando a punição, considerando a ofensa dos valores culturais e sociais guardados pelo Estado. Nesse aspecto, pode-se destacar o verdadeiro fundamento da pena de prisão, contrariamente ao difundido pela Escola Positiva, isto é, aplicar a pena pelo fato de ter havido uma ofensa social grave, de cunho moral e ético. E esta justificativa não inclui a ressocialização, mas simplesmente a reparação, e quando não possível a privação de liberdade, como um bem que pode ser apreendido pelo Estado, como apontado por Zaffaroni e Pierangeli.

Nesta singular análise, elencam-se abaixo as contribuições teóricas que destacam a influência de Kant na formulação do conceito de dano social, incluído na antijuridicidade:

> a) Na concepção ontológica de Welzel, o bem jurídico conserva seu sentido de objeto de proteção da norma, tal como no neokantismo, mas se vê substituído, em grau de preferência, pelos chamados valores ético-sociais[18].
> b) A premissa do neokantismo não é muito diferente da dos positivistas, sustentando a completa separação entre conhecimentos puros (*a priori*) e conhecimentos empíricos (*a posteriori*), tanto que Welzel chegou a chamá-lo de "teoria complementar do positivismo jurídico". (...) O neokantismo leva em consideração, para atingir esse desiderato, a dimensão valorativa do jurídico; (...) O direito é uma realidade cultural, ou seja, uma realidade referida a valores. (...) O neokantismo ganha contornos mais definidos, basicamente, com Rudolf Stammler, recebendo novos delineamentos com a contribuição de Del Vecchio e Radbruch[19].

> c) A metodologia neokantiana, que ao lado das ciências naturais e da matemática estabeleceu as "ciências do espírito" ou "culturais" como essencialmente referidas a valores, nelas incluindo a ciência do Direito (Stammler, Rickert e Lask, em nível jurídico geral, Radbruch, M. E. Mayer, Sauer e, em especial, Mezger, para o Direito Penal), não se contentou com a descrição externa das características do delito, procurando explicá-las a partir do seu significado valorativo. A antijuridicidade apareceu, então, como juízo de desvalor sobre o fato. No entanto, não se abandonou o ponto de partida objetivista do positivismo...[20].

18. Tavares, Juarez. *A teoria do injusto penal*. Belo Horizonte, Del Rey, 2002.

19. Bitencourt, Cezar Roberto. *Tratado de Direito Penal*: Parte Geral. volume 1. 8ª edição, São Paulo, Saraiva, 2003.

20. Puig, Santiago Mir. *Direito penal. Fundamentos e teoria do delito*. São Paulo, Revistas dos Tribunais, 2007.

d) Para Kant, os direitos subjetivos eram averiguados através dos direitos morais. Se o imperativo categórico (dever moral) nos obriga a respeitar o outro como fim em si mesmo, a partir deste dever descobrimos o direito subjetivo a ser considerado, como fim em nós mesmos. Quando o dever moral do outro deixa de ser garantido pelo Estado, desaparecerá o direito subjetivo a exigir o respeito de fim em sim mesmo que nos assiste. Por isso Kant negava a possibilidade do direito de rebelião e resistência, o que se adequava à sua posição favorável ao despotismo ilustrado[21].

Os movimentos teóricos apresentados anteriormente, que ilustram a preponderância filosófica da estética social, deflagrada por Kant, ao reformular as concepções meramente dogmáticas do positivismo, nos concedem instrumentos relevantes para questionarmos as bases fundantes da concepção jurídica da antijuridicidade, produzindo possivelmente, o surgimento de novas referências teóricas e uma nova prática penal para o futuro, baseadas na realidade e no humanismo.

A ideia de razão para Kant sustentou, para o mundo ocidental, os fundamentos de um Estado Democrático e Constitucional, estruturado por pensamentos republicanos, mas que, em verdade, expressam um conteúdo ideológico fortemente marcado pelo conservadorismo burguês europeu, que legitimou as políticas de controle social sobre o mais fraco, eis que sempre foram considerados os mais "perigosos", "imorais" e "estranhos". É na contramão deste modelo filosófico que Jean Paul Marat, no século XVIII, sustentando o contratualismo, defendeu um trabalho que denunciava a necessidade de um contrato mais concreto, isto é, que o Estado possuísse deveres para com o cidadão, e não somente este. Infelizmente autores como Marat não se tornaram expressivos, o que demonstra a tendência histórica de se efetivar a cristalização das teorias punitivas baseadas na moral.

Contextualizando a linha teórica que consagra a integração entre a filosofia e o direito, percebemos na atualidade que várias foram as estratégias de se fortalecer o discurso juírido-punitivo (teorias causal e final), baseadas ora na responsabilidade objetiva, ora na responsabilidade subjetiva. Prosseguindo nesta perspectiva reflexiva, surge ocidentalmente, mais

21. Zaffaroni, Eugenio Raúl. *Manual de Direito Penal Brasileiro, Parte Geral.* 2ª edição, São Paulo, Revista dos Tribunais, 1999.

uma vez na Alemanha, o discurso sobre a imputação, ora considerando a objetividade do risco pelo resultado (Roxin), ora considerando a proteção da norma, segundo os papéis sociais incumbidos ao cidadão (Jackobs). Estas são, no momento, as principais tendências teóricas em debate.

CAPÍTULO 5

A pena de prisão na contemporaneidade

1. A Legitimidade do Estado na aplicação da pena de prisão

O DEBATE sobre legitimidade e legalidade, no cenário político das sociedades contemporâneas, ganha reforço no momento em que está em jogo a proteção de determinado bem. No caso do Estado, em se tratando de legitimidade para agir em nome da sociedade, visando proteger os cidadãos, a legalidade deixa de ser um fundamental princípio para tornar-se uma necessária ferramenta da representação popular. A lei é o precedente determinante, a partir da modernidade, para que o Estado possa agir a favor dos cidadãos. Portanto, devemos nos referir a legitimidade e legalidade, em um Estado Democrático (Constitucional) de Direito, como as características principais da democracia representativa.

A construção da representatividade do poder político, a partir das contribuições de Hobbes, Rousseau e Locke, conduziu todo o movimento dos governos democráticos nos séculos XIX e XX[1].

O ideal político, isto é, aquilo que se chama *utopismo* do Estado Democrático, é a concretude da segurança e bem-estar dos indivíduos, que gera para estes, em primeiro momento, a confiança espontânea pela representação de seus bens e interesses, a ponto de se deixarem regular pelas leis

1. Dallari, Dalmo de Abreu. *Elementos da teoria geral do estado*. 25ª edição, São Paulo, Saraiva, 2005, p. 150. "Foram esses movimentos e essas ideias, expressões dos ideais preponderantes na Europa do século XVIII, que determinaram as diretrizes na organização do Estado a partir de então. Consolidou-se a ideia de Estado Democrático como o ideal supremo, chegando-se a um ponto em que nenhum sistema e nenhum governante, mesmo quando patentemente totalitários, admitem que não sejam democráticos."

que este Estado irá criar, como forma de melhor administrar as relações e seus decorrentes conflitos. Desta maneira, o resultado de todo este processo histórico é a conformação de que o condicionamento do cidadão está assentado na sua própria segurança e bem-estar. As ações do Estado deverão, de toda maneira, se dirigir para este fim, revelando o interesse maior pelo atendimento dos interesses de seus súditos. Mas, a consecução destes fins, visa interferir nos diversos interesses existentes e em constante conflito, e deve, desta forma, se expressar no interesse coletivo, e não no individual, por mais que o pleito seja bom para determinado cidadão. Assim é que temos a percepção da execução do pacto social.

Esse individualismo pode produzir exigências isoladas de um grupo privilegiado, cujas condições de vida exprimem desigualdade e indignidade, quando comparadas com os demais integrantes da sociedade, que demandam maiores necessidades. Vale dizer que, o poder político, desde o absolutismo, agiu em torno de interesses sectários, não se modificando com a consolidação dos estados modernos, pois é o que se percebe na trajetória da implantação da democracia moderna. Nesse passo, os conflitos, que são próprios de todos os grupos sociais, tendem a não serem controlados, mas sim intensificados, como resultado da não efetivação do atendimento dos interesses coletivos. Privilégios e potencialização das desigualdades têm sido a marca das sociedades pós-modernas[2].

Neste particular, é possível, pois, nos atrevermos a afirmar que está em curso, desde os seus primeiros anos de vida, uma crise quanto à prática da democracia no Brasil, como também em diversos outros países ocidentais, marcados pelo escravismo, salientando-se, em sentido mais amplo, que as ações dos governos não estão condizentes com as finalidades de um Estado democrático. Em termos formais, o modelo do Estado Democrático e Social de Direito deve estar contido na legislação interna, como ocorre no Brasil, na qual devem estar previstas as diversas normas garantidoras do cidadão, objeto principal do Estado. No caso do Brasil, as garantias dos principais direitos sociais, civis e políticos estão contidas na constituição desde o final

2. Hawls, John. *Justiça e democracia*. São Paulo, Martins Fontes, 2000, p. 81-82. "Como já observamos mais atrás, a estabilidade de uma sociedade bem ordenada não está baseada simplesmente na percepção de um equilíbrio de forças sociais cujo resultado é aceito por todos porque ninguém poderia obter melhor resultado por si mesmo. Ao contrário, os cidadãos as defendem porque têm boas razões para pensar que as suas instituições atuais estão em conformidade com a sua concepção pública efetiva da justiça.".

do último século, após o curso político e institucional deflagrado após o período de regência militar[3].

Os doutrinadores já resolveram a questão da diferença existente entre legitimidade e legalidade, mas o que pesa neste debate são as ações realizadas pelos agentes do Estado, autorizados por este através da lei, e da própria população quando a questão envolve conter a criminalidade. Talvez não seja necessário adentrar o mérito da discussão que envolve governo e Estado, isto é, se o governo é a burocracia e o Estado o próprio poder que deve ser reconhecido e protegido acima das contradições existentes neste ou naquele mandato, mas de superar se o próprio Estado tem o real direito de intervir violentamente contra o cidadão, quando o próprio Estado não cumpre sua parte no pacto social.

A existência de um crime violento na sociedade é motivo fácil para chamar a atenção de todos, principalmente daqueles que defendem a impunidade e ineficiência do sistema punitivo. O fato é que, diante da existência do crime, diversos mecanismos institucionais são deflagrados para atuar, sempre com base, seguindo a lógica do Estado Republicano, no ordenamento jurídico. Nesse passo, as ações de contenção do crime, que via de regra passam pela prisão – seja cautelar, seja definitiva –, passam a encenar os acontecimentos, e à medida que muitas destas ações são realizadas resulta o sentimento de segurança, isto é, para a população fica a expectativa de que os objetivos republicanos não estão sendo alcançados. O que se percebe, nas grandes cidades, é o contínuo discurso e o recrudescimento da criminalidade e uma atual progressão das reações violentas oficiais, apesar das edições normativas recentes de caráter humanitário que o Brasil adotou, já embutidas na sua norma interna maior.

Insta precisar, para fins pedagógicos, que o termo criminalidade não apresenta uma definição pacífica ou única, cabendo aos profissionais da

3. Morais, José Luis Bolzan de. *As crises do Estado e da Constituição e a transformação espacial dos Direitos Humanos*. Porto Alegre, Livraria do Advogado, 2002, p. 48. "Desta forma, percebe-se que o constitucionalismo se ressente, nos dias atuais, seja pela fragilização/fragmentação daquilo que ele mesmo "constituiu" e do qual se sustenta, o Estado, seja pela tentativa de apontá-lo como, ao contrário de sua ideia inicial e a partir do desenho que impõe, um instrumento impeditivo do desenvolvimento – econômico – apesar de resultante do projeto jurídico-político liberal-burguês, apesar de ter marcado o seu nascimento como instrumento de segurança e legitimidade social. Dito de outra forma, a crise constitucional se apresenta, na linha primordial para a presente discussão, desde fora, como processo de desconstitucionalização promovida pelo dito neoliberalismo"

área a sua elucidação, limitando ou ampliando o seu significado. Contudo, é possível considerarmos que o termo esteja relacionado à quantidade de crimes em um determinado espaço geográfico. Quando os estudiosos sobre o tema utilizam o termo o fazem diante de um contexto analítico, o que exige do intérprete a atenção sobre esta contextualização elaborada, para que possa apreender precisamente o significado do termo utilizado pelo expoente. Mas, em linhas gerais, a sua utilização está realmente mais vinculada à ideia de conjunto de crimes.

Entre o debate sobre legitimidade e legalidade estão, dessa forma, os conteúdos práticos, que dizem respeito às experiências reais vividas pelos cidadãos. Nesse sentido, o crime é algo que não se deseja, mas a sua constatação é objeto de reação social e leva o Estado a agir reativamente. A questão ocupa dimensão maior, no que tange à reação, quando esses crimes são de grande incidência, pois desperta a insegurança, frustração maior do histórico contrato social. O crime, nessa órbita, passa a ser o maior problema experimentado pelo cidadão, que tende a desconectá-lo do problema político da representação, na medida em que não vê este evento como algo vinculado às condições de vida da maior parte dos criminosos, que estaticamente fazem parte do grupo dos subanalfabetos, subempregados, subculturados etc.

Se o Estado visa proteger os indivíduos e a lei lhe concede os instrumentos necessários, a ocorrência do crime não deveria despertar somente o interesse pela reação, muito menos uma reação violenta, como ocorre atualmente com a aplicação desmedida da pena de prisão. Deveria estar em jogo a perspectiva de alteração do quadro social, isto é, a diminuição da criminalidade, mediante a efetivação de ações que produzissem uma verdadeira alteração na vida do sujeito infrator, o que poderia resultar num outro quadro do cotidiano, posto que o atual assusta tanto a população. Nesse sentido, o Estado deveria produzir políticas que atingissem a estrutura socioeconômica do sujeito vulnerável, que se dispõe a praticar um crime, do qual resultará, por costume das instituições de segurança, na pena de prisão. Este modelo de reação condiz com o dever assumido no pacto social moderno, que emoldura a legitimidade representativa do Estado, pois reflete a expectativa coletiva pela segurança efetiva, bem como propicia a adaptação do criminoso na vida social em uma sociedade capitalista, cuja autoestima na pena de prisão é reduzida drasticamente. O dever de atender aos interesses sociais é justificativa determinante para o Estado Republicano, e estende-se a todas as pessoas, e não somente a parte delas. Neste aspecto, o que resta evidente é a destinação de leis repressivas para uma população e leis protetivas para outras. O fato é que, as leis que reprimem e protegem atingem os dois grupos, de forma a torná-los opostos, em permanente conflito. Por esta acepção, o Estado torna-se simplesmente gerenciador de conflito, que ele mesmo alimenta[4].

2. A pena de prisão e as (dis)funções nos séculos XX e XXI: eficiência pela seletividade

Os denominados reformistas, contemporâneos do Iluminismo, defendiam um novo modelo do sistema penal, atribuindo ao homem um maior valor do que o vivido durante toda a Idade Média. Os postulados voltavam-se ao direito penal corretivo e ressocializador. Estas foram às contribuições consolidadas durante o processo de transição entre o absolutismo e a república. Contudo, os registros históricos demonstram as práticas inversamente propostas por estes reformadores, significando violências físicas e estigmatizantes irreversíveis, pondo por terra os objetivos propostos para a pena de prisão.

Atualmente, no Brasil, vivemos sob a égide de um ordenamento jurídico penal comandado por uma constituição humanista, direcionada para a proteção dos valores humanos, reconhecidos universalmente após a confirmação da Declaração Universal dos Direitos do Homem, estabelecida pela Organização das Nações Unidas, em 1948, embora a prática do sistema punitivo ainda esteja recepcionada pelas diretrizes medievais que impunham ao condenado o sofrimento como forma de sanção.

4. Zaffaroni, Eugenio Raúl. *Em busca das penas perdidas. A perda da legitimidade do sistema penal.* 5ª edição, Rio de Janeiro, Revan, 1991, p. 223 a 225. "O positivismo jurídico introduziu uma nova variante, ao pretender legitimar tanto as guerras quanto o sistema penal, mediante a sujeição de ambos à regulação: eram legítimos na medida em que fossem 'legais', que se ajustassem às leis. Dado que nem todas as guerras e sistemas penais se mostravam 'justos', os respectivos poderes passaram por cima de seus incômodos 'jusnaturalismos' e acabaram identificando 'legalidade' com 'legitimidade'... O sistema penal, por seu turno, passou a exercer seu poder seletivo burlando, de modo cada vez mais acentuado, as agências políticas que se limitaram a resmungar sua impotência diante da situação, sob a forma de teorias jurídicas propagadas pelas agências de reprodução ideológica (pelas universidades, escolas e faculdades de direito)... O sistema penal seleciona uns poucos inimigos políticos e os exibe como inimigos de guerra da maioria, é claro, também da minoria, que não precisa ser reprimida por esse mecanismo, salvo nos casos de dissidência, considerada perigosa."

As normas referentes à forma de cumprimento da pena de prisão estão previstas na Lei de Execução Penal (Lei nº 7.210/1984), advinda no mesmo momento da reforma da parte geral do Código Penal. Em seu art. 1º encontra-se a flagrante intenção humanista do Estado, no qual revela a sua induvidosa prática de formalização dos direitos:

> A execução penal tem por objetivo efetivar as disposições de sentença ou decisão criminal e proporcionar condições para a harmônica integração social do condenado e do internado.

A questão, pois, reside na efetivação destes direitos, eis que a realidade carcerária demonstra apenas segregação, ócio e adestramento, com módicos projetos de trabalho e educação, mantendo e sujeitando o condenado não às inversas do discurso ressocializador, o que acentua a sua brutalização.

Afora a ordinária inadimplência do Estado para com a execução penal, temos ainda um grande debate crítico, de cunho sociopolítico, sobre a concepção de ressocialização. *Seria a ressocialização apenas a correção do criminoso, ou poderíamos aferí-la como um termo impróprio, na medida em que todos os indivíduos encontram-se num mesmo contexto social? Seria possível não termos algum indivíduo socializado? E se o termo socialização fosse o mesmo que conviver obedecendo às regras, como poderíamos exigir este comportamento obediente daquele que não está incluído nas condições que caracterizam a dignidade humana de vida?*

A partir do ponto de vista legal, resultado do projeto do positivismo jurídico do início do séc. XIX, ou do ponto de vista humanista, resultado da influência dos diversos representantes críticos das ciências sociais, das ciências humanas, da Igreja, e do próprio direito, podemos delinear os contornos do atual sistema punitivo prisional, amplamente contraditório e estigmatizante:

> E se aquele processo histórico culminaria pela invenção da prisão, como Melossi e Pavarini por um viés e Foucault por outro relataram, a pena por excelência do capitalismo industrial, o quadro que hoje vivemos aponta para um futuro aterrorizante, onde a neutralização física dos criminalizados transitará do modelo, advertido por Agamben, do campo de prisioneiros ou refugiados (Guantánamo, o paraíso fiscal dos direitos humanos, distendeu as possibilidades deste modelo) à "sedação penal" profetizada por Joel Birman (não faltarão juristas para celebrar a "humanização" da injeção letal)[5].

5. Batista, Nilo. Pena pública em tempo de privatização. In: *Curso livre de abolicionismo penal.* PUC-SP/Revan, 2004.

Levando em conta tudo o que foi dito até aqui, não é difícil prever que, logicamente, a posse do poder e a exploração apresentam-se como os valores maiores, na comunidade intramuros. Se a disputa de tais valores ocorresse desorganizadamente, é claro que as pressões e conflitos daí decorrentes teriam caráter puramente desintegrativo e, em vez de dar lugar a um sistema, gerariam, apenas, um amontoado de homens em permanente luta, sem ordem e sem repouso[6].

Assim, o sistema penal é apresentado como igualitário, atingindo igualmente as pessoas em função de suas condutas, quando na verdade seu funcionamento é seletivo, atingindo apenas determinadas pessoas, integrantes de determinados grupos sociais, a pretexto de suas condutas[7].

O assombroso crescimento do número de presos na Califórnia, como no resto do país, explica-se, em três quartos, pelo encarceramento dos pequenos delinqüentes e, particularmente, dos toxicômanos. Pois, contrariamente ao discurso político e midiático dominante, as prisões americanas estão repletas não de criminosos perigosos e violentos, mas de vulgares condenados pelo direito comum por negócios com drogas, furto, roubo...[8]

A premissa maior da teoria da neutralização seletiva é a de que é possível identificar um número relativamente pequeno de delinqüentes (high risk offenders), concernente aos quais cabe determinar que têm sido responsáveis pela maior parte dos fatos delitivos e predizer, a partir de critérios estatísticos, que eles seguirão fazendo o mesmo. Desse modo, se entende que a neutralização ou incapacitação de tais delinqüentes – isto é, sua retenção em prisão pelo máximo período possível – provocaria uma radical redução do número de fatos delitivos e, por extensão, importantes benefícios ao menor custo[9].

A pena privativa de liberdade junta-se como aparato legal a controlar o tempo dos excluídos, pois apresenta a improdução como característica, ao contrário do que vemos no mundo dos incluídos, ou seja, que tem o trabalho na base. Para os incluídos, seu tempo, por ser de produção, mostra-se acelerado, seguindo as regras do mercado, enquanto "os outros" – milhões de pessoas, que vivem abaixo do limiar de pobreza ou que estão nos cárceres

6. Thompson, Augusto. *A questão penitenciária.* 3ª edição, Rio de Janeiro, Forense, 1991, p. 80.

7. Batista, Nilo. *Introdução crítica ao direito penal brasileiro.* 5ª edição, Rio de Janeiro, Revan, 2001, p. 25-26.

8. Wacquant, Loïc. *As prisões da miséria.* Rio de Janeiro, Jorge Zahar Editor, 2001, p. 83.

9. Sánchez, Jesús-María Silva. *A expansão do direito penal. Aspectos da política criminal nas sociedades pós-industriais.* São Paulo, Revista dos Tribunais, 2002, p. 131.

> – têm seu tempo na contramão do mercado, pois se mostram desacelerados e dirigidos à estagnação[10].

Ainda no tocante aos questionamentos sobre a pena de prisão, Ataliba Nogueira, em sua obra *Pena sem prisão*[11], publicada pela primeira vez em 1938, ilustra os espaços públicos e privados, com sua assertiva crítica contra a pena de prisão, sendo forçoso reconhecer seu ímpeto científico inovador diante de seu tempo, vez que existia clima altamente favorável e quase irresistível a favor do aprisionamento:

> Já é mais que notório o desencanto da pena de prisão. Ainda assim os que lhe reconhecem a falência não se mostram inteiramente desenganados, pois os substitutivos com que pretendem ocupar o seu lugar, vêm todos contaminados de vícios e defeitos próprios da prisão celular.

A sociedade brasileira acompanha de longa data as mazelas existentes nas carceragens dos presídios, que também estão presentes nas delegacias de vários estados brasileiros. Excepcionalmente o Estado do Rio de Janeiro possui um sistema diferente implantado ao longo da década de noventa, denominado Delegacia Legal. Neste sistema, que exigiu um esforço para a adaptação dos policiais civis, o fato é registrado em um computador interligado com a Secretaria da Segurança Pública, que está em rede com todas as delegacias. Em apenas algumas cidades do Estado não há o modelo novo de delegacia, mas o avanço foi surpreendente.

As Delegacias Legais não possuem carceragem para o acautelamento do preso, devendo ser este encaminhado para uma das Casa de Custódia, conforme previsto em lei (Lei nº 7.210/1984). Neste novo modelo, o preso deve permanecer por algumas horas, até que seja transferido para a unidade provisória pertencente à Secretaria da Administração Penitenciária. Todavia, considerando a ausência de vagas nas Casas de Custódia, é comum presenciarmos pessoas presas por dias, semanas ou meses. Comprova-se, nestes termos, que o número de presos é bem superior ao número de vagas, e que as instâncias oficiais de criminalização estão alimentando cada vez mais o sistema penitenciário.

10. Moretto, Rodrigo. *Crítica Interdisciplinar da pena de prisão. Controle do espaço na sociedade do tempo*. Rio de Janeiro, Lumen Juris, 2005, p. 104-105.

11. Nogueira, Ataliba. *Pena sem prisão*. 2ª edição, São Paulo, Saraiva, 1956.

Este cenário do sistema penitenciário é revelado pelas pesquisas realizadas por institutos oficiais[12], que revelam um total de aproximadamente 400 mil presos no Brasil neste final de década, quando no início deste mesmo período o número representava a metade deste valor. Nas cidades como Rio de Janeiro e São Paulo a concentração é a maior de todos os outros estados. Para melhor depuração analítica podemos confrontar os dados referentes ao Rio de Janeiro. No início da década de noventa o quantitativo de encarcerados representava um total de 9 mil presos. No ano de 2005 este número apresentava um significativo diferencial, pois o total de encarcerados gravita na ordem de 23 mil presos, somente nas unidades prisionais, posto que havia ainda aproximadamente 4.800 presos nas delegacias. Em termos de comparação, o Estado de São Paulo representa o maior encarcerador do Brasil, pois os registros apontavam um total de 140 mil presos no ano de 2005, um acréscimo de mais de 100 mil presos em relação ao Rio de Janeiro.

Note-se que, neste quadro dramático deve ser acrescido o déficit de vagas existentes em todos os estados, sendo a situação bem mais crítica nestes dois estados brasileiros, onde a concentração representa quase a população de uma cidade de porte médio.

Indubitavelmente, na realidade penitenciária do Brasil, e de quase todos os países, o cárcere denuncia a sua própria falência, não havendo motivos para considerar este método como um instrumento de mitigação da criminalidade. Os efeitos são inúmeros, porém não se pode afirmar se existe algum que compense todo o mal criado sobre o sujeito e sobre a sociedade. A privação da liberdade torna-se, apenas para os que não aceitam esta experiência, mesmo que pratiquem crimes, uma depreciação humana. Por este motivo, o cárcere está destinado, desde a Idade Média, a alguns membros da sociedade, como forma de controle a distância. Diversos são os exemplos de pessoas de classe média ou rica que, mesmo com a autoria e materialidade comprovadas, deixaram de viver esta experiência, e que não admitiam saborear este amargo método inquisitorial. Mas este não é um privilégio para todos, pois, para alguns, é o melhor "remédio", senão, um exemplo de perdão, que a sociedade confere ao criminoso pobre e não branco. O cárcere é a simples medida da negação da dignidade humana, herança de um sistema aristocrata, discriminatório e desigual.

12. Relatório Nacional sobre os direitos humanos no Brasil. Ministério da Justiça e USP, 2006.

3. Segurança Pública: da proteção à inclusão

Em tempos pós-modernos, afirmam os analistas, é incontestável a busca da política governamental por equilíbrio econômico, como forma essencial de estabilidade de governos e a capacidade de sobrevivência de um povo. Nesse sentido, invariavelmente, os planos nacionais estão emoldurados pelo bem-estar da economia, como verdadeiros tranquilizantes, assim considerados por grande parte dos analistas. No Brasil esta também é uma realidade.

A trajetória do Brasil, a partir da democratização política (devemos considerar a possibilidade de ainda estar em curso o processo de democratização do país, visto as ações de controle social e de ordem pública executadas violentamente contra inúmeros grupos sociais, como os trabalhadores rurais, camelôs, moradores de favela, adolescentes em situação de rua etc.), tem sido direcionada para a efetivação dos direitos sociais, mas, o que se percebe, é que esta direção está sendo determinada, fundamentalmente, para a macroeconomia, ou seja, para o equilíbrio das finanças públicas, estabilidade e fortalecimento da moeda nacional, aumento do poder de compra, aumento do superávit público, entre outros diversos objetivos inerentes, que primam pelos resultados dos setores privados da sociedade, como ocorre desde a época da colonização.

A Constituição de 1988 refletiu a conquista das demandas sociais da população, notadamente as referentes às necessidades básicas da vida humana, conforme ressai de seu art. 5º (neste artigo encontramos enumerados os direitos primordiais de um cidadão). Esta conquista da formalização dos direitos fundamentais, inserida na Carta Magna, não foi obtida pelo simples interesse das Casas Legislativas, mas de num ambiente de participação política poucas vezes presenciadas no Brasil, ou seja, diversos foram os setores populares que se insurgiram contra o poder político ditatorial, presente no Brasil desde a década de sessenta, e que contribuíram para fortificar o cenário democrático, concedendo-lhe autêntica legitimidade política.

Paralelo ao movimento de consagração dos direitos fundamentais, segundo o parâmetro dogmático constitucional, percebe-se a instauração de um projeto político nacional, de segurança econômica, a partir da década de noventa, destinado a tornar o Brasil um país de grande potência produtiva, moderno e comparável tecnologicamente aos países desenvolvidos. Então, a fim de possibilitar a garantia de melhores condições de vida do cidadão, ou seja, a efetivação da realidade igualitária, tornou-se necessário, *a priori*, a implementação de políticas econômicas que se convertessem em resultados concretos, que a médio e longo prazo revelariam ser as melhores medidas para um novo quadro nacional, tendo em vista o decadente processo inflacionário instalado por mais de quinze anos. Portanto, as metas estabelecidas seriam o meio necessário para que todos pudessem sentir os benefícios da nova era que se propugnava.

O que notamos, ao longo da década de noventa, em verdade, foi a imposição de planos econômicos voltados às metas pautadas pelos poderosos ministros da Fazenda, que acentuaram a estabilidade e o fortalecimento da moeda como os prioritários mecanismos de superação das dificuldades do Brasil, bem como o recrudescimento das práticas criminalizantes, que resultaram na superinflação da população carcerária, sob a justificativa do crescimento da criminalidade e do medo social, presente nos discursos midiáticos e no (in)consciente coletivo.

Desde a vigência dos discursos técnicos sobre os temas macroeconômicos, realizados pelos inúmeros especialistas e tecnocratas da política socioeconômica, o povo brasileiro aguarda por melhores dias. A questão, em seu cerne, encontra, neste aspecto, peculiar pendência: os dias melhores são aqueles em que o cidadão goza dos benefícios de seu trabalho rentável, ou quando se sente seguro em sua comunidade? Estas são, *grosso modo*, as duas buscas mais evidentes do cidadão brasileiro, e, particularmente, do cidadão residente nas grandes cidades. Este pode ser o paradoxo do atual momento!

A cidade, lugar de convivência plural, onde o trabalho deveria ser exercido por todos, e o lazer disponível às crianças e aos idosos, tornou-se um espaço limitado, de pouca segurança, de altíssimo medo, e de desconfiança contínua. Este drama é notícia diária, veiculada pelos vários veículos de comunicação. O medo não é uma questão presente, ou própria, da pós-modernidade, mas é algo que acompanha todo o processo civilizatório, mas que se constata na atualidade como algo terrível que faz parte da vida de toda uma população que se encontra ameaçada, especialmente nos grandes centros, como São Paulo, Rio de Janeiro, Porto Alegre, Belo Horizonte, Recife, entre outras. Realmente estas, como outras cidades, converteram-se em palco de violência policial, em face da ocorrência de inúmeros roubos e furtos, diversos homicídios, sequestros, exploração sexual, tráfico de pessoas, entre outros crimes. Verificam-se nos quadros abaixo, divulgados pelo Ministério da Justiça, as taxas de criminalidade em cidades brasileiras, sendo o Quadro "A" referente à alta criminalidade, e o Quadro "B" à baixa criminalidade:

A-Crimes letais intencionais: 2004 e 2005

(Cidades brasileiras com altas taxas (acima de 500) de incidência destes crimes)

Cidade	2004	2005
Rio de Janeiro	2631	2235
São Paulo	3556	2726
Recife	945	903
Belo Horizonte	1228	1057
Curitiba	686	841
Salvador	855	923

B-Crimes letais intencionais: 2004 e 2005

(Cidades brasileiras com baixas taxas (menos de 30) de incidência destes crimes)

Cidade	2004	2005
Petrópolis	23	30
São Caetano do Sul	10	06
Uberaba	15	12
Juiz de Fora	16	07
Barbacena	06	04
Barretos	13	09

Portanto, nas chamadas metrópoles, instalou-se no imaginário social a "cidade do medo", como um espaço sem lei, sem ordem e sem segurança. E este cenário é construído e mantido diariamente pelas mídias no Brasil. Dessa forma, a questão da criminalidade ocupou os planos de governo, como algo que precisa ser revertido a qualquer custo, de forma imediata e eficiente. O problema que se identifica está justamente nas ações reativas dos governos destas cidades, que empregam, como regra, a ação policial como o instrumento oficial e ordinário. Todavia, as medidas que sempre foram praticadas não revelaram os resultados anunciados.

Nesta abordagem sobre determinadas cidades brasileiras e o cenário político nacional, resta evidente um contraditório avanço da capacidade financeira do país, e uma decrescente qualidade de vida de grande parte dos brasileiros, que se empenham para cumprir as suas necessidades mais básicas, mas que, por outro lado, fazem parte de uma sociedade altamente contraditória, na qual a bases humanistas não estão presentes. Resulta, pois, que o desenvolvimento econômico, as experiências científicas, o enriquecimento do país, e os fracassos de modelos governamentais de controle social do crime, não são suficientes para transformar a realidade existente. Os problemas acerca da criminalidade urbana ultrapassam os dados oficiais sobre o controle da inflação e os registros de prisões e apreensões realizadas pela polícia. Possivelmente, o problema da criminalidade exige um agir estrutural, em que a vida deve ser transformada, para melhor, e a prevenção se torne o eixo político prioritário em qualquer política de segurança pública.

Se a grande parte da população carcerária possui características em comum, como por exemplo o analfabetismo, o desemprego, a etnia e a participação em crimes patrimoniais, incluindo-se também neste último aspecto os crimes relacionados à venda de drogas, pois o principal motivo da participação dos jovens é a alta quantia dos pagamentos feitos, torna-se crucial a identificação dos motivos que levam o sujeito ao cárcere, desde a política criminalizante adotada pelo Estado, às razões das escolhas destes sujeitos. É preciso considerar que nas grandes cidades existem problemas reais sobre a condição de vida de inúmeras pessoas, como por exemplo o problema habitacional, visto que, por não terem opção melhor, ocupam áreas de riscos, ruas, praças e vários outros lugares impróprios para uma moradia digna.

O que se percebe de fato, visto este grande número de pessoas residindo em locais incompatíveis com a condição cidadã do indivíduo pós-moderno, é que, além deste problema crucial, existem outros tão graves quanto, assim o desemprego, a fome, ausência de assistência à saúde, entre outros direitos básicos e fundamentais, como a educação, que serve de instrumento de ascenção social e financeira. Neste aspecto, o Brasil é um país marcado pela desigualdade social, cuja contradição se revela no acesso de poucos à saúde e à educação privada, além dos altos índices de consumo de produtos não fundamentais.

A demanda por segurança e controle repressivo do governo, realizada nos discursos impregnados pelo "medo social", ocorre sempre contra aquelas pessoas que vivem com intensa dificuldade, e que são estigmatizadas como perigosas, sendo estas as mesmas que precisam de mais atenção dos governos, em razão das carências materiais. Esta é a relação que se faz entre as taxas de criminalidade e as ações repressivas contra pessoas de determinados grupos sociais, e que se denomia "criminalização da pobreza".

Quando se relaciona a condição de vida de quase metade da população (pobres e indigentes), segundo dados do IBGE, com o processo criminalizante implantado no país, constata-se que são sempre as mesmas características pessoais, isto é, pessoas com escassa ou nenhuma educação, desempregados ou subempregados, não brancos e pobres. Este indício coincidente de dados significa que talvez seja preciso reinventar o projeto nacional, para que pessoas sejam tratadas como pessoas, e que possam imaginar um futuro verdadeiramente humano, não sendo eternamente desprezadas pelo simples fato de não atenderem ao padrão da elite brasileira. Crianças e adolescentes devem estar no processo de aprendizagem de qualidade, para que possam ter expectativa profissional, como um cidadão que visa desempenhar seu papel na dinâmica econômica, e não na rede do tráfico internacional de drogas, como um simples soldado descartável e facilmente substituível por outro mais novo e inexperiente.

Mas a pintura feita nos dias atuais, sem nenhum aprofundamento técnico deste debate, revela melhor a sensação financeira dos cidadãos, e ergue-se no Brasil um panorama positivo, com aceleração da economia e ascendente saldo das contas, salvo alguns episódios internacionais que incomodam este curso macroeconômico.

Dialeticamente, evidencia-se ao mesmo tempo, especialmente ou somente nas grandes cidades, um alardeamento midiático sobre a questão da criminalidade, no qual a cidade do Rio de Janeiro assume posição ímpar, apesar de São Paulo possuir taxas bem mais elevadas. Para os cidadãos da cidade do Rio de Janeiro, segundo a visibilidade massacrada pela mídia, não existem "dias melhores" nesta cidade, havendo, pois, forte sensação de insegurança. Torna-se forçoso refletir, diante destas mensagens de "fim dos tempos", sobre estes acontecimentos midiáticos, que são as principais estimuladoras do debate sobre a insegurança nas grandes cidades. Nesse sentido, os cidadãos passam a considerar a insegurança como a questão mais importante entre todas, preterindo exigências pontuais como educação e saúde pública. Por vezes, o tema segurança assume papel mais importante que o equilíbrio das contas públicas e privadas, visto que não mobiliza tanto as pessoas, mesmo pertencendo à classe média. O futuro da economia é substituído pelo presente da segurança pública.

Como abordado nas linhas anteriores, a questão econômica foi no Brasil o principal motivo de atenção dos setores políticos organizados, os quais incentivaram a presença do cidadão para protestar por efetivos mecanismos de contenção do processo inflacionário. Passado este clima, ao final da década de noventa, o país enfrenta hoje um movimento político, que não quer dizer organizado, direcionado à questão da criminalidade, enquanto o "pior momento" do Brasil. Os discursos realizados, proferidos pelas vítimas e seus representantes, bem como por jornalistas e políticos, dão um diagnóstico da situação das grandes cidades, especialmente as do Rio de Janeiro e São Paulo, como um quadro de guerra, pior ainda que os existentes nos países que integram Oriente Médio, onde os conflitos armados ocupam os mais variados espaços públicos e que não revelam taxas de vitimização como nos estados brasileiros.

A luta por justiça, sob o argumento dos "dias difícieis" – traduzidos como guerra urbana nas grandes cidades do Brasil, conforme visualizado nos mais variados meios de comunicação – está redirecionando as ações políticas no Brasil para que se promova uma integração entre as polícias, maior incentivo às técnicas de segurança privada, constante reaparelhamento dos recursos materiais e formação de tropas especiais das polícias. Esta atmosfera do pânico converteu-se na prioridade destas cidades, fazendo com que a segurança pública se tornasse o tema mais importante sobre todas as demais políticas governamentais, mais até do que a saúde e a educação. Basta analisarmos o destino da verba orçamentária prevista para cada Secretaria e os espaços midiáticos ocupados por estes temas.

Essa luta é operacionalizada também por grupos organizados que representam a dor das vítimas dos mais variados crimes, notadamente os resultantes dos confrontos policiais contra os jovens vendedores de drogas, que se localizam nas favelas. O caso da cidade do Rio de Janeiro é o mais paradigmático, pois estas comunidades localizam-se em pontos elevados da cidade (morros), e os conflitos se transformam em espetáculos de horror, visíveis por inúmeras pessoas, que não estão efetivamente no local do conflito, mas sim nos arredores (bairros vizinhos). As ações conflituosas também ocorrem por motivo de disputas entre os vários grupos (facções como "comando vermelho-CV", "amigos dos amigos-ADA", "comando jovem", entre outros) que realizam o comércio varejista, visando o gerenciamento do ponto de vendas, denominado "boca".

Essas vítimas, muitas vezes da tragédia rotulada como "bala perdida", fazem coro por dias mais seguros, para que seja possível viver sem medo. O fato é que, diante destas reações populares, os agentes de segurança reforçam as medidas de controle e repressão, aumentado ainda mais o número das incursões nas favelas e das ocorrências fatais, o que não vem apresentando qualquer resultado esperado pela sociedade (salvo as apreensões de poucas armas, pequenas quantidades de drogas e prisão e morte de vários jovens). Em nome desses dias melhores, que se espera chegar, eliminam-se jovens cooptados pelo comércio de drogas, policiais que acreditam que o uso da força é a solução, crianças e adultos inocentes, bem como o valor cultural do termo comunidade. A cada ano crescem as estatísticas de mortes e prisões em decorrência da venda das drogas, cujo resultado decorre, fundamentalmente, do apelo emocional do cidadão "ameaçado", isto é, da violência oficial legitimada. Este processo já demonstrou por muito tempo que a violência e a truculência oficial não responde pelas indagações impostas ao longo da história. Escolher vender drogas e não ir à escola não é uma questão de violência oficial armada. Exige-se, enfim, um repensar honesto sobre as condições de vida de inúmeras pessoas deixadas "de lado" que optam por praticar estes delitos patrimoniais, num país onde a corrupção na política e nos órgãos públicos não resulta em ações tão contundentes da polícia, e quando ocorrem estas ações o tratamento judiciário é diferenciado, resultando na maioria dos casos em absolvição dos acusados. Assim, resta evidente que a prisão não é lugar para qualquer pessoa.

O que representa esta luta por justiça é o sentimento de cidadania das pessoas que assumiram o compromisso por mudar o quadro violento nas cidades, buscando pressionar os governos e construir uma sociedade harmônica (grupos pela paz). Dessa forma, os postulados apresentados manifestam uma insatisfação contra os mecanismos jurídicos de controle da criminalidade, exigindo, por consequência, mais rigor contra os "criminosos". No entanto, esses grupos de vítimas direcionam a luta por justiça contra determinados criminosos, sendo estes os responsáveis pelo clima de insegurança, ou de "dias ruins", e que são basicamente aqueles que fazem contato direto com as pessoas nas ruas da cidade, ou seja, os infratores patrimoniais, que se lançam contra os bens das pessoas, praticando, com isto, por vezes, violências que chegam ao homicídio.

Os envolvidos no comércio de drogas também são objeto desse sentimento de reação, pois diariamente estão resistindo às ações policiais nas favelas, com tiros disparados com armamento pesado. Mas, os responsáveis por crimes financeiros nos órgãos públicos não chegam a incomodar tanto, a ponto de não produzirem um sentimento de reação, capaz de mobilizar grupos populares. Na verdade, nem mesmo nos grupos existentes percebe-se a manifestação de indignação por esses crimes. O problema está restrito a um grupo social caracterizado por aspectos sociais nítidos: pobres, não brancos, analfabetos, desempregados e mal estabilizados familiarmente, e geralmente jovens. A política criminal repressiva deve, portanto, agir contra esses segmentos, o que representa uma contundente política de segregação, visto que a questão deve ser resolvida mediante o uso da força.

Desta forma, é possível perceber que as pessoas que se influenciam pelos setores comunicativos, para "lutar contra o crime", através de pregações emocionadas e politizadas, se unem para uma mobilização inquisitorial, preconceituosa e desigual, contra determinadas pessoas que são completamente invisíveis para os governos "democráticos", isto é, há um processo de alienação massiva em curso no qual o principal objetivo é massacrar pessoas. Portanto, a máxima operacionalizada é a de enfrentarmos a violência com violência, pois fazem acreditar que vivemos em situação de guerra, desordem e caos, o que justifica a reação oficial programada para a eliminação, mesmo que os discursos sejam o da proteção e do respeito aos direitos humanos.

As pessoas que são os alvos das posturas hipócritas da população assustada e das reações policiais, certamente não se encontram no mesmo ritmo de vida daqueles que vêem uma luz ao final do túnel, pois para estes as suas vidas nunca deixaram de ser as mesmas (miséria), e não deixarão de ser por esforço do governo ou dos concentradores da riqueza deste país. A superação das dificuldades nas vidas dessas pessoas depende delas mesmas, pois não há uma mobilização social para a satisfação de seus interesses básicos, que os incluíram socialmente. Talvez por esses motivos estejamos diante de pessoas que realmente não valoram a "ordem" e o "progresso", nem mesmo o sentimento de cidadania, pois para estes tais objetivos não são para todos, e suas vidas se resumem numa questão de fazer o máximo para viver o menos ruim possível. E, de fato, não existem mobilizações sociais para reformular este quadro pobre no país, onde apenas um percentual abaixo de 10% está nas universidades, onde os hospitais públicos são ineficientes, onde as escolas são precárias e onde o sistema carcerário abriga mais de 400 mil pessoas. Um país que prende tanto não pode estar fazendo o melhor para que se evitem os crimes patrimoniais e de comércio de drogas.

Apesar da visível miserabilidade de vida existente nas favelas, especialmente na cidade do Rio de Janeiro, clama-se diariamente pelas incursões violentas das forças do governo, através dos policiais militares. O governo rotineiramente se faz presente desta forma, demonstrando que na favela encontram-se a desordem, os criminosos e a causa do medo urbano. Parecemos aplaudir a violência quando é ela que nos faz sentir insegurança. Mas, efetivamente, sem nenhuma dúvida, o que a polícia está reprimindo é um grupo de pessoas miseráveis e jovens, e também violentas, que receberam as drogas e armas, por meios conhecidos e ilícitos, e que estão comercializando aquilo que alguém quer: a droga para o consumidor de drogas. Por que combater quem vende e proteger quem paga?

Sob esta áurea violenta, as cidades implementam medidas falíveis contra a criminalidade, devendo, por responsabilidade coletiva, haver um sério debate sobre as políticas de segurança, para que não estejamos analisando, diariamente, a insegurança promovida e incentivada pelo próprio cidadão "inseguro", realizada por um governo dito democrático constitucional de direito. O que deve ser pautado, no que tange às políticas públicas de segurança, são as medidas preventivas do crime, especialmente as preventivas gerais.

Diante do quadro social analisado, a proposta que ora se apresenta pretende dar um giro radical nas ações governamentais: deixar de agir somente sob o fundamento da proteção para iniciar a implantação de um novo modelo de prevenção do crime: a **inclusão social**. O discurso da proteção certamente está gerando medidas violentas, mas não dissuasórias do crime. Contudo, o que já foi sinalizado há longa data, por diversos setores sociais, é a existência de uma histórica desigualdade social, em um país no qual a abolição da escravidão superou somente 100 anos, mas que constatamos as mesmas verdades no cotidiano das favelas e periferias, havendo apenas um novo momento e uma nova roupagem política.

Entretanto, não se admite que as práticas repressoras são dirigidas, via de regra, para espaços urbanos onde estão concentradas as classes populares de baixa renda. Mas, contrariando o discurso conservador em voga, tais práticas não levam em conta a proteção das pessoas destas áreas, pois trata-se de uma tática de combate, semelhante às empregadas nas guerras de grande porte. Quanto às drogas, existe a repressão contra aqueles que realizam o comércio ilegal de drogas, mas, por outro lado, o seu consumo é paternalizado (até certo ponto despenalizado, pois a prisão não é considerada a melhor resposta para o consumidor, apesar de sustentar o comércio ilegal), por tratar-se de uma questão de saúde pública. Ou seja, o consumo é uma questão de saúde individual e pública, mas a venda uma questão jurídico-punitiva. O consumidor que sustenta e justifica a existência do comércio é considerado um "enfermo" e o vendedor um inimigo. Seria, neste aspecto, necessário compreender que a venda é uma questão socioeconômica e não uma questão de desvio patológico ou moral, como etiquetado pelo positivismo jurídico. De fato, a venda da droga é uma atividade de venda considerada punível pela legislação, como foi um dia o consumo, e que deixou de ser em face das influências científicas que alertavam o legislativo sobre o descabimento da pena de prisão para o usuário ou dependente.

Contesta-se, pois, o modelo de intervenção estatal, que adota a pena como regra e a eleição de determinados crimes que precisam ser combatidos com a repressão, quando historicamente se tem visível a falência desses modelos. A repressão é incompatível com as origens da criminalidade e a pena de prisão incompatível com a condição natural do ser humano. O próprio direito penal, via de regra, só aparece quando o bem jurídico já foi tutelado, diferentemente do que se leciona nos cursos, como sendo a sua missão à tutela dos bens jurídicos.

Algumas medidas de inclusão social que poderiam demonstrar um novo panorama, tanto para os que não se encontram vivendo amplamente, posto que convivem com o drama do conflito armado e da ausência de segurança econômica, como para os que vivem com medo, são:

a) aumento de vagas nas escolas públicas e atividades recreativas, produzindo um regime de integralidade, que inclua a alimentação;
b) inúmeras áreas de lazer e orientações para treinamento contínuo, realizadas por profissionais especializados;
c) forte investimento em habitação para os que desejam morar em imóveis bem estruturados;
d) regulamentação das atividades informais, afastando a repressão aos ambulantes, considerando a impossibilidade de emprego formal para todos os cidadãos;

e) efetivo combate ao comércio transnacional de armas e drogas, bem como ao comércio interno de armas ilegais. Descriminalização da venda de drogas e ampla campanha contra o consumo, que inclua as escolas, os meios de comunicação, a igreja, a família etc.;
f) transformação das unidades de internação para adolescentes e dos presídios em centros educacionais e profissionais, incentivando ao máximo o fortalecimento da cidadania.

CAPÍTULO 6

O papel do Estado e os direitos fundamentais

O TEMA em questão visa apresentar uma análise crítica dos papéis dos Estados Democráticos, no tocante à premissa maior que revela o princípio da legitimação administrativa, ou seja, a sua condição de gestor de interesses públicos, sustentado pelas bases da República Democrática, Constitucional e Social de Direito. Podemos afirmar, sem medo de controvérsias maiores, que o Brasil é um grande exemplo deste modelo, tendo em vista que desde o início da década de noventa as razões e os fundamentos de suas políticas internas tiveram por fim, pelo menos teoricamente, a satisfação das necessidades do povo.

Esta análise adentra o debate acerca da concepção de Estado Democrático, a fim de sugerir uma possível relação entre um Estado não Social e um Direito Penal Seletista, na medida em que este se declina, em grande medida, diante dos pleitos minoritários, atuando contra as garantias fundamentais consignadas na Constituição Republicana brasileira, conquista pós-autoritarismo militar no Brasil, resultado, pois, de uma luta histórica contra os interesses de pequenos grupos abastados da sociedade.

Sendo atraídos pelos discursos emocionais e momentâneos de cidadãos vitimizados pela violência, os congressistas continuam a percorrer a trajetória a favor da desconfiguração dos direitos fundamentais, arduamente consagrados na legislação. Assim, este texto tem por objeto a análise dos direitos fundamentais da pessoa, o Estado e o Direito Penal, direito este configurado como um modelo de autofagia normativa constitucional.

Neste sentido, algumas citações são pertinentes como forma de interpelação deste direito corporativista, que mesmo estando inserido num Estado Democrático Social e Constitucional de Direito, demonstra que pode vir a tornar-se objeto de interesses sectários, detectados tanto no parlamento como na sociedade civil "organizada". Grupos que manifestam demandas pontuais, decorrentes de fatos pessoais, não deveriam obter êxito na mobilização política partidária, nem mesmo na estrutura legislativa do Estado. Mas não é o que percebemos atualmente no Brasil. A Constituição parece reafirmar-se, em sua práxis, como um artifício político, ressaltando um fosso abissal entre os marcos históricos precedentes e a sua essência jurídica que lhe é própria.

Este debate sobre a eficácia da Constituição, ou seja, sua força normativa, enquanto força política ou jurídica, está presente nas obras de Konrad Hesse e Lassalle, que introduziram elementos teóricos como a vontade de constituição e as condições sociopolíticas vigentes.

Encontra-se, portanto, em jogo, a relação de forças entre um pequeno grupo que se vale de determinados fatos trágicos para pleitear alterações nas bases democráticas deste país e no arcabouço jurídico-social, emoldurado pelas conquistas coletivas que defenderam maior ampliação de políticas inclusivas. Ao que parece, estamos diante de uma crise, tanto do Direito como do Estado, que nos faz lembrar os idos da Idade Média, ou seja, a luta entre o bem e o mal. O bem estaria representado por aqueles que defendem a mitigação dos direitos humanos, posto que tais direitos correspondem ao retrocesso do desenvolvimento social, numa sociedade saudável – desde que, certamente, não seja discutido justiça, ética e dignidade humana –, e o mal estaria representado por aqueles que defendem a imutabilidade constitucional quanto aos direitos fundamentais, bem como a implementação de políticas públicas para os mais vulneráveis.

1. A construção do Estado

Em inúmeras análises doutrinárias, se consideradas as fontes mais legítimas que debatem o papel do Estado e a tutela dos interesses individuais e coletivos, percebemos a narrativa descritiva das versões históricas do Estado. As descrições sobre as formas do Estado partem da transição da sociedade feudal monárquica à sociedade política republicana, na qual o poder é exercido pelos integrantes do poder político, com reduzidíssima ingerência formal de agentes de outras instituições, como a Igreja por exemplo. Para tanto, nesta passagem do medievo para a modernidade, é preciso focalizar os postulados contratualistas, que erigiram a condição do indivíduo-servo a indivíduo-parte. Neste aspecto, mesmo reconhecendo as inúmeras citações sobre o Estado Absolutista[1], como a primeira versão do Estado, este não será objeto deste trabalho, pois a referência será, justamente, sobre o reconhecimento do súdito como sujeito de direitos, ou seja, a pessoa detentora do direito à liberdade e à participação política, sendo este último o caracterizador da democracia moderna.

No compasso desta abordagem política sobre o Estado, enquanto representante dos interesses do povo, que possui "poder" contratual sobre o Estado (alusão referente à democracia representativa direta), mesmo que residualmente na condição de parte do contrato social, este trabalho irá contemplar a análise a partir do Estado Liberal, passando posteriormente ao Estado Social e, por fim, ao Estado Neoliberal.

Na primeira versão do Estado Democrático – Estado Liberal – buscou-se a efetivação da garantia e promoção do direito à liberdade, como forma de superação dos limites impostos pelos poderes absolutos, próprios dos governos monárquicos. É seguro dizer que, a partir deste modelo o caminho seria sempre o da ampliação dos direitos individuais. Nesta concepção de Estado, o indivíduo ganhou projeção, posto que, além de ser reconhecido como sujeito de direitos, também estava em condições de participar da vida pública, característica da liberdade política promovida pela ascensão da burguesia francesa, uma vez que o objetivo maior era a consagração da república, mesmo que somente para este grupo.

O denominado liberalismo político demarca, enfim, a existência política da pessoa, antes reconhecida somente aos integrantes dos segmentos detentores do poder econômico, sempre vinculados à realeza. Logicamente que isto não quer dizer que o liberalismo significou igualdade de condições, mas permitiu a autopercepção subjetiva da igualdade,

1. "Como primeira expressão do Estado Moderno, vamos observar que a estratégia de construção da nova forma estatal, alicerçada na ideia de soberania, vai levar à concentração de todos os poderes nas mãos dos monarcas, o que vai originar as chamadas monarquias absolutistas, fazendo com que, como sustenta Duguit, realeza que está nas origens do Estado Moderno associe as concepções latina e feudal de autoridade – *imperium* e senhoriagem – permitindo-se personificar o Estado na figura do rei, ficando na história a frase de Luiz XIV, o Rei Sol: 'Létat c'est moi – O Estado sou eu.'" (Streck, Lenio Luiz; Bolzan, Luis Bolzan de Morais. *Ciência política e teoria do Estado*, Porto Alegre, Livraria do Advogado, p. 45).

na medida em que indivíduos deixaram de ser apenas servos do rei[2].

Uma outra vertente do liberalismo vincula-se ao Direito, pois a transição do modelo absolutista para o liberal significou o reconhecimento formal dos direitos individuais, simbolizado no constitucionalismo. Neste aspecto, o liberalismo expressa não só liberdade, mas normatização de direitos. Este processo, significativo na história dos movimentos políticos da Europa, foram promovidos indubitavelmente pela resistência burguesa aos poderes absolutistas, influenciados que foram pelas ideias dos contratualistas modernos: Hobbes, Locke e Rousseau.

Enfim, o liberalismo ressaltou a importância das liberdades individuais, bem como solidificou valores sociais para o futuro político ocidental. Para Streck e Bolzan estes valores são demonstrados pelos núcleos caracterizadores do liberalismo, segundo a contribuição de Roy Macridis[3]: **Núcleo Moral** (*este núcleo contém uma afirmação de valores e direitos básicos atribuíveis à natureza do ser humano – liberdade, dignidade, vida – que subordina tudo o mais à sua implementação.*); **Núcleo Político** (*Este núcleo poderia ser nominado como político-jurídico, pois se apresenta sob quatro categorias eminentemente jurídicas. Aqui estão presentes os direitos políticos, relacionados à representação, tais como: sufrágio, eleições, opção política etc.*); e o **Núcleo Econômico** (*O modelo econômico do liberalismo se relaciona com a ideia dos direitos econômicos e de propriedade, individualismo econômico ou sistema de livre empresa ou capitalismo. Seu pilares têm sido a propriedade privada e uma economia de mercado livre de controles estatais.*). A ideia de um poder político representativo e garantidor de direitos formou as bases para a nova versão do Estado: o Estado Social.

O Estado Social, também denominado *Welfare State*, significa o desempenho político do Estado para as questões próprias da vida dos indivíduos. Este desempenho estatal, que representa atuação frente aos interesses do mercado e assistência governamental aos populares, pode ser compreendido como

2. "Dessa forma, pensamos poder situar o liberalismo como uma doutrina que foi-se forjando nas marchas e contramarchas contra o absolutismo onde se situa o crescimento do individualismo que se formula desde os embates pela liberdade de consciência (religiosa). Todavia, isso avança na doutrina dos direitos e do constitucionalismo, este como garantia(s) contra o poder arbitrário, da mesma forma que contra o exercício arbitrário do poder legal." (Streck, Lenio Luiz. Bolzan, Luis Bolzan de Morais. *Ciência política e teoria do Estado*. Porto Alegre, Livraria do Advogado, p. 55).

3. Streck, Lenio Luiz; Bolzan, Luis Bolzan de Morais. *Ciência política e teoria do Estado*. Porto Alegre, Livraria do Advogado, p. 58 a 61.

o marco norte-americano de modelo de Estado para os países ocidentais.

Os principais fatores desencadeadores da nova versão do Estado prendem-se justamente às conquistas do liberalismo e à expansão do capitalismo, sendo este último reflexo do sucesso do industrialismo europeu, que garantiu projeção política dos concentradores do capital, na medida em que buscava cada vez mais poder na sociedade moderna.

O que se percebe, então, são dois vetores políticos em crescente movimento: *o exercício dos direitos políticos dos indivíduos*, numa sociedade democrática, bem como o *fortalecimento do capitalismo*, cada vez mais forte diante do povo trabalhador e do Estado Liberal-mínimo. A concessão dos direitos consagrados pela superação do absolutismo tornou o Estado distante da realidade política, o que propiciou a conquista cada vez maior de poder dos empresários, que possuíam o desejo de crescer ao máximo, com a mínima intervenção do Estado. Eis a grande mudança e conquista republicana para os detentores do poder econômico: liberdade para explorar e concentrar. Enfim, modernidade seria sinônimo de riqueza, progresso e ordem. A riqueza ficaria nas mãos dos capitalistas-industriais, o progresso já se apresentava pelo simples rompimento com a sociedade estamental feudal e a figura do rei, mas a ordem exigiria ações efetivas sobre os grupos de desempregados, famintos, libertos etc. Nesse momento, de crucial importância para o aumento cada vez maior das benesses que a conjuntura política propiciava aos capitalistas, o Direito apresentou-se como um grande instrumento oficial de controle, a fim de garantir as intenções políticas da época, inaugurando, assim, a era do positivismo jurídico-penal (formalização das regras, controle oficial do Estado e rumo à sociedade organizada).

Diante da dinâmica política presente, na passagem do século XIX para o século XX, intensificou-se, todavia, a luta popular por mais direitos, promovendo relevantes conflitos entre os grupos organizados, já influenciados pelas ideias marxistas, e os concentradores do capital. Neste aspecto, a participação do Estado deveria representar a tutela dos interesses do povo, diante dos interesses incontroláveis dos capitalistas.

O Estado Social, diante das flagrantes contradições sociais da época – grande número de pessoas vivendo em condições precárias e um pequeno número de abastados economicamente – representou não só a condição de pessoa dos indivíduos, como também simbolizou o fortalecimento do Direito, eis que inúmeras legislações foram criadas para regular a relação entre capital e trabalho, como também para assistir os mais vulneráveis. No Brasil, por exemplo, vários são os exemplos deste esforço (discursivo) estatal: CLT, Código de Menores, Código Civil, Previdência Social etc.

Dessa forma, o que se percebe é a efetivação da participação estatal, desde o fim do absolutismo, em face do reconhecimento dos direitos da pessoa. Percebe-se, ainda, que o Direito representou significativa conquista, pois serviu como instrumento garantidor contra a exploração capitalista, arbitrariedade do Estado, omissão do Estado e igualdade de direitos. O Direito, assim, pelo menos no plano formal, reconheceu os direitos sociais dos indivíduos, com forma de regular as relações entre capital e trabalho.

Mas em que medida estas mudanças refletiram alterações concretas nas vidas das pessoas? De que forma o Estado e o próprio Direito interferiram sobremaneira nas contradições sociais modernas?

Essas indagações podem ser analisadas quando nos deparamos com a atual conjuntura social no Brasil, isto é, segundo a real participação do Estado na vida das pessoas e as condições de vida das famílias brasileiras. Tal análise não se confunde com a conjuntura política, pois esta, desde a modernidade, representa um avanço progressivo, sendo o constitucionalismo o maior exemplo. Mas, entre o previsto na norma (constitucional) e a concretude cotidiana pode haver larga distância.

Se for possível afirmar que o Estado atualmente não exerce influência direta na vida das pessoas mais vulneráveis, como foi o Estado Social, ou seja, na vida das pessoas que realmente necessitam da participação assistencial estatal, estaremos então diante de uma nova versão do Estado: o Estado Neoliberal.

Essa forma de Estado, na qual o distanciamento entre o Estado e o povo caracteriza a grande referência, torna-se mais uma vez o erro que foi registrado no Estado Liberal, uma vez que, diante dos interesses do mercado, o Estado se distancia e permite a exploração e a real negação dos direitos, tanto individuais como coletivos. Nesse passo, após a vivência de um Estado garantidor, tutelador e promovedor, estamos diante de um *Estado Ausente*. Este distanciamento promoverá não só a tacanha existência de políticas públicas inclusivas, mas também a banalização, entre os indivíduos, dos valores morais e individuais, responsáveis pela valorização da própria vida. O individualismo, marca do liberalismo, volta com força total na pós-modernidade.

Esta análise nos leva a considerar a necessidade de debatermos o processo de normatização dos direitos, que com o constitucionalismo alcançou forte presença nos países ocidentais, a exemplo do Brasil. Quais, então, foram as concretas conquistas da Constituição Brasileira de 1988 para o povo? A resposta pode ser elevada a partir do que se vê no cotidiano das grandes cidades do Brasil: concentração de população de rua, aumento da criminalização de condutas tipificadas como crime, negação da ressocialização do condenado, ampliação dos programas de privatização de empresas (empresas que foram criadas no modelo do Estado Social no Brasil) etc.

Para determinados juristas o constitucionalismo[4] no Brasil não significou real transformação no contexto social, mas um simbolismo político perverso, que inaugura um Estado Neoliberal que se utiliza do discurso da inclusão, enquanto implementa políticas de exclusão. Para Barroso:

> O discurso acerca do Estado atravessou, ao longo do século XX, três fases distintas: a pré-modernidade (ou Estado Liberal), a modernidade (o Estado social) e a pós-modernidade (Estado neoliberal). A constatação inevitável, desconcertante, é que o Brasil chega à pós-modernidade sem ter conseguido ser liberal nem moderno. Herdeiros de uma tradição autoritária e populista, elitizada e excludente, seletiva entre amigos e inimigos – e não entre certo e errado, justo ou injusto –, mansa com os ricos e dura com os pobres, chegamos ao terceiro milênio atrasados e com pressa[5].

Bolzan de Morais afirmara que vive-se atualmente uma verdadeira crise de Estado e de Direito, embora tenhamos alcançado, no Brasil, a condição ímpar de um Estado Democrático de Direito, haja vista as garantias previstas na Constituição. São suas as seguintes palavras:

> Dessa forma, percebeu-se que o constitucionalismo se ressente, nos dias atuais, seja pela fragilização/fragmentação daquilo que ele mesmo "constitui" e do qual se sustenta, o Estado, seja pela tentativa de apontá-lo como, ao contrário de sua ideia inicial e a partir do desenho que impõe, um instrumento

4. "Todos esses fatos demonstram que, no espírito unânime dos povos, uma Constituição deve ser qualquer coisa de mais sagrado, de mais firme e de mais imóvel que uma lei comum." (Lassalle, Ferdinand. *O que é uma Constituição.* 1ª edição, Campinas, Russel, 2005).

5. Barroso, Luís Roberto. Fundamentos teóricos e filosóficos do Novo Direito Constitucional Brasileiro (Pós-modernidade, teoria crítica e pós-positivismo). *Revista da Academia Brasileira de Direito Constitucional*, v. 1, Paraná, 2001.

impeditivo do desenvolvimento – econômico – apesar de resultante do projeto jurídico-político liberal-burguês, apesar de ter marcado o seu nascimento como instrumento de segurança e legitimidade social[6].

2. O conflito nas concepções sobre o Direito

Existem, possivelmente, dois grandes movimentos ainda em curso, e que citados como fatos históricos: o do jusnaturalismo e do positivismo jurídico.

O jusnaturalismo, como o conjunto de direitos fundados na racionalização dos direitos, primados pela natureza, representa todo o esforço de se reconhecerem em direitos plasmados na própria vida humana, como superiores a todo e qualquer Direito Positivo. Já foi presenciado no período clássico, como também na Idade Média. Mas talvez seja possível reconhecer, como será tentado nas linhas adiante, este instituto histórico na atualidade, sub-repticiamente nos midiáticos discursos em defesa da vida e a favor de maior sofrimento dos criminosos hediondos. Neste sentido, tais pessoas, embuídas de uma razão prática, declaram o Direito como um efetivo instrumento de sofrimento.

O positivismo jurídico, próprio do pós-Iluminismo, localizado no final do século XIX, revelou o sentido institucional do poder político concedido ao Estado, através do seu poder de legislar a favor dos seus cidadãos, como também de punir. Assim, o positivismo jurídico quer dizer o direito posto pelo legislador, segundo os interesses coletivos, mesmo que seja o direito de privar a liberdade, ou mesmo, retirar a vida de uma pessoa, seja em sociedades mais punitivas, seja em um governo de exceção. Desta forma, *o direito positivo penal também é um instrumento de sofrimento.*

Mas, o que deveria ser uma trajetória progressiva de instrumentalização de garantias, parece ser ao mesmo tempo a forma de se negar a dignidade humana. No Brasil, a Constituição brasileira vigente, que simboliza o marco histórico da transição entre o Estado-policial para o Estado-social, vem sofrendo críticas e mudanças significativas, originadas dos setores mais conservadores, como de grupos representantes da vitimização da violência.

6. Morais, José Luis Bolzan de. *As crises do Estado e da Constituição e a transformação espacial dos Direitos Humanos*. Porto Alegre, Livraria do Advogado, 2002, p. 48.

Bobbio já facilitara a todos, com sua metodologia didática peculiar, a compreensão sobre as diferenças existentes entre o jusnaturalismo e o positivismo jurídico[7]. Para este devemos distinguir tais institutos jusfilosóficos da seguinte forma:

> Podemos destacar seis critérios de distinção:
>
> a) o primeiro se baseia na antítese universalidade/particularidade e contrapõe o direito natural, que vale em toda parte, ao positivo, que vale apenas em alguns lugares...;
>
> b) o segundo se baseia na antítese imutabilidade/mutabilidade: o direito natural é imutável no tempo, o positivo muda...;
>
> c) o terceiro critério de distinção, um dos mais importantes, refere-se à fonte do direito e funda-se na antítese *natura-potestas populus*...;
>
> d) o quarto critério se refere ao modo pelo qual o direito é conhecido, o modo pelo qual chega a nós (isto é, os destinatários), e lastreia-se na antítese *ratio-voluntas*...;
>
> e) o quinto critério concerne ao objeto dos dois direitos, isto é, aos comportamentos regulados por estes: os comportamentos regulados pelo direito natural são bons ou maus por si mesmos, enquanto aqueles regulados pelo direito positivo são por si mesmos indiferentes e assumem uma certa qualificação...;
>
> f) a última distinção refere-se ao critério de valoração das ações e é anunciado por Paulo: o direito natural estabelece aquilo que é bom, o direito positivo estabelece o que é útil.

No particular aspecto das diferenças existentes entre o jusnaturalismo e o positivismo jurídico, devemos ponderar a possível dinamização conflitante entre estes dois institutos na atualidade, como já indicado anteriormente.

A questão de se reconhecer esses dois paradigmas históricos em tempos hodiernos não é de todo descartável, se nos atermos aos postulados sustentados pelas vítimas de violência, e que recebem visibilidade governamental diante da dimensão criada pelos veículos de comunicação. Partem de um Direito Natural para obterem a satisfação no direito positivo.

7. Bobbio, Norberto. *O positivismo jurídico. Lições de filosofia do direito.* São Paulo, Ícone, 1999, p. 22.

Quando nos deparamos com uma pessoa que defende a prisão perpétua, pena de morte, redução da maioridade penal, fim das garantias processuais vigentes, entre outros pleitos, estamos diante de uma grandiosa postura individualista, própria do neoliberalismo, mas que acaba por atingir algumas autoridades públicas, como os congressistas, a exemplo de políticos que profissionalizam a oposição política governamental, também por uma questão de foro pessoal. Neste processo, legislam-se cada vez mais institutos opressivos, sob o discurso da proteção de direitos. Mas... é preciso refletir: direitos "de quem" devem ser protegidos? Em nome de direitos de algumas pessoas, pode-se violar direitos de muitos? E se o judiciário está realmente comprometido com o sistema criminalizante das mesmas pessoas (mestiças, pobres, analfabetas, desempregados...) podemos denominar as suas ações como "justiça"?

O brado erigido de toda sociedade, que notadamente reclama pelo direito à vida, incorpora, pois, a intensificação das medidas aflitivas contra os criminosos, mas sem reconhecer a tragédia humana de tais pessoas, o que revela uma posição flagrantemente contrária ao processo de consolidação do Estado Democrático Constitucional e Social de Direito[8], a exemplo da atual Constituição brasileira, além de ressaltar a interpretação fragmentária do contexto social. Assim, sob o manto da proteção da vida, este pleito isolado, da vítima (elite), quer sobrepor-se ao direito coletivo fundamental da dignidade da pessoa humana, que deve ser protegido a todo custo pelo Estado, mediante a execução de uma série de políticas públicas que versam sobre as condições sociais do cidadão, em particular o mais vulnerável, posto que este depende sobremaneira das ações inclusivas estatais, inclusive

8. "Numa visão institucional, é a ideologia (*rectius*, política) do governamente (comunidade política) que irá conferir ossatura à Constituição que, por sua vez, irá determinar o sistema de coerção e regulação (*rectius*, Direito) do Estado, de modo a re-afirmar e manter a estabilidade e integração do grupo social. A importância da correlação entre política e Direito torna-se relevante com o surgimento do Estado de Direito – simultaneamente, instituição política e jurídica – que visa a aplicação/imposição do Direito para o alcance do desenvolvimento jurídico, bem como a adaptação das circunstâncias sociais cambiantes aos fins políticos realizáveis. Surge, então, a necessidade de se estabelecer a proteção jurídica do cidadão contra o poder soberano, independentemente do estilo político do governante. Este conjunto de normas, afeta à política, torna possível o surgimento de partidos políticos organizados, voltados ao acesso a cargos políticos, visando a consecução de seus fins políticos. O Direito torna-se um instrumento importante para o alcance dos fins políticos. Outrossim, a democratização da política (o paradigma de legitimidade é o democrático) exige mais proteção legal do particular, em especial no que concerne a seus direitos constitucionais." (Nadal, Fábio. *A Constituição como mito*. Campinas, Método, 2006, p. 46).

para exercer apenas alguns direitos fundamentais, como por exemplo a habitação e alimentação.

Estaremos, então, diante do conflito entre o direito individual e o direito coletivo? Seria o pleito da proteção do direito à vida, da vítima da violência, uma demonstração do ressurgimento do direito natural, vez que esta vítima despreza a condição de sujeito de direitos do criminoso e só faz valer o seu direito à vida? O que está efetivamente em jogo nos dias atuais? Roga-se não mais a Deus, mas ao Estado o direito de fazer sofrer cada vez mais os seres humanos excluídos.

Estas indagações devem ser respondidas para que não estejamos nos alienando do atual processo de execração dos direitos fundamentais, visto que o definhamento das garantias constitucionais dos mais vulneráveis pode representar um número cada vez maior de deploráveis miseráveis, que tanto incomodam o desenvolvimento desta sociedade brasileira "saudável". O Brasil, que em sua história não demonstra ser o melhor exemplo de tutela de direitos individuais e coletivos, não merece retornar aos tempos da aristocracia colonialista e racista, inserido num Estado política e historicamente considerado democrático, mas conduzido, na prática, por um governo neoliberal altamente responsável pelas misérias humanas.

CAPÍTULO 7

Análise teórico-dogmático dos fundamentos do Direito Penal. A teoria geral do delito no Brasil

1. Introdução ao estudo do Direito Penal. Conceito de Direito Penal. Conceito de crime

HISTORICAMENTE o ser humano mantém sua prática usual de gerar conflitos, podendo alcançar proporções gravíssimas – morte violenta – ou mesmo a realização de uma simples ofensa verbal. Mas, mesmo quando estamos diante de uma acalorada discussão, percebemos o quanto conflituoso é o indivíduo, talvez pela sua arrogante capacidade racional de valoração e julgamento de tudo, desde os pequenos atos de terceiros como a própria natureza. Nesse aspecto, diante da progressão histórica do poder político, o Estado assumiu o exercício da organização administrativa da sociedade, refletida, notadamente, pela execução dos instrumentos de controle social.

Podemos, na verdade, aceitar a justificativa da existência do Estado pelo fato de ser necessária a presença de um terceiro, dito parcial, que deverá promover a harmonia, como finalidade máxima desta administração. Neste particular o Direito Penal se apresenta como o mais elevado instrumento público, apesar de todas as suas contradições diante da complexidade socioeconômica vigente.

A **atual definição de Direito Penal** é revestida de inúmeras influências, sejam de caráter dogmático-penal ou mesmo filosófico-político, mas, prendendo-se ao estudo dogmático, podemos afirmar que: "Direito Penal é o conjunto de normas jurídicas, emanadas pelo Estado, que se referem aos pressupostos, princípios, definições, permissões e descrições de condutas criminosas, a ser aplicado como forma de resposta estatal, em nome do interesse social, quando da prática de um crime e adequado à lei maior do país".

Podemos encontrar inúmeras definições de Direito Penal na doutrina, como por exemplo:

> Direito Penal é o conjunto de normas jurídicas mediante as quais o Estado proíbe determinadas ações ou omissões, sob ameaça de característica sanção penal (Heleno Fragoso[1]).

> Para Von Liszt, Direito Penal é o conjunto das prescrições emanadas do Estado que ligam ao crime, como fato, a pena como consequência. Mezger define a nossa matéria como o conjunto de normas jurídicas que regulam "el ejercicio del poder punitivo del Estado, conectando en el delito como presupuesto, la pena como consecuencia jurídica." Seguindo José Frederico Marques, definimos o Direito Penal como o conjunto de normas que ligam ao crime, como fato, a pena como consequência, e disciplinam também as relações jurídicas daí derivadas, para estabelecer a aplicabilidade das medidas de segurança e a tutela do direito de liberdade em face do poder de punir do Estado (Damásio de Jesus[2]).

> Assim, o Direito Penal se apresenta como o conjunto das normas jurídicas, pelas quais se exerce a função do Estado de prevenir e reprimir os crimes, por meio de sanções cominadas aos seus autores. Ou, em sentido mais estrito, como o conjunto das normas jurídicas que cominam sanções em razão de determinados fatos chamados crimes, por elas tipicamente definidos (Aníbal Bruno[3]).

> O Direito Penal é o conjunto de normas jurídicas nas quais se manifesta o interesse dos cidadãos, interpretado pelo Estado, na previsão e definição dos fatos puníveis e respectivas sanções, bem como na aplicação de princípios e regras de proteção aos bens jurídicos fundamentais à convivência social (René Ariel Dotti[4]).

1. Fragoso, Heleno. Atualizador Fernando Fragoso. *Lições de Direito Penal. Parte Geral.* 17ª edição, Rio de Janeiro, Forense, 2006, p. 3.

2. Jesus, Damásio. *Direito Penal*: Parte Geral. 1º volume, São Paulo, Saraiva, 2005, p. 5.

3. Bruno, Aníbal. *Direito Penal*: Parte Geral. Rev. e atual. por Raphael Cirigliano Filho, 5ª edição, Rio de Janeiro, Forense, 2003, p. 5.

4. Dotti, René Ariel. *Curso de Direito Penal. Parte Geral.* 2ª Rio de Janeiro, Forense, 2005, p. 48.

> O Direito Penal apresenta-se como um conjunto de normas jurídicas que tem por objeto a determinação de infrações de natureza penal e suas correspondentes – penas e medidas de segurança. Esse conjunto de normas e princípios, devidamente sistematizados, tem a finalidade de tornar possível a convivência humana, ganhando aplicação nos casos ocorrentes, observando rigorosos princípios de justiça (Cezar Bitencourt[5]).

> Provisoriamente, diremos que o direito penal é o conjunto de normas jurídicas que prevêem os crimes e lhes cominam sanções, bem como disciplinam a incidência e validade de tais normas, a estrutura geral do crime, e a aplicação e execução das sanções cominadas (Nilo Batista[6]).

> Com a expressão "direito penal" se designam – conjunta ou separadamente – duas entidades diferentes: 1) o conjunto de leis penais, isto é, a legislação penal; 2) o sistema de interpretação desta legislação, isto é, o saber do direito penal (Eugenio Raúl Zaffaroni[7]).

Diferentemente dos manuais existentes sobre a doutrina penal, partiremos, neste início, para a definição de crime, pois todo o estudo sobre a matéria, iniciando-se a partir do artigo primeiro, refere-se ao próprio crime, sendo, assim, de notar, a importância de apreendermos os principais aspectos que giram em torno deste instituto jurídico, apesar de sua evidente existência como fato social.

Quanto ao conceito de crime, temos que, no Brasil, cabe ainda, esta tarefa, à própria lei. Encontra-se no art. 1º da Lei de Introdução ao Código Penal – Decreto-Lei nº 3.914/1941 – a seguinte elaboração do conceito de crime:

> *Considera-se crime a infração penal a que a lei comina pena de reclusão ou de detenção, quer isoladamente, quer alternativa ou cumulativamente com a pena de multa; contravenção, a infração penal a que a lei comina, isoladamente, pena de prisão simples ou de multa, ou ambas, alternativa ou cumulativamente.*

Anteriormente o crime foi definido de forma bem diferente, em termos literais e políticos. No Código de 1830 o crime foi definido como sendo:

5. Bittencourt, Cezar Roberto. *Tratado de Direito Penal*: Parte Geral, volume 1. 11ª edição, São Paulo, Saraiva, 2007, p. 2.

6. Batista, Nilo. *Introdução crítica ao Direito Penal Brasileiro*. 5ª edição, Rio de Janeiro, Revan, p. 24.

7. Zaffaroni, Eugenio Raúl. *Manual de Direito Penal Brasileiro*, Parte Geral. 2ª edição, São Paulo: *Revista dos Tribunais*, 1997, p. 85.

"Julgar-se-à crime ou delito toda ação ou omissão contrária às leis penais", e no Código de 1890: " *Crime é a violação imputável e culposa da lei penal*"[8].

O fato é que, diante da definição legal de crime, os estudiosos da legislação penal buscam, recorrentemente, apresentar interpretações sobre as elaborações normativas penais, visando o seu melhor entendimento. Contudo, saibamos que uma interpretação revela-se como um olhar próprio do intérprete sobre o objeto analisado.

Assim, a interpretação da norma penal é o produto da impressão pessoal do estudioso sobre aquela norma. Evidentemente, diante de tantas outras definições, poderemos estar diante de uma interpretação manipulada, isto é, o intérprete não cria a interpretação, apenas reapresenta a já existente, com suas palavras, considerando-a autêntica, quando na verdade é uma reprodução com vestimentas distintas. Existem, apesar desta tendência jurídico-acadêmica, a possibilidade de novas tendências de interpretação, diante das inúmeras influências externas realizadas sobre os conceitos jurídicos, promovidas pelas outras áreas da ciência, que resulta em alterações estruturais dos conceitos rigidamente firmados ao longo do tempo, o que permite novos horizontes para a teoria penal. Foi assim com o próprio conceito de crime.

A primeira importante contribuição doutrinária do conceito de crime, em termos da progressão histórica do Direito Penal, surgiu com Von Liszt (1851-1919), precursor da chamada Escola Moderna Alemã, ao definir o crime como uma ação (conduta), representada por um movimento corporal, que produz um resultado no mundo exterior, conforme a previsão legal do crime (tipicidade), e que caracterizava, automaticamente, à contrariedade ao direito (antijuridicidade), desvinculada, desta forma, do aspecto subjetivo (vontade do autor), que estava configurado no conceito de culpabilidade, no qual o sujeito relacionava-se ao fato e ao resultado mediante o dolo ou a culpa. Este é o denominado **Conceito Clássico do Crime.**

Posteriormente, ainda na primeira década do século XX, Ernst von Beling inovou o conceito clássico com a interferência sobre a tipicidade e a antijuricidade, mantendo a ação imutável, ou seja, como puro movimento corporal. Quanto à tipicidade Beling afirmou a necessidade de haver

8. Fragoso, Heleno. Atualizador Fernando Fragoso. *Lições de Direito Penal. Parte Geral.* 17ª edição, Rio de Janeiro, Forense, 2006. p.176.

elementos configurantes para a determinação prática do crime, isto é, na elaboração da norma penal incriminadora (tipo penal), seria importante incluir termos que revestissem a conduta com determinadas características, a fim de promover-se maior precisão entre a relação da conduta humana à norma penal. Estes elementos foram denominados elementos normativos, como por exemplo os termos documento, vantagem e funcionário público, que correspondem aos conceitos construídos culturalmente. No que se refere à antijuridicidade Beling afirmou, ainda, ser necessária a danosidade social da conduta, e não só a contrariedade ao direito, como afirmava Liszt[9]. Outra contribuição construtora desta inovação foi a inclusão da reprovação da conduta na culpabilidade (Frank), passando a conter não só os aspectos subjetivos (dolo e culpa) como também a reprovação revelada na opção ilícita escolhida pelo autor do fato. Assim, manteve-se a ação corporal humana (conduta), a tipicidade representando a previsão legal do crime, porém, agora constituída por elementos normativos (tipicidade penal), que visavam dar maior segurança ao se atribuir ao fato o caráter ilegal-punível, a contrariedade ao direito expressa pelo dano (antijuridicidade), bem como a reprovação da conduta (culpabilidade). Essa contribuição denominou-se **Conceito Neoclássico do Crime.**

Seguindo esta trajetória doutrinária do conceito de crime surgiu para a doutrina penalista, na segunda década do século XX, a participação de Hans Welzel, que proporcionou efetiva alteração nas concepções conceituais do crime. A influência determinante de Welzel deu-se nas estruturas características dos elementos do conceito de crime, isto é, alterou seus conteúdos, inovando um novo conceito de crime.

Para Welzel a questão da conduta humana funda-se no aspecto da subjetividade, diferentemente dos conceitos clássicos e neoclássicos. Para tanto, sustentou que a ação (conduta) compreende não só o aspecto objetivo, isto é, a ação propriamente dita, como também a subjetividade, expressa na vontade do autor. Portanto, Welzel retirou os aspectos subjetivos da culpabilidade e transportou para a conduta, afirmando que toda a ação compreende uma vontade final, isto é, quando alguém realiza uma conduta possui uma vontade

9. "A antijuridicidade, igualmente, que representava a simples contradição formal a uma norma jurídica, passou a ser concebida sob um aspecto material, exigindo-se uma determinada danosidade social." (Bitencourt, Cezar Roberto. *Tratado de Direito Penal*: Parte Geral, volume 1. 11ª edição, São Paulo, Saraiva, 2007, p. 208).

expressa na própria ação (toda ação inclui uma finalidade). A culpabilidade, desde então, passou a expressar somente a reprovação da conduta, mediante a análise das opções do autor, pois, quando for possível optar por uma ação lícita e não o fizer, realizando uma conduta ilícita, esta será reprovada, havendo, pois, a culpabilidade. Todavia, a culpabilidade contempla não só a exigência de conduta lícita, como também a imputabilidade e consciência do ilícito. Na teoria welzeliana houve alteração quanto à conduta, culpabilidade, mantendo-se a tipicidade e antijuridicidade, configurando assim o **Conceito Finalista do Crime, também denominado Conceito Analítico.**

2. Estrutura do Crime (análise de seus elementos)

Adotando-se a teoria finalista como referência teórica para o estudo do crime, que enseja maior adequação à realidade, podemos afirmar que o crime, enquanto um conceito jurídico-penal, se define como sendo: conduta típica, ilícita (antijuridicidade) e culpável. A existência da conduta, a sua ilicitude e a culpabilidade serão pressupostos para a possível punição do crime. Todavia, existem aqueles que defendem existir o crime somente com a presença dos elementos conduta, tipicidade e ilicitude (antijuridicidade), sendo a culpabilidade mero pressuposto do crime. Não aceitamos esta concepção do conceito do crime, pois, não só a culpabilidade é pressuposto da pena, como também a existência da conduta, da norma penal que cria o crime (tipicidade), bem como da ilicitude (antijuridicidade). Vejamos, pois, cada um destes elementos caracterizadores do conceito de crime.

A conduta, que significa um acontecimento, contempla o agir positivo e negativo – conduta comissiva e conduta omissiva – praticado por um indivíduo. Enquanto conduta não interessa ao Direito Penal, salvo quando idêntica à previsão que descreve o crime, ou seja, segundo o modelo de crime, ou um tipo de crime, que resulta na sua tipicidade.

Esta conduta poderá ser contrária ao direito – antijurídica, quando na verdade optamos pela expressão ilicitude, já que toda ação humana, e especialmente o crime, produz consequências jurídicas, bem como precisa estar adequada à norma penal que descreve o crime, não sendo por isto aceita a expressão antijuridicidade e sim ilicitude. É preciso considerar, no entanto, que a ilicitude, que expressa o dano social, pode deixar de existir, caso seja a conduta permitida em lei, como nas hipóteses: estado de necessidade, legítima defesa, exercício regular do direito e estrito cumprimento do dever legal.

Mas, para que seja crime é preciso que esta conduta típica e ilícita seja reprovável, configurando-se a culpabilidade. A reprovação da conduta será assim determinada ao analisarmos a lei penal, que descreve quais as condutas **não configuram** a culpabilidade, isto é, o processo é inverso. Então, para que possamos determinar a presença da culpabilidade verificamos as hipóteses legais da inexistência da culpabilidade: inimputabilidade (doença mental e menoridade penal), ausência de potencial de inconsciência do ilícito penal (erro sobre o que é ilícito, não permitido) bem como a inexigibilidade de conduta diversa (o Estado ao analisar a conduta deverá aceitar o fato de que o autor não podia agir de forma diferente, ou seja, não possuía outra opção razoável diante das circunstâncias fáticas).

2.1. A conduta (o primeiro elemento do conceito de crime)

Representando o primeiro e essencial elemento configurador do crime, a doutrina registra a conduta *lato sensu* como o gênero, sendo dividido por suas espécies: conduta comissiva e conduta omissiva.

A **conduta comissiva** é a conduta que representa o agir positivo do ser humano, ou seja, um fazer. Desta forma, o sujeito que realiza um disparo de arma de fogo, para matar (art. 121 do CP), pratica uma conduta comissiva. Os crimes previstos no Código Penal Brasileiro vigente possuem tipos penais que revelam, como regra, um agir, que se verifica pelo verbo da frase que representa a conduta praticável por alguém. Assim sendo, teremos ordinariamente tipos penais de condutas comissivas, sendo as condutas omissivas exceções, visto o reduzidíssimo número existente destas condutas na legislação penal.

A **conduta omissiva**, independentemente de sua excepcionalidade no Código Penal, significa deixar de fazer, isto é, o indivíduo deixar de agir, abstendo-se de fazer aquilo que poderia e deveria. São exemplos o crime de omissão (art. 135 do CP) e o crime de prevaricação (art. 319 do CP), este último na hipótese do funcionário público de deixar de praticar ato de ofício. Inobstante esta regra geral, a omissão também é gênero e divide-se nas seguintes espécies: a) **omissão própria**, que se configura pelo deixar de fazer, ou seja, a omissão no sentido restrito; b) **omissão imprópria**, que representa o deixar de fazer, mas que gera um resultado que exigiria um fazer.

A referida espécie de omissão – imprópria ou comissiva por omissão – está presente somente quando alguém possui uma relação de garantidor de um bem jurídico e não efetiva a segurança, ou a guarda, descumprindo sua obrigação de protetor. O garante deixando de fazer o que era obrigação sua, permite que o resultado ocorra. Exemplo desta hipótese é a situação da enfermeira que deixando de ministrar o remédio ao enfermo permite que o mesmo venha a falecer. A enfermeira, contratada para assegurar a saúde do cliente, ao deixar de fazer torna-se a causadora da morte. Assim, pela omissão ocorre o resultado que, via de regra, exigiria um fazer. Estamos, pois, diante de um crime comissivo por omissão. As hipóteses do garantidor estão previstas no Código Penal Brasileiro vigente, no art. 13, § 2º.

A doutrina, ainda, assevera que em determinados casos não há a existência de conduta, isto é, somente para efeitos penais – como uma ficção jurídica – a conduta não será considerada como tal. São os casos de ausência de ação: estados de inconsciência (ausência de vontade, como no sonambulismo), os atos reflexos (representam estímulos incontroláveis sobre o corpo humano, como no ataque epilético) e a coação física irresistível (existência de força externa que manipula a ação do autor do crime, como no disparo de arma, na qual a arma encontra-se na mão da criança, mas é um adulto que força o disparo).

A coação física não se confunde com a coação moral irresistível, pois esta última exclui a culpabilidade, isto é, a pessoa não tem outra opção a não ser realizar a conduta punível, pois lhe é atribuída uma coação que a compele a agir, excluindo o elemento da culpabilidade, exigibilidade de conduta diversa, como ocorre na hipótese da mãe, que ao ver o filho sob a ameaça de um homem armado, subtrai quantia em dinheiro de um cofre. Esta mãe não será responsabilizada pelo crime, pois não poderia agir de forma diferente.

Outra questão relevante que merece destaque, no estudo da conduta, é a que se refere à causa que concorre com a causa realizada pelo sujeito ativo do crime, denominada **concausa**, e que pode ser absolutamente dependente ou relativamente independente à causa do autor. Trata-se, pois, do estudo sobre o **nexo de causalidade**, onde há o surgimento de outra causa que é a responsável pela produção do resultado, afastando a causa do sujeito ativo como a responsável pelo resultado. A concausa pode ser **preexistente** (existia antes mesmo da causa realizada pelo autor da ação, como a doença cardíaca), **concomitante** (surge ao mesmo tempo que o autor realiza a ação, na hipótese de alguém estar envenenando, vindo um terceiro e realizar um disparo fatal) ou **superveniente** (apresenta-se após a realização da ação realizada pelo autor, podendo ocorrer, por exemplo, quando o sujeito é morto por enforcamento por um terceiro após a vítima já ter sido atingida por um disparo anteriormente por outra pessoa). Nestas hipóteses será preciso identificar se elas possuem alguma relação com a ação produzida pelo autor (relativamente independente) ou nenhuma relação (absolutamente independente).

O presente estudo é de fundamental importância porque relaciona a causa ao resultado, isto é, forma o nexo entre a causa e o resultado, denominado nexo ou relação de causalidade. É sobre este instituto que também recai a análise sobre a imputação objetiva do resultado ao agente, bem explorada por Roxin.

A concausa será **relativamente independente** quando possuir alguma relação com a causa produzida pelo autor e, portanto, não afastará a responsabilidade do autor pela produção do resultado, salvo a hipótese do § 1º do art. 13, do Código Penal Brasileiro vigente, pois esta norma afirma claramente que a concausa superveniente e relativa exclui a responsabilidade do autor pelo resultado alcançado (é o clássico exemplo do socorro realizado pela equipe médica, que, após conflito entre duas pessoas no qual houve disparo de arma de fogo, a equipe vai ao local para socorrer a vítima e o motorista da ambulância, retornando ao hospital, colide em um poste provocando a morte da vítima).

Caso seja **absolutamente independente**, a concausa, livrará integralmente o autor da responsabilidade pela produção do resultado, pois, conforme o próprio termo, ela produz o resultado de forma completamente independente da ação do sujeito (o sujeito ativo desfere um projétil de arma de fogo contra a vítima, que é atingida por um raio, vindo a falecer por parada cardíaca).

2.2. A tipicidade (segundo elemento do conceito de crime)

Tipicidade é a **relação** entre um **tipo de crime** (tipo legal de crime/tipo penal), previsto na norma penal incriminadora, e um **fato humano**, cuja consequência deva ser o **enquadramento perfeito entre o referido fato e o respectivo tipo de crime** (um modelo de conduta considerada como crime). O tipo penal serve para demonstrar quais as condutas que, a princípio, ferem um bem jurídico, seja de pessoa física, pessoa jurídica ou do próprio Estado. *Tipo, portanto, é a descrição da conduta punível na lei penal.* Considerada como gênero, esta divide-se nas seguintes espécies: a) **tipo primário**: descreve a conduta punível, isto é, todas as condutas previstas na Parte Especial do Código Penal; b) **tipo secundário**: descreve a pena prevista, ou seja, a pena em abstrato, que se tornará concreta quando da sentença condenatória.

Assim, diz-se que a pena prevista na norma está cominada, ou seja, encontramos na norma a previsão do crime e a cominação da pena, pois esta não só está descrita como possui, implicitamente, uma ordem, ou seja, aplicação judicial diante da existência da autoria e da materialidade do crime.

É preciso esclarecer que o tipo penal será revelado pelo Estado através da norma, e esta, segundo as previsões legais existentes, pode ser **incriminadora** – quando descreve o crime e comina a pena, **não incriminadora** – quando não descreve um crime, e **explicativa** – quando apresenta uma definição, como previsto no art. 327 do Código Penal, que define "funcionário público".

Diante das espécies de conduta, comissiva ou omissiva, e da significação da tipicidade, ao se praticar uma conduta conforme a descrição prévia do tipo penal, estaremos diante de um fato típico, pois existe uma conduta perfeitamente enquadrada ao tipo penal. Referimo-nos a "enquadramento perfeito" da conduta, ao correspondente tipo penal, tendo em vista que o Estado, ao afirmar a suposta existência de um crime, esteja atuando segundo a norma penal, que deve conter todas as expressões necessárias na sua construção literal. Dessa forma, para que possamos atribuir a autoria de uma conduta punível a alguém, esta conduta precisa ser idêntica àquela prevista na norma, caso contrário o Estado poderia indiscriminadamente afirmar a existência de um crime pela mera aproximação do fato à norma penal incriminadora.

Denomina-se, ainda, tipicidade conglobante, a partir da contribuição de Eugênio Zaffaroni, o método de tipificação da conduta, considerando a ausência de justificante – excludente de ilicitude –, pois que, para este autor, para que seja típica a conduta não pode haver excludente, caso em que haveria a atipicidade da mesma, porquanto estaria presente a tipicidade legal, mas não a penal, visto a exclusão do crime pela referida justificante.

Para esta teoria, somente se considera **típica** se a conduta for também **antijurídica**. Na prática deve funcionar da seguinte forma: se alguém pratica a conduta, conscientemente, mas sob a égide de uma excludente, não deve o Estado provocar o seu aparelho penal, pois esta conduta não deve, sequer, ser considerada típica (conduta típica: tipicidade legal + tipicidade penal= tipo conglobante). Não sendo tipicamente penal não há tipicidade.

Outra questão relacionada ao tipo penal encontra-se prevista no art. 20 do Código Penal, denominada erro de tipo. Trata-se da hipótese da pessoa que pratica a conduta e erra sobre algo que não configurará a intenção de praticar o crime, excluindo-se, portanto, o dolo na conduta de praticar o ilícito, como o sujeito que retira algo pensando ser seu, quando na verdade pertence a terceiro. Há ainda a hipótese, prevista no § 1º do art. 20 do CP, quando o sujeito imagina uma situação que lhe dá direito de agir sob o manto de uma excludente de ilicitude (justificantes), isto é, ele pensa que há um fato que lhe motiva agir em estado de necessidade, legítima defesa, estrito cumprimento do dever legal ou exercício regular do direito, denominada esta hipótese como **erro de tipo permissivo.**

Considerando a análise sobre o **fato típico**, percebemos que este é composto pelos seguintes elementos: a) a **própria conduta;** b) o **resultado;** c) o **nexo causal;** d) a **tipicidade.**

Sobre a **conduta** os argumentos jurídicos e fáticos já foram abordados no item anterior (VII.2.1). O **resultado** é, pois, o produto alcançado pela conduta. Seguindo a noção de ação e reação, diremos que toda conduta produz um resultado. Contudo, no Direito Penal, nem toda conduta produz resultado, ou seja, é possível que uma conduta seja realizada e não haja **resultado jurídico.** Mas, esta análise está presa ao tipo penal, pois é neste que devemos encontrar todos os requisitos do crime, inclusive o resultado. Assim, é na norma penal incriminadora que devemos observar se o resultado está previsto ou não.

Certamente que a conduta produz um resultado, mas pode ser que a norma penal incriminadora tenha dispensado o resultado para fins de configuração e consumação do crime.

Nesse sentido, se o tipo penal não previr o resultado é porque o crime será consumado somente com a prática da conduta, independentemente de se produzir o resultado. São os chamados crimes formais ou de mera conduta. Todavia, se o tipo penal mencionar, implícita ou explicitamente, o resultado, é porque o crime somente será consumado se o resultado for alcançado, sendo, pois, um crime material.

Certamente que, em geral, os crimes são materiais, ou seja, os tipos penais, em sua maioria, incluem e exigem o resultado, o que determinará a consumação quando este ocorrer. Poderemos observar se o resultado está contido no tipo quando imaginamos o denominado "processo executório" do crime ou "*iter criminis*". Se todo o processo estiver presente no tipo (conduta e resultado, geralmente revelado pelo próprio verbo, como por exemplo, o crime de homicídio: matar alguém, que dá a ideia de que algo será feito e a morte ocorrerá), estaremos diante de um crime material.

Então, se ao observamos o tipo penal pudermos depreender a conduta bem como o resultado, como integrantes do processo executório realizável pelo agente, isto quer dizer que o crime só será consumado se o agente realizar a conduta e chegar ao resultado (crime material), ao passo que nos crimes formais o tipo penal só revela a conduta, excluindo o resultado, caso em que o agente responderá pelo crime consumado se esta vier a ser realizada, mesmo que não chegue ao resultado (jurídico) pretendido (crimes intencionais ou dolosos, pois na culpa o agente não quer nem assume o risco de produzir o resultado). Nos crimes formais o Estado antecipa a consumação, reconhecendo-a somente com a prática da conduta, afastando o resultado do processo executório do crime, isto é, o crime ocorre com a conduta, e despreza-se o resultado.

Em síntese, crime material é aquele em que há resultado – previsto no tipo penal – e para ser consumado é preciso que o autor do fato alcance o resultado, e crime formal é aquele em que não há resultado – previsto no tipo penal – e para ser consumado é preciso, tão somente, que o autor realize a conduta, antes mesmo de alcançar o resultado pretendido. Não nos esqueçamos, ainda, do instituto da **responsabilidade objetiva** (relevância da conduta e do resultado), que leva ao estudo da imputação objetiva (do resultado), para os quais o resultado é fundamentalmente o que determina a tipificação da conduta e a imputabilidade do sujeito ativo.

O **nexo causal**, como já aludido, também denominado pela doutrina como **relação de causalidade**, diz respeito à relação fática entre o resultado e a conduta, praticada pelo sujeito ativo. Assim, o ordenamento jurídico possui seu arcabouço para que seja aplicado àquele que pratica o fato típico, isto é, responsável pela realização da conduta prevista na lei penal incriminadora. Todavia, é de crucial importância a análise da responsabilidade pelo resultado produzido, pois o autor pode: a) realizar a conduta e não alcançar o resultado, mas este sobrevir por ação de outra causa (estudo das concausas); b) realizar a conduta pretendendo um resultado e obter outro mais grave (preterdolo). Neste particular aspecto, o Direito Penal deve considerar os atos praticados pelo autor e imputar a este o resultado alcançado, mesmo que outro mais grave tenha ocorrido por força de terceiro, ou por sua ação quando não pretendia.

O estudo sobre o nexo de causalidade ganhou contornos controversos quando do surgimento da teoria da imputação objetiva do resultado, pois nesta teoria, cuja referência é o risco, o autor somente deve responder pelo resultado quando tiver dado causa ao risco, quando houver aumento do risco que não produziu, ou quando na hipótese de possibilidade de redução do risco, não produzido por este, deixa de agir para evitá-lo. A doutrina encontra-se em profundo debate acerca desta matéria, não havendo qualquer campo estável para determinar a sua aplicação segura. Não pode, em sentido inverso, haver dúvidas sobre a imputação objetiva da ação, pois este é o requisito primordial para que alguém possa ser acusado de prática de crime, visto que, se não há como aplicar ao sujeito a autoria da conduta, que proporciona o resultado, não há como cogitar a imputação do fato ao mesmo. Dessa forma, a divergência gira em torno, tão somente, do resultado.

2.3. A ilicitude ou antijuridicidade (terceiro elemento do conceito de crime)

À ilicitude corresponde a contrariedade ao direito, isto é, a conduta fere um bem jurídico protegido pela lei, sendo, por isto, denominado antijuridicidade. Mas, considerando que a conduta que fere um bem jurídico produz consequências jurídicas, **preferimos adotar o termo ilicitude do fato.**

A ilicitude pressupõe ser típico o fato praticado, pois não havendo tipicidade da conduta não há que se falar em conduta criminosa. Assim, antes de ser ilícita a conduta é preciso que ela tenha ocorrido e que esteja perfeitamente enquadrada na norma penal incriminadora, ou seja, no tipo penal. Trata-se, dessa forma, a conduta típica e ilícita, de um *injusto penal*. **Injusto penal é a conduta prevista como crime, portanto desvalorada pela sociedade**, reprovada social e culturalmente, pois interfere negativamente nas relações sociais.

Na verdade, saberemos se uma conduta é ilícita observando o Código Penal, mas, assim como a culpabilidade, só é possível esta compreensão ao analisarmos a norma penal que exclui a ilicitude, pois, por lógica, todas as condutas praticadas segundo a previsão do tipo penal serão ilícitas, salvo aquelas que o Estado aceita. O que está sendo afirmado é que, mesmo sendo uma conduta enquadrada em um tipo penal (adequação perfeita do fato à norma penal incriminadora) ela não será crime, pois há justificativas aceitas, inclusive determinadas na própria lei (justificantes ou excludentes). No caso do Código Penal Brasileiro vigente a referida previsão encontra-se no art. 23.

2.4. A culpabilidade (quarto elemento do conceito de crime)

A culpabilidade representa tecnicamente o juízo de reprovação da conduta do sujeito ativo do crime, considerando, neste sentido, que a conduta já foi determinada como típica e ilícita (injusto penal). Assim sendo, a fim de determinar a existência do crime, é preciso, em última fase da análise estratificada referida por Zaffaroni, precisar a existência dos elementos da culpabilidade: imputabilidade, potencial consciência da ilicitude e exigibilidade de conduta diversa. Em não havendo um destes elementos não poderá ser reconhecida a presença da culpabilidade na prática da conduta, **deixando, por este motivo, de ser crime** a conduta. É bem verdade que, para parte da doutrina, a culpabilidade não configura elemento constitutivo do conceito de crime, mas sim mero pressuposto da pena, ou seja, em sendo conduta, típica e ilícita, já está configurado o crime, mas se não for possível caracterizar a culpabilidade, não deverá ser punida a conduta. Contudo, na atual fase da política penal, este entendimento está defasado, sendo dominante a que inclui a **culpabilidade no conceito de crime (conceito tripartido: fato típico, ilícito e culpabilidade**).

Mas, é preciso registrar que a lei penal não apresenta o conceito de culpabilidade, nem mesmo os seus elementos, pois o faz inversamente ao apresentar os elementos excludentes da culpabilidade: inimputabilidade, inconsciência do ilícito e inexigibilidade de conduta diversa.

Certo é que, se presente um destes elementos excludentes, não poderemos afirmar a existência da culpabilidade, como na hipótese de ser o sujeito ativo menor de 18 anos, o que o torna inimputável, sujeito à legislação específica, no caso a Lei nº 8.069/1990 (Estatuto da Criança e do Adolescente).

Vejamos, assim, cada um dos elementos constituidores da culpabilidade, que representam, no todo, o juízo de reprovação da conduta:

a) **Imputabilidade:** imputabilidade quer dizer a possibilidade de responsabilizar alguém por ter praticado determinada conduta, no caso, um injusto penal (conduta típica e ilícita). Neste aspecto, a imputação da conduta somente poderá recair sobre o fato praticado, o que significa dizer que a pessoa só pode responder pelo crime se deu causa ao mesmo e se produziu o respectivo resultado, pois é possível que uma pessoa dê causa, que no processo a ser desenvolvido levaria ao resultado, mas outra causa surge e produz o resultado, produzido por terceiro ou por força natural, o que integra o estudo das concausas.

Assim, afirmamos ser imputável aquele sobre o qual pode recair a responsabilidade pela prática de um crime. O inimputável, *a contrario sensu*, não é suscetível de responsabilização, por motivo especificamente legal.

Como já afirmado antes, o Código Penal Brasileiro só estabelece as hipóteses que excluem a culpabilidade e cita, portanto, a não determinação da imputabilidade penal (inimputabilidade penal) nos casos seguintes:

a) *menoridade penal* (diferentemente do Direito Civil, no Direito Penal aquele que não possui 18 anos completos não responde pela prática de crime e sim de ato infracional); b) *deficiência mental* (segundo constatação médica o sujeito é portador de doença mental, que retira sua capacidade plena de consciência); c) *embriaguez fortuita completa* (considera-se esta possibilidade quando o sujeito alcança estado ébrio completo, não motivado por sua vontade, retirando-lhe a consciência plena); *e embriaguez patológica* (estado ébrio crônico).

b) **Potencial de consciência da ilicitude:** diante dos valores solidificados ao longo da história na sociedade, o ser humano reconhece a necessidade de previsão de regras, como forma de limitar a existência das relações conflituosas, pois, não fosse assim, todos teriam liberdade para realizar aquilo que fosse de seu interesse, mesmo sendo ruim para outros.

Neste passo, o Código Penal representa o conjunto de normas que servem de referência para que as pessoas auto determinem suas ações, evitando praticar condutas que provoquem resultados lesivos a terceiros.

Esse elemento da culpabilidade consagra justamente esta particular atenção para os comportamentos humanos, posto que significa a capacidade intelectual/potencial do indivíduo de reconhecer se determinada conduta é legal ou ilegal. Isto é, o Estado exige do sujeito o potencial perceptivo que lhe permite avaliar a ilegalidade da conduta, como obra de sua própria consciência. Particularmente, neste elemento da culpabilidade, a pessoa deve perceber a ilegalidade, mas pode se equivocar e perder esta consciência, o que produzirá a exclusão da culpabilidade, e não haverá crime. Não se refere, neste particular, desconhecimento da lei (ignorância), pois esta hipótese não afasta a culpabilidade, mas a ausência de condições (potencial) de percepção da ilegalidade de sua conduta, devido à presença de um erro. Trata-se, na verdade, do erro de proibição. Será possível, então, afirmar que determinada pessoa possui potencial consciência do ilícito/antijuridicidade se não estiverem presentes as hipóteses de exclusão da mesma, como previstas no Código.

O erro de proibição pode ocorrer em duas hipóteses: a) quando alguém erra sobre o ilícito, pensando ser permitido, chamado erro de proibição direto (art. 21 do CP), ou quando **imagina** haver, erroneamente, uma causa de **exclusão de ilicitude inexistente** (erro permissivo), ou estar **dentro do limite** de uma delas, o que se denomina erro de proibição indireto (art. 20, § 1º, do CP).

Aplica-se, para esta espécie de erro de proibição (indireto), que atua sobre as justificantes legais (legítima defesa, estado de necessidade, exercício regular do direito e exercício do dever legal), que excluem a ilicitude, a teoria limitada da culpabilidade. Essa teoria diferencia o erro sobre o ilícito (erro de proibição) do erro sobre o fato-erro de tipo (art. 20 do CP), pois a pessoa atua imaginando haver uma causa (lei) de justificação (uma permissão legal – erro de permissão), quando ela é inexistente, o que exclui a culpabilidade.

No caso do erro de tipo (art. 20) exclui-se o dolo, subsistindo o crime e podendo responder na modalidade culposa. O sujeito, no erro de tipo, também pode imaginar uma situação que justificaria a sua conduta (art. 20, § 1º), como as excludentes de ilicitude, mas não porque imagina ser legal, mas porque imagina que há um fato que lhe permite agir (erro sobre o fato e não sobre a lei) sob o manto do art. 23 do CP.

Para esta teoria, adotada pelo Código Penal, o erro sobre as justificativas do tipo não é erro de proibição e sim erro de tipo, ao passo que a teoria extremada considera o contrário, – as duas hipóteses como erro de proibição.

Assim, quando alguém erra sobre determinado fato, pensando que as circunstâncias lhe dão garantia para agir, pratica erro de tipo (permissivo), isto é, imagina ser possível agir, diante das circunstâncias, mas sua percepção é equivocada. Exemplo: o sujeito imagina que o seu inimigo vindo em sua direção, com a mão direita no bolso, pretende matá-lo, o que o leva a sacar uma arma e disparar primeiro contra o mesmo.

Este sujeito erra, imaginando que o seu inimigo iria matá-lo, quando na verdade pretendia lhe dar um presente. Nesta hipótese não haverá exclusão da culpabilidade, segundo a teoria limitada, mas sim exclusão do dolo, mantendo-se o crime[10].

Todavia, na medida em que o erro incide sobre uma falsa compreensão do que é permitido, pratica o fato sob o manto do erro de proibição, que acarretará na exclusão da culpabilidade (erro sobre as justificantes). Exemplo: o turista que ao ver um brasileiro fumando cigarro de palha acende um cigarro de maconha, vindo a ser preso. Trata-se, aqui, de uma falsa percepção do que é permitido, sendo, por isto, erro de proibição (indireto). Exclui a culpabilidade e não haverá crime.

Porém, segundo a norma penal, poderá haver inconsciência aceita (escusável ou desculpável) e a não aceita (inescusável ou indesculpável). As hipóteses de erro escusáveis, sobre o que é permitido, excluem a culpabilidade, mas se for inescusável haverá, apenas, redução da pena.

Em resumo, são hipóteses que excluem a culpabilidade, segundo o potencial do ilícito: a) erro de proibição direto; b) erro de proibição indireto, por faltar, naquela situação específica, o potencial necessário para reconhecer a ilicitude (falta de amparo legal).

c) **Exigibilidade de conduta diversa**: este elemento configurador da culpabilidade, quando analisados os elementos anteriores, define a existência do crime, pois, diferentemente dos elementos anteriores, esta condição representa a plena capacidade legal e subjetiva do autor da conduta, entretanto, este, diante de determinada circunstância, decide que a prática do crime é a melhor conduta a ser realizada. Desta forma, a análise da exigibilidade de conduta diversa só ocorre depois de analisados os anteriores elementos da culpabilidade. Portanto, esta se apresenta quando o juízo é sabedor que o sujeito é imputável, consciente do ilícito, mas, por algum motivo, decidiu praticar o crime, não optando por evitá-lo.

Mas, como os demais elementos, a norma penal somente estabelece as hipóteses que negam a possibilidade de determinar a exigência de conduta

10. Para a teoria limitada há distinção entre duas espécies de erro: uma, a que recai sobre os pressupostos fáticos de uma causa de justificação, a que considera tratar-se de erro de tipo permissivo; outra, a que recai sobre a existência ou a abrangência da causa de justificação, a que considera erro de proibição. (Bitencourt, Cezar Roberto. *Tratado de Direito Penal*: Parte Geral, 11ª edição, São Paulo, Saraiva, 2007, p. 376).

diversa, isto é, as hipóteses que impedem de se exigir outra conduta do sujeito (inexigibilidade de conduta diversa), excluindo-se a culpabilidade.

As hipóteses são: coação moral irresistível (a pessoa é forçada moralmente por outro a realizar o crime, como a mãe que ao ver seu filho ameaçado por alguém, que possui uma arma de fogo, atende ao pedido do ameaçador praticando algum crime).

Na coação moral irresistível é preciso que a ameaça seja realmente irresistível (caso contrário não haverá exclusão de culpabilidade); obediência hierárquica, quando o superior ordena a seu subordinado (via de regra só se aplica às relações entre militares) a prática de determinada conduta e, pensando estar agindo legalmente, pratica um crime. Exemplo dessa hipótese é o soldado que retira explosivos e armamentos do paiol militar e coloca-os no veículo particular de seu superior, conforme ordem verbal determinada ao mesmo.

Independentemente de previsão legal, é possível haver a alegação de inexigibilidade de conduta diversa em fatos não previstos em lei – causas supralegais – pois o sujeito, mesmo sendo imputável, consciente da ilicitude da conduta, pratica fato por acreditar não haver outra saída, como o exemplo citado por Rogério Greco, na situação do preso que mata o líder de um movimento interno de homicídios, quando encontra-se dormindo, sabendo que poderá morrer por ser integrante de outra facção[11].

3. Princípios do Direito Penal

O limiar de novas perspectivas, até mesmo para o Direito Penal, parece ser algo presente ao longo do século XX, considerando a recepção doutrinária de novas influências marcantes para a estrutura teórica, influências estas caracterizadas pelo pós-guerra. Neste sentido, a partir de referências fundamentais para uma nova concepção teórica do Direito Penal, cristalizaram-se na doutrina novos princípios norteadores da práxis punitiva, ao lado dos clássicos preexistentes:

3.1. Princípio da Reserva Legal ou da Legalidade

Para este consagrado princípio, já vigente desde a época das Escolas

11. Grego, Rogério. *Curso de Direito Penal*: Parte Geral, volume 1. Rio de Janeiro, Impetus, 2006, p. 451.

Clássica (Contratualismo Penal), de Beccaria, Romagnosi, Feuerbach e Marat, e Positivista (Cientificismo Penal), de Comte, Garofalo, Lombroso e Von Liszt, somente haverá crime se antes estiver previsto em lei. A possibilidade de se imputar a alguém a autoria de um crime será possível, tão somente, caso exista uma norma penal anterior que defina este crime. Este princípio concede verdadeira garantia ao indivíduo contra a ação arbitrária do Estado. Está previsto, atualmente, no art. 5º, XXXIX, da CR e no art. 1º, do CP.

3.2. Princípio da Irretroatividade da Lei Penal

A partir do princípio da reserva legal não se admite que uma lei possa retroagir para tipificar uma conduta já praticada, ou ainda para agravar a situação, seja do acusado, condenado ou em cumprimento de pena. Desta forma, a lei garante a todos a imputação de crime se houver lei anterior, caso contrário estaríamos à mercê da conveniência do Poder Público, que poderia, a qualquer momento, tornar alguém autor de crime por lei posterior. Assim, prevalece a máxima desta garantia *nullum crimen sine praevia lege*. Este princípio está consagrado no art. 5º, XL, da CR e art. 2º do CP.

3.3. Princípio da Culpabilidade

Ao se constatar a prática de um crime é preciso identificar dois elementos fundamentais: a autoria do crime e a materialidade do crime. A autoria precisa ser certa, ou seja, não pode haver dúvida quanto à pessoa que praticou, pois estaríamos diante de uma grande violência e arbitrariedade. Quanto à materialidade é preciso determinar sobre "o quê" incidiu a conduta, como no crime de roubo, no qual a materialidade corresponde ao objeto subtraído, e no homicídio, o cadáver.

Com relação ao princípio da culpabilidade, temos que, o Estado deve imputar o fato a alguém, diante da certeza de que o fez, querendo ou assumindo o risco (dolo) ou por imprudência, faltando ao dever de cuidado (culpa). Este aspecto, a partir do finalismo, determina se o crime deverá ser imputado a título de dolo ou culpa. Considerando tratar-se da hipótese de culpa, a pena será, certamente, mais branda, e todo o crime culposo precisa estar previsto no tipo penal. Somente podemos falar em crime culposo se houver a previsão no tipo, que, via de regra, pratica-se dolosamente, isto é, todos os tipos penais estão previstos dolosamente, mas, excepcionalmente encontramos tipos penais prevendo o crime culposo (homicídio culposo, arts. 121, §3º, 129, § 6º ou ainda no crime de incêndio culposo). O crime doloso é aquele em que o sujeito pretendendo alcançar um resultado – danoso ou de perigo – pratica a conduta necessária para chegar a este fim.

Percebemos, portanto, que no Código Penal, na sua Parte Especial, que inicia-se a partir do art. 121 (crime de homicídio), as condutas previstas estão consideradas na modalidade dolosa, pois o silêncio sobre a modalidade do aspecto subjetivo do crime corresponde a sua previsão na modalidade dolosa. Ao passo que, para ser culposo é preciso que no próprio tipo penal esteja prevista a hipótese.

3.4. Princípio da Lesividade

O princípio da lesividade defende que o crime, para ser considerado como tal, deve atingir o bem jurídico, isto é, deve causar algum dano. Neste caso, estamos elevando a corrente do Direito Penal Mínimo que visa fazer com o que o Estado somente utilize o recurso da norma penal, devido a sua alta interferência sobre as pessoas, quando se tratar de crime grave, isto é, resultar em dano.

Nesse aspecto, para os crimes formais, de mera conduta ou de perigo, cogita-se a impropriedade ou mesmo a inconstitucionalidade destes, tendo em vista que não causam um dano efetivo. Todavia, podemos admitir que, mesmo como crimes de perigo, é possível constatar que o resultado encontra-se previsto no tipo, como no crime de incêndio (art. 250 do CP). A regra é que sejam crimes formais, pois, como crime de perigo comum, basta provocar o perigo, independentemente do dano, mas, para parte da doutrina o próprio perigo concreto já configura o resultado, e estando previsto no tipo teremos o crime consumado com o resultado perigo. Mas o fato novo é o debate acerca da inconstitucionalidade destes tipos.

3.5. Princípio da Fragmentariedade

O princípio da fragmentariedade argumenta a necessidade de se dividirem os bens e interesses sociais, a fim de que o Direito Penal somente tutele aqueles que sejam os mais relevantes. Neste aspecto, o Direito Penal normatizará sobre os direitos que devem ser tutelados pelo Estado, a partir da previsão da conduta que poderá ser praticada contra estes direitos, que podem ser de caráter pessoal, coletivo ou mesmo do Estado. Seria, ao contrário, exigir do Estado a previsão de condutas sobre todos os direitos existentes, o que não permitiria a sua viabilidade, seja por não ser possível a sua previsão absoluta, seja por não poder efetivar administrativa e processualmente.

3.6. Princípio da Insignificância

O princípio da insignificância corresponde, para a doutrina em geral, ao princípio seletivo do Direito Penal, uma vez que apontam para a insignificância de algumas condutas – pouca expressão – segundo o bem atingindo, e não merecem a intervenção penal do Estado, apesar de previstas como crime, nos tipos penais.

Esse princípio está relacionado diretamente a outro princípio, de grande importância, apesar de, ainda, pouco usual: o princípio da bagatela. Tal princípio sustenta que determinados crimes, por atingirem objetos materiais de pouco valor, afastariam a conduta criminosa do Direito Penal, como o furto de um relógio de pequeno valor, um alimento de um supermercado, entre outros. Neste aspecto, outras ações poderiam ser executadas, como a título civil, mas não a do sistema penal, que deveria ser reservado para os crimes mais graves, até mesmo considerando a grande contradição social existente no Brasil. Mas esta não é a prática.

Verdadeiramente no Brasil vigora, de início, a teoria causalista, isto é, crime é a conduta praticada independentemente da vontade, o que exige do policial o registro de toda e qualquer conduta típica. Posteriormente, no processo em curso poderá o juízo determinar a decisão mais conveniente, seja para a sociedade, seja para o acusado. Prevalece a conveniência social, pela efetivação de medidas repressivas, a fim de evitar mais crimes e servir de referência intimidatória. Nos EUA esta teoria foi implementada em grau máximo na fase da "tolerância zero", atingindo pequenos crimes, a fim de restaurar a ordem pública.

No Brasil, segundo entendimento firmado pelos tribunais, bem de pequeno valor é aquele que não ultrapassa o valor do salário mínimo. Então, para o autor de um crime cujo bem não ultrapasse o valor do salário mínimo, deve, teoricamente, ser considerada uma conduta não passível de criminalização, não devendo ser acusado do mesmo, apesar da atuação policial preventiva (polícia militar que prende a pessoa) e policial investigativa (polícia judiciária-civil que instaura o procedimento, seja inquérito ou flagrante).

Apesar da influência prática que deveríamos perceber sobre os juízos criminais, notamos que é comum a imputação pela prática de crime cujo bem não atinja o valor do salário mínimo, sendo, no sentido inverso, comum pessoas serem acusadas e condenadas pela autoria de tais crimes, o que, na verdade, contraria este princípio, bem como a corrente do Direito Penal Mínimo (minimalismo penal).

Considerando as influências sociais e políticas, facilmente percebidas nas grandes cidades, como no Rio de Janeiro e São Paulo, podemos, certamente, pelo que ocorre na realidade judiciária no Brasil, afirmar que estamos vivendo sob a égide do Direito Penal Máximo (maximização do sistema punitivo repressivo), sendo este princípio registrado e afirmado nas instâncias acadêmicas e culturais ligadas ao Direito.

3.7. Princípio da Humanidade

O princípio da humanidade refere-se à progressão normativa de respeito aos direitos humanos, recepcionada pelas leis internas, notadamente as constituições, após a ocorrência da Segunda Guerra Mundial, pois que, seguindo a orientação da Organização Mundial das Nações Unidas (ONU), os países deveriam adotar medidas internas que não refletissem agressões à dignidade da pessoa, conforme previsto na Declaração Universal dos Direitos do Homem, de 1948. Da mesma forma que o princípio anterior, é possível afirmar, lamentavelmente, que no Brasil, como nos vários países do Ocidente, as práticas não configuram respeito à pessoa, enquanto ser humano, sendo, a própria pena, como regra do Estado, um forte exemplo da desumana relação entre o Direito Penal e o cidadão brasileiro. Este princípio enfrenta a questão do Direito Penal, atualmente criticado, pois, como já visto, a função do Direito Penal seria tutelar os bens jurídicos e a pena ressocializar o preso, contudo, historicamente, não se vislumbra a concretude destes objetivos.

4. Classificação de crimes

A partir da construção literal dos tipos penais, bem como pelas características das condutas, abstratamente previstas, além, é claro, da própria análise das condutas no plano material, a doutrina considerou importante classificá-los, para fins de diferenciação. Registre-se, contudo, que as classificações devem ser feitas a partir de determinados aspectos, vinculados ao crime como um todo. O estudo da parte especial do Código Penal Brasileiro exige este conhecimento.

a) Classificação quanto à conduta

a.1) *Crimes plurissubsistentes*: são as condutas criminosas que, via de regra, exigem a realização de vários atos. Os crimes previstos na Parte Especial são, ordinariamente, plurissubsistentes. Exemplo: O crime de homicídio, previsto no art. 121 do CPB, descrito no tipo penal "matar alguém", denota o resultado morte, mas que, certamente, exigira dele vários atos: sacar a arma, apontar, atirar e alvejar. Não se pode imaginar a lesão pelo Projeto de Arma de Fogo-PAF sem direcionar a arma, a realização do disparo, entre outros. Estes atos fazem parte do denominado "processo executório do crime" ou *iter criminis* (caminho do crime), pois caso o sujeito aponte a arma, mas seja impedido por terceiro, responderá por tentativa de homicídio se, por força das investigações, restar provado que o mesmo pretendia matar a vítima (*animus necandi*). Assim, poucos artigos não são plurissubsistentes.

a.2) *Crimes unissubsistentes*: são as condutas criminosas que, excepcionalmente, somente são praticadas por um único ato. Na verdade, a conduta, para fins de realização só exige um único ato. Exemplo: no crime de injúria o sujeito ativo responderá pelo mesmo quando irrogar a ofensa, e esta prática, via de regra, exige somente um ato. Assim, quando alguém afirma que o outro é "ridículo", diante de várias pessoas em um ambiente público, estará sujeito às consequências penais, diante do tipo penal previsto no art. 140 (crime de injúria). Trata-se de uma ofensa que atinge o decoro do ofendido. São crimes excepcionais no CPB, pois a regra é encontrarmos os crimes plurissubsistentes.

a.3) *Crimes dolosos*: são os crimes praticados por alguém que quer o resultado (dolo direto) ou assume a consequência do resultado (dolo indireto, denominado dolo eventual). Na hipótese do dolo direto temos a hipótese da pessoa que, desejando matar a outra, realiza vários disparos com uma arma de fogo. Contudo, no dolo indireto, o sujeito não expressa o desejo de matar, mas admite que o resultado lhe é indiferente, como por exemplo o sujeito que sabendo que durante a caçada poderá atingir um grupo de adolescentes, realiza o disparo e alveja um deles.

Esta distinção não produz consequências para fins de tipificação ou punibilidade, sendo apenas uma questão de determinação do aspecto subjetivo, posicionando a vontade no momento da realização da conduta (teoria finalista).

Esses crimes são regra na disposição penal do Código, não havendo a indicação nos tipos penais, pois todos os tipos penais admitem o crime doloso, sendo exceção – e devem estar previstos – os crimes culposos.

a.4) *Crimes culposos*: são os crimes que o sujeito não pretende produzir o resultado, nem mesmo assume o risco, contudo, com seu(s) ato(s) o resultado surge, ligando-o ao tipo penal. Todavia o sujeito somente será considerado autor de crime culposo se houver no tipo penal (acessório ou secundário) uma disposição prevendo o crime culposo, como nos casos de homicídio culposo, lesão corporal culposa, entre outros. Os crimes culposos são denominados pela doutrina progressista atual de crimes de imprudência, pois o resultado advém de uma ausência de cuidado.

Nesse aspecto, o resultado pode ocorrer das seguintes modalidades da culpa (não se confunde com culpabilidade, pois esta tem um sentido *lato sensu* quanto ao conceito de crime, e neste estudo a culpa refere-se ao fato acidental): *culpa consciente*: o sujeito sabe e prevê o resultado, mas acredita que não irá acontecer o pior. Exemplo: a pessoa joga um balde de tinta de um andaime para o outro, mas o balde não atinge o destino e assume uma trajetória de descida, atingindo uma pessoa que passava embaixo, causando lesões (lesão corporal culposa); *culpa inconsciente*: trata-se da hipótese em que o sujeito poderia prever o resultado, mas não o fez. Exemplo: uma pessoa emprega uma velocidade alta no seu veículo e este vem a atingir a vítima, matando-a (homicídio culposo).

Nesta modalidade, portanto, o sujeito não deseja nem mesmo imagina e aceita o resultado, simplesmente o resultado é previsível e ele, ainda assim, realiza uma conduta que produz um resultado. Se mentalizar o resultado será culpa consciente e se não o fizer será culpa inconsciente (diferente, pois, do dolo eventual, que prevê e aceita o resultado).

a.5) *Crimes habituais*: são aqueles que o tipo penal descreve conduta que sugere uma prática reiterada, ou seja, para a pessoa que seja considerada autora do crime exige-se que ela pratique a conduta várias vezes. Exemplo: o art. 282, em que a expressão "exercer" dá a ideia de uma prática continuada, não considerando típica a conduta criminosa com um simples atendimento.

a.6) *Crimes comissivos*: são os crimes que no tipo penal está prevista uma conduta que exige um fazer, como se verifica na maioria dos tipos penais (homicídio, lesão corporal, estelionato, roubo etc.).

a.7) *Crimes omissivos*: são aqueles que o tipo penal indica um não fazer, isto é, a conduta será realizada quando o sujeito não faz aquilo que está previsto no tipo, como por exemplo o crime de omissão de socorro (art.

135). Este divide-se em crimes omissivos próprios (o não fazer, quando lhe é possível) e crimes omissivos impróprios, também chamados de crimes comissivos por omissão, que, de acordo com o art. 13 do CPB, § 2º, a pessoa – garantidor ou garante – tem o dever de agir e não faz, permitindo a ocorrência do resultado previsto nos tipos penais de crimes comissivos. Nesta hipótese o sujeito não só pode realizar como tem o dever de agir para impedir o resultado.

b) Classificação quanto ao sujeito

b.1) *Crimes próprios*: são as condutas praticadas que exigem uma condição do sujeito ativo. Dessa forma, no tipo penal encontramos uma determinada característica, como por exemplo, ser funcionário público, conforme os art. 317, 319, entre outros. Os crimes não são, via de regra, crimes próprios, mas crimes comuns.

b.2) *Crimes comuns*: são as condutas que podem ser praticadas por qualquer pessoa, não havendo nos tipos penais qualquer característica. Os crimes previstos no Código Penal Brasileiro são, via de regra, comuns. Exemplo: o crime de homicídio (art. 121), lesão corporal (art. 129) e injúria (art. 140), além da grande maioria.

b.3) *Crimes de mão-própria*: são as condutas que, no tipo penal, existe a identificação do sujeito ativo, ou seja, não uma simples característica, mas somente os determinados no tipo. Exemplo: o crime de falso testemunho – art. 342 (somente a testemunha), crime de missão de notificação de doença – art. 269 (somente o médico). Podemos afirmar que são raros os crimes de mão-própria, segundo a Parte Especial do Código Penal Brasileiro.

b.4) *Crimes plurissubjetivos*: são as condutas que exigem a participação de mais de um agente ativo, segundo a descrição do tipo penal. Na verdade, esses crimes só subsistem com o concurso de agentes, como coautores. Não cabe a classificação quando se verifica a prática da conduta por um autor e partícipes, pois, para ser plurissubsistente todos devem ser autores do fato típico, isto é, todos devem realizar a conduta prevista no tipo penal. Exemplo: o crime de quadrilha ou bando, previsto no art. 288, no qual há a exigência de mais de três pessoas, ou seja, no mínimo quatro autores. Os crimes plurissubsistentes são exceções no Código Penal Brasileiro.

b.5) *Crimes unissubjetivos:* são as condutas que podem ser praticadas por uma só pessoa, conforme a não exigência no tipo penal. Correspondem à maioria dos crimes previstos no Código Penal Brasileiro. Exemplo: o crime de homicídio, crime de lesão corporal e estelionato, além da grande maioria dos crimes.

c) Classificação quanto ao resultado

c.1) *Crimes materiais*: são aqueles que no tipo penal é possível identificar todo o processo executório do crime, isto é, a realização dos atos iniciais até o resultado. Assim sendo, no tipo penal estão presentes, na expressão verbal que demonstra a conduta (matar, subtrair etc.), os atos, bem como o resultado. Esses crimes serão consumados se o agente realizar os atos, e alcançar o resultado (produzir o resultado no mundo), pois é assim que eles estão previstos ao se analisar a conduta prevista: a expressão "matar" significa que o sujeito irá realizar atos que levarão ao resultado morte. Assim, o termo "matar" já apresenta o próprio resultado.

c.2) *Crimes formais*: são aqueles que o tipo penal não prevê o resultado, tão somente o(s) ato(s), que demonstra(m) a existência da conduta ilícita. A questão é que, para qualquer classificação, a conduta é o próprio crime, e este pode ser realizado por um ou por vários atos. Assim, nos crimes formais, a descrição do crime, analisando a expressão verbal, não demonstra a previsão do resultado, como no crime de injúria, pois a doutrina afirma ser este formal, por não estar previsto, no termo "injuriar", o resultado. Neste crime, para a doutrina dominante, não se exige que o ofendido se sinta injuriado, bastando o ato de ofender, pois o termo "injuriar" só dá ideia do ato, mas não do resultado (discutível).

Outros crimes classificam-se como formais, como por exemplo: extorsão – art. 158 (configura-se o crime consumado somente com o constrangimento, não se exigindo o recebimento da vantagem), casa de prostituição – art. 229 (o agente ativo responderá pelo crime consumado com a simples existência da casa, mesmo que os encontros ainda não tenham ocorrido), arrebatamento de preso – art. 353 (basta o sujeito ativo retirar o preso do local de custódia, independentemente de maltratá-lo), entre outros.

É possível encontrarmos as duas classificações em um único tipo penal, como no crime de corrupção passiva (art. 317), por haver duas condutas previstas (o solicitar é crime formal, pois não exige o recebimento, mas o receber configura o crime material, se bem que o sujeito solicitará ou receberá, pois são as únicas hipóteses viáveis).

Os tipos penais que apresentam as expressões "para o fim de", "com intuito de", "com intenção de", são formais, pois o tipo apresenta a conduta, consumando o crime com o(s) simples ato(s), mas o resultado só está presente para justificar o motivo que leva o sujeito a realizar a conduta. Via de regra os crimes são materiais e não formais. Classificá-los como material ou formal não importa para a punibilidade, sendo importante para fins de diferenciação dos crimes.

É possível encontrarmos divergência na doutrina quanto aos crimes formais e materiais, como nos crimes de incêndio (art. 250), uso de gás tóxico ou asfixiante (art. 252), pois entende-se que não estando previsto o dano não se pode classificá-los como materiais, mas sim formais. Para outros autores, Damásio e Bitencourt, a previsão do perigo no tipo já representa o próprio resultado no tipo penal, o que já o torna material. Este entendimento é o mais razoável para fins de classificação.

c.3) *Crimes de mera conduta*: são aqueles que o tipo penal contém a conduta, não havendo, sequer, a menor indicação do resultado, como nos casos de invasão de domicílio (art. 150), onde o simples invadir, sem qualquer vínculo pelo possível resultado, já caracteriza o crime consumado. Nessas condutas, o tipo penal não sugere qualquer intenção do autor, somente a sua mera conduta.

c.4) *Crimes de perigo*: são as condutas em que o tipo penal descreve somente o perigo e não o resultado danoso. Divide-se em: crime de perigo concreto: são os que o tipo penal apresenta o efetivo perigo (crime de incêndio – art. 250, pois o tipo penal prevê o efetivo perigo, no caso o incêndio); crime de perigo abstrato: são os que o tipo penal apresenta os atos que levariam ao perigo, havendo, portanto, somente perigo projetado, fictício (crime de fabrico, fornecimento, aquisição, posse ou transporte de explosivos ou gás tóxico, ou asfixiante – art. 253). Os crimes de perigo são classificados como excepcionais na Parte Especial do Código Penal Brasileiro.

c.5) *Crimes de dano*: são os crimes em que o tipo penal descreve o resultado, ou seja, percebe-se que a conduta prevista revela também o resultado, como os crimes de homicídio, lesão corporal, entre outros. Os crimes previstos na Parte Especial são regra em termos de classificação.

c.6) *Crimes instantâneos*: são aqueles em que o resultado se apresenta em único momento, não se estendendo no tempo. Assim, nestes crimes, o autor realiza a conduta e o resultado surge em um único momento. Os crimes instantâneos são a maioria dos previstos no Código Penal. Exemplo:

o crime de roubo – art. 157 (o sujeito subtrai a coisa e a perda do bem se revela em único momento), bem como os crimes de homicídio, lesão corporal, além da grande maioria dos crimes.

c.7) *Crimes permanentes*: são as condutas que provocam um resultado que se perdura no tempo, como nos crimes de sequestro (art. 148) e cárcere privado (art. 148), pois o autor realiza uma conduta que produz um resultado que se prolonga: a vítima fica sequestrada por um lapso temporal.

Considerações finais

DURANTE muito tempo o tema dos Direitos Humanos esteve vinculado, unicamente, à questão do excesso do poder político, seja no plano interno dos Estados, seja no plano das relações internacionais. Tal fato encontra bases nas duas grandes guerras do século XX. De certo que, a violência física contra o ser humano, muitas vezes praticada por agentes do poder político (como demonstra a história ocidental), fomenta a resistência, consequentemente uma reação legítima, que é de fato. Resulta, ainda, a prática da violência (estatal), uma postura de estranhamento diante do "quadro de horror". O adjetivo empregado – horror – produz a cobertura sobre o fato, que é composta por elementos indesejáveis socialmente. Ou seja, o cidadão não deseja ser vítima de violência por aquele que deveria protegê-lo.

No que tange à temática no plano interno, haja vista o objeto deste trabalho, a produção dos debates e das ações sobre os Direitos Humanos também encontra foco sobre os excessos praticados pelos governos autoritários. No Brasil tal fato ocorreu desde o seu descobrimento. Contudo, o enfoque proposto nos remete ao século XX, precisamente a década de sessenta. Seja pela prática da tortura, seja pelas prisões ilegais e desprezo pelos princípios basilares do Direito Penal e do Processo Penal, a questão dos Direitos Humanos assumiu legítima expansão, desencadeando, inclusive, um movimento interno por uma verdadeira democracia.

A missão de se promover a transição do Estado de Polícia ao Estado Democrático, assumida por vários grupos organizados durante o próprio auge do governo militar de exceção no Brasil, desencadeou, ao final deste período de horror, o processo constituinte, que vislumbrava a promulgação de uma Constituição Cidadã.

O que se pretende afirmar é que o tema Direitos Humanos encontrava-se imbricado com as práticas hediondas de governos ilegítimos, como ocorreu no Brasil, considerando a ofensa aos mínimos direitos dos indivíduos.

A referida análise foi feita pelo ilustre Professor Heleno Fragoso, ao Professor Nilo Batista, ao esclarecer: "Não pode haver efetiva proteção e tutela dos direitos humanos senão no estado de direito, onde o primado da lei ponha as liberdades fundamentais a salvo do arbítrio e da prepotência dos governantes, através de um sistema de segurança jurídica"[1].

A superação desta forma de poder político no Brasil, na qual a força foi a mais importante ferramenta de ação pública, instituída pela norma em um Estado "fora da lei", era o anseio primordial da sociedade, posto que esta se deparava com ações de uma polícia que agia em nome do bem comum, contra aqueles que atentavam contra a "segurança nacional", e que transformava a vida em objeto de projetos políticos, e o espaço público no cenário da tragédia urbana.

O povo brasileiro, no início da década de noventa, posicionava-se ansioso diante do novo clima que se instalou com a Constituição da República de 1988, e com o processo eleitoral civil e democrático consolidado no país.

Não foi preciso longo decurso de tempo para que percebêssemos que a vida e o cotidiano das pessoas não seriam objeto de alterações substanciais, e que amargaríamos as mazelas históricas de uma sociedade cada vez mais capitalista e individualista, apesar de "verdadeiramente" democrática, em face do reconhecimento formal dos direitos civis, políticos e sociais.

O Direito que, no momento da consagração da democracia brasileira, serviu de espelho para refletir as tendências dos novos tempos, tal como ocorreu na Revolução Francesa, revelou o interesse do poder político em promover as garantias individuais e coletivas, mas também revelou a estratégica finalidade do discurso político de renovação. As mudanças sobre a qualidade de vida, propugnadas pela transição política, não se concretizaram, podendo ser percebido, aliás, o agravamento dos problemas sociais da grande maioria do povo brasileiro.

1. Batista, Nilo. *Punidos e mal pagos. Violência, Justiça, Segurança Pública e Direitos Humanos no Brasil de hoje.* Rio de Janeiro, Revan, 1990, p. 96.

O novo quadro político não revelou a tortura, visível no período ditatorial, nem a perseguição oficial, como era comum aos considerados "traidores", "comunistas", "revolucionários", "resistentes", entre outros adjetivos. Todavia, deparamo-nos com a atividade dicotomicamente exercida pelos policiais[2], segundo as bases da cidadania e da repressão, através da prisão do suspeito, do associado ao tráfico, do adolescente infrator, dos moradores das ruas, dos camelôs, e dos manifestantes políticos, bem como o total desprezo pelos encarcerados, pelos moradores das favelas e de outras áreas pobres, pelos trabalhadores rurais, pelos internados em hospitais públicos psiquiátricos, e pelos alunos das escolas públicas, tratados todos como estranhos, por não integrarem o grupo social e econômico de poder (de consumo), bem como porque a história já concedeu a estes a condição de desprezados, marginais e miseráveis, que jamais perderão este estereótipo, criado e mantido pelo grupo social que desfruta das benesses do capitalismo. O que está em curso é um latente processo de vitimização de vários grupos sociais, que se encontram cada vez mais manipulados pelos governos populistas e pelas tramas do mercado consumista. A implementação de políticas públicas direcionadas ao melhoramento da vida do povo brasileiro não se fez e não se faz presente, salvo as oportunas medidas assistencialistas e imediatas vinculadas aos projetos pessoais partidários dos representantes do poder político.

Neste contexto, os Direitos Humanos representam a ideal medida da retórica política, nas sociedades democráticas, como difundido pelos liberais clássicos (Hobbes, Locke e Rousseau) e pelos liberais contemporâneos (Dworkin, Rawls e Perelman), nas quais a intensa diferença da qualidade de vida de poucos, em relação à grande maioria, representa o modelo seletivo dominante do Estado Constitucional Democrático de Direito, ardorosamente reconhecido e defendido no Brasil, como um sinal de mudança. Esta retórica, como instrumento de legitimação, é objeto do atual debate acerca da justiça, no qual defendem que a argumentação é o melhor recurso

2. "Na cidade do Rio de Janeiro, hoje, a luta pela cidadania tem o seu principal *front* no nível simbólico e ideológico, num contexto de disseminação do autoritarismo, onde o medo e a desqualificação do outro se somam às campanhas de descrédito do Estado e das classes políticas. Está instaurado o terreno para o autoritarismo sem ditadura." (Batista, Vera Malaguti. *Difíceis ganhos fáceis. Drogas e juventude pobre no Rio de Janeiro*. Instituto Carioca de Criminologia. Coleção Pensamento Criminológico, Rio de Janeiro, Freitas Bastos, 1998, p. 28).

onde a dúvida se instala, diante de um público que deseja segurança[3].

O Direito Penal passou a ser o recurso indispensável para o exercício do controle social sobre os que estão envolvidos nesta decadente sociedade desigual. A utilização da lei como forma de promoção e garantia da ordem social, bem como o progresso (econômico concentrado), é justificada pela "onda" de insegurança, que não se esgota, mas que se renova a cada diminuição de seu volume. Esta preocupação em se legalizar os problemas socioeconômicos no Brasil, traduzindo-os para o senso comum como criminalidade e violência, possui uma referência internacional, localizada nos países centrais da Europa e na política do terror dos EUA, conforme ressalta Loïc Wacquant, em suas obras, sobre a contenção étnica e econômica da criminalidade praticada contra determinados grupos sociais.

Diante dessa realidade que ressalta o problema da insegurança, e que justifica o "combate" à violência, não só se denota a criminalização dos pobres, como também dos adolescentes da classe média, envolvidos em fatos que outrora não representavam "perigo" para a sociedade brasileira, como sempre se fez contra os integrantes dos grupos que participavam dos bailes *funk's*. A adolescência passa a ser encarada como uma fase nociva para a sociedade, reduzindo a questão para o problema da criminalidade e judicializando cada vez mais as ações dos indivíduos, como propunha o *panoptismo* clássico.

O referido ambiente criminalizante, judicializante e penalizante da sociedade brasileira, apesar de todas as possíveis variáveis que contornam os problemas sociais, induz o Estado a desprezar as políticas públicas educativas e culturais, e incentiva a execução do ordenamento jurídico penal (Código Penal e Código de Processo Penal)[4], mesmo que este encontre-se flagrantemente desconexo com a denominada Constituição Cidadã.

3. Camargo, Margarida Maria Lacombe. *Hermenêutica e Argumentação. Uma contribuição ao estudo do Direito.* 2ª edição, Rio de Janeiro, Renovar, 2001.

4. Salvo o duvidoso emprego revolucionário (quando a uma abundância do penal corresponde notável escassez de direito), o direito penal não é instrumento adequado para transformações sociais. O esforço teórico crítico e desmitificador do direito (que na América Latina recebeu excelentes contribuições, entre as quais os trabalhos de Novoa e Zaffaroni) revelou suas funções legitimadoras e conservadoras. A pesquisa criminológica demonstrou que ambiciosas pedras angulares de muitas concepções (por exemplo, a intimidação pela ameaça penal, ou a ressocialização carcerária) não passaram de fantasias, capazes de articular uma lógica penalística e desatar concretos sistemas de controle social penal, porém simplesmente sem existência social." (Batista, Nilo. *Punidos e mal pagos. Violência, Justiça e Segurança Pública e Direitos Humanos no Brasil de hoje.* Rio de Janeiro, Revan, 1990, p. 49).

Ademais é preciso frisar que o ordenamento jurídico penal brasileiro foi originado no período político rígido do Brasil, segundo o paradigma facista europeu. Contudo, aplica-se este ordenamento jurídico sob a égide do garantismo constitucional, apesar de representar a grande contradição das práticas processuais no Brasil, pois permite a permanência de instrumentos normativos de um Estado Policial Máximo, no qual a pena de prisão é a regra para a maioria dos crimes (patrimonais) praticados pelos infratores, e julgados pelo Poder Judiciário, sem qualquer inserção das críticas do sistema político brasileiro.

Esta prática, ao contrário dos princípios limitadores do Direito Penal (fragmentariedade, intervenção mínima, humanidade, lesividade etc.), mantém a solidificação estigmatizante do sistema punitivo, contra pessoas determinadas, integrantes de grupos sociais específicos[5].

O que se denota é a recorrente utilização das teorias penais, a partir da (re)novação dos conceitos, a fim de justificar o mito da finalidade do Direito Penal, como percebemos com a recente corrente funcionalista, da qual são responsáveis principalmente Günther Jakobs, Francisco Muñoz Conde e Claus Roxin, que visam localizar a legitimidade do ordenamento jurídico penal, através do debate acerca do bem jurídico, da norma jurídica e do sistema jurídico-penal, que postula por (re)definições dos institutos jurídicos, (re)acendendo as prolixas e eruditas justificativas (re)formuladoras da estrutura de controle social, sendo, porém, impróprias para as modificações que se pretendem segundo os preceitos constitucionais.

A prática do controle social como regra nas sociedades contemporâneas, através do ordenamento jurídico penal, já foi objeto de clara resistência teórica entre os pensadores da filosofia, sociologia e do direito. Recentemente esta ação reflexiva foi realizada por Giorgio Agamben ao tratar da biopolítica, resgatando Foucault e Hannah Arendt[6].

5. "Criminalizar os pobres é um instrumento indispensável porque garante materialmente a sua posição subalterna no mercado de trabalho e a sua crescente exclusão, disciplinando-os, pondo-os em guetos e, quando necessário, destruindo-os. É também um instrumento indispensável para encobrir, com a imagem da criminalidade perseguida, isto é, a dos pobres, o grande edifício de ilegalidade e de violência que reúne em nossa sociedade as classes detentoras do poder econômico. Este edifício é tanto maior quanto maior for a desigualdade social." (Batista, Vera Malaguti. *Difíceis ganhos fáceis. Drogas e juventude Pobre no Rio de Janeiro*. Instituo Carioca de Criminologia. Coleção Pensamento Criminológico, Rio de Janeiro: Freitas Bastos, 1998, p. 23).

6. Agamben, Giorgio. *Homo sacer. O poder soberano e a vida nua*. Belo Horizonte, UFMG, 2002, p. 125.

Atualmente a Criminologia Crítica[7] assumiu o compromisso acadêmico de ampliar o debate e a denúncia deste sistema punitivo institucional criminalizante, no qual o Brasil cada vez mais distorce a relação entre o discurso garantista e a prática penal, mediante a teorização "científica" da norma jurídica, e a implementação de medidas protetivas do cidadão.

Neste aspecto, a fim de enfrentarmos a questão do crime e de politizar a prática do Direito Penal e do Processo Penal, de forma séria e indiscreta, devemos nos ater às múltiplas variáveis que historicamente e a cada dia nos são apresentadas, reveladoras das contradições que constituem a realidade social e permeiam as insensíveis atividades das instituições públicas, especificamente o Poder Judiciário. Este processo somente será possível de ser implementado se for promovida a interação das ciências que hoje se ocupam com os fatos sociais, e não somente uma leitura formal do fato, como faz o Direito Penal, que acredita justificar a execução de uma normativa jurídica fria e imoral, sem considerar a complexidade do fenômeno social que o crime revela ser.

7. Baratta, Alessandro. *Criminologia Crítica e Crítica do Direito Penal. Introdução à Sociologia do Direito Penal.* 3ª edição. Instituto Carioca de Criminologia. Coleção Pensamento Criminológico, Rio de Janeiro, Revan, 2002.

Bibliografia

ARENDT, Hannah. *A condição humana.* Rio de Janeiro: Forense, 2000.

AGAMBEN, Giorgio. *Homo sacer e a vida nua.* Belo Horizonte: UFMG, 2002.

BARATTA, Alessandro. *Criminologia Crítica e Crítica do Direito Penal. Introdução à Sociologia do Direito Penal.* Instituto Carioca de Criminologia. Coleção Pensamento Criminológico. 3. ed., Rio de Janeiro: Revan, 2002.

BARROSO, Luís Roberto. Fundamentos teóricos e filosóficos do Novo Direito Constitucional Brasileiro (Pós-modernidade, teoria crítica e pós-positivismo). *Revista da Academia Brasileira de Direito Constitucioal.* v 1, Paraná, 2001.

BATISTA, Nilo; ZAFFARONI, Eugenio Raúl. *Direito Penal Brasileiro I.* 2. ed., Rio de Janeiro: Revan, 2003.

BATISTA, Nilo. *Introdução crítica ao Direito Penal Brasileiro.* 5ª edição, Rio de Janeiro, Revan, p. 24.

__________. *Matrizes ibéricas do Sistema Penal Brasileira I.* Coleção Pensamento Criminológico. Instituto Carioca de Criminologia. Rio de Janeiro: Freitas Bastos, 2000.

__________. *Punidos e mal pagos. Violência, Justiça e Segurança Pública e Direitos Humanos no Brasil de hoje.* Rio de Janeiro: Revan, 1990.

BATISTA, Vera Malaguti. *O medo na cidade do Rio de Janeiro.* Rio de Janeiro: Revan, 2003.

__________. *Difíceis ganhos fáceis. Drogas e juventude pobre no Rio de Janeiro.* Instituto Carioca de Criminologia. Coleção Pensamento Criminológico. Rio de Janeiro: Freitas Bastos, 1998.

BAUMAN, Zygmund. *O mal-estar na pós-modernidade.* Rio de Janeiro: Jorge Zahar Editor, 1998.

BENTHAM, Jeremy. Panóptico-Memorial sobre um novo princípio para construir casas de inspeção e, principalmente, prisões. . Trad. Anita Edite Ribeiro Montoia. In: *Revista Brasileira de História.* n. 14, Dossiê-Instituições, São Paulo, 1987.

BITENCOURT, Cezar Roberto. *Tratado de Direito Penal:* Parte Geral. 8. ed. São Paulo: Saraiva, 2003. V. 1.

_________. *Falência da pena de prisão.* 2ª edição. São Paulo: Saraiva, 2001.

BOBBIO, Norberto. O *positivismo jurídico. Lições de filosofia do Direito.* São Paulo: Ícone, 1995; idem, 2002.

BRUNO, Aníbal. *Direito Penal. Parte Geral.* Rio de Janeiro: Forense, 2003. T. 1.

CARVALHO, Salo De. *Pena e Garantias. Uma leitura do garantismo de Luigi Ferrajoli.* Rio de Janeiro: Lumen Juris, 2001.

CAMARGO, Margarida Maria Lacombe. *Hermenêutica e Argumentação. Uma contribuição ao Estudo do Direito.* 2. ed. rev. e ampl. Rio de Janeiro: Renovar, 2001.

COIMBRA, Mário. *Tratamento do injusto penal da tortura.* São Paulo: Revista dos Tribunais, 2002.

COMPARATO, Fábio Konder. *A afirmação histórica dos Direitos Humanos.* 2ª ed. São Paulo: Saraiva, 2001.

DINIZ, Maria Helena. *Compêndio de introdução à ciência do direito.* São Paulo: Saraiva, 1998.

DUPRAT, Catherine. Punir e Curar. Em 1819, a prisão dos Filantropos. In: *Revista Brasileira de História,* São Paulo, n. 14, p. 7/58, mar./ago. 1987.

DURKHEIM, Émile. As regras do método sociológico. In: *Os pensadores.* Trad. Carlos Alberto Ribeiro de Moura, Luz Cary, Margarida Carrido Esteves e J. Vasconcelos Esteves. São Paulo: Abril Cultural, 1978; Saraiva, 2003.

FOUCAULT, Michel. *Vigiar e punir. Nascimento da prisão.* 19. ed. Petrópolis: Vozes, 1999.

FRAGOSO, Heleno Cláudio. *Lições de Direito Penal. Parte Geral.* 15. ed. Rio de Janeiro: Forense, 1995.

GOFFMAN, Erving. *Estigma. Notas sobre a manipulação da identidade deteriorada.* 4. ed. Rio de Janeiro: Editora LTC, 1988.

HESSE, Konrad. *A Força Normativa da Constituição.* Trad. de Gilmar Ferreira Mendes, Porto Alegre: Sérgio Antônio Fabris, 1991.

HOBSBAWN, Eric J. *A era das revoluções.* 16. ed. Rio de Janeiro: Paz e Terra, 2002.

LAKATOS, Eva Maria. *Sociologia geral.* São Paulo: Atlas, 1980.

LASSALLE, Ferdinand. *O que é uma Constituição.* 1. ed. Campias: Russel, 2005.

MENEGAT, Marildo. *Depois do fim do mundo. A crise da modernidade e a barbárie.* Rio de Janeiro: Relume Dumará, 2003.

MORAIS, José Luis Bolzan de. *As crises do Estado e da constituição e a transformação espacial dos direitos humanos.* Porto Alegre: Livraria do Advogado, 2002.

NADAL, Fábio. *A Constituição como mito. O mito como discurso legitimador da Constituição.* São Paulo: Método, 2006.

NEDER, Gizlene. Cidade, identidade e exclusão social. *Revista Tempo*. v. 2, n. 3. Rio de Janeiro: UFF/Relume Dumará, 1997.

NOVINSKY, Anita Waingort. *A inquisição*. São Paulo: Brasiliense, 1983.

PASUKANIS, Eugeny Bronislanovich. *A teoria geral do direito e o marxismo*. Trad. Paulo Bessa. Rio de Janeiro: Renovar, 1989.

PEREIRA, Caio Mário da Silva. *Instituições de Direito Civil*. v. 1. Rio de Janeiro: Forense, 2007.

PIOVESAN, Flávia. *Temas de Direitos Humanos*. São Paulo: Max Limonad, 1998.

PRADO, Luiz Regis; CARVALHO, Érika Mendes de. *Teorias da imputação objetiva do resultado. Uma aproximação crítica a seus fundamentos*. São Paulo: Revista dos Tribunais, 2002.

PUIG, Santiago Mir. *Direito penal. Fundamentos e teoria do Delito*. São Paulo: Revista dos Tribunais, 2007.

RAUTER, Cristina. *Criminologia e subjetividade*. Instituto Carioca de Criminologia. Coleção Pensamento Criminológico. Rio de Janeiro: Revan, 2003.

RAWLS, John. *Justiça e democracia*. São Paulo: Martins Fontes, 2002.

SANTOS, Juarez Cirino dos. *Direito Penal. A nova parte geral*. Rio de Janeiro: Forense, 1985.

SANTOS, Milton. *Por uma outra globalização. Do pensamento único à consciência universal*. Rio de Janeiro: Record, 2000.

STRECK, Lenio Luiz; BOLZAN, Luis Bolzan de Morais. *Ciência política e teoria do Estado*. Porto Alegre: Livraria do Advogado.

TAVARES, Juarez. *A teoria do injusto penal*. Belo Horizonte: Del Rey, 2002.

THOMPSON, Augusto. *A questão penitenciária*. 3. ed. Rio de Janeiro: Forense, 1991.

__________. *Escorço histórico do Direito Criminal Luso-Brasileiro*. Série Cadernos do Instituto de Ciências Penais da Faculdade de Direito Cândido Mendes, Rio de Janeiro: Liber Juris, 1982.

WACQUANT, Loïc. *As prisões da miséria*. Rio de Janeiro: Jorge Zahar Editor, 1999.

WOLKMER, Antônio Carlos. História do Direito no Brasil. Forense. 3. ed. Rio de Janeiro: Forense, 2003.

YOUNG, Jock. *A sociedade excludente. Exclusão social, criminalidade e diferença na modernidade recente*. Instituto Carioca de Criminologia. Coleção Pensamento Criminológico. Rio de Janeiro: Revan, 2002.

ZAFFARONI, Eugenio Raúl. *Manual de Direito Penal Brasileiro. Parte Geral*. 2. ed. São Paulo: Revistas dos Tribunais, 1999.

__________. *Em busca das penas perdidas*. Rio de Janeiro: Revan.

Anexos

ANEXO I

REGRAS MÍNIMAS DE TRATAMENTO DO PRESO
*RESOLUÇÃO Nº 14, DE 11 DE NOVEMBRO DE 1994**

O Presidente do Conselho Nacional de Política Criminal e Penitenciária (CNPCP), no uso de suas atribuições legais e regimentais e;

Considerando a decisão, por unanimidade, do Conselho Nacional de Política Criminal e Penitenciária, reunido em 17 de outubro de 1994, com o propósito de estabelecer regras mínimas para o tratamento de Presos no Brasil;

Considerando a recomendação, nesse sentido, aprovada na sessão de 26 de abril a 6 de maio de 1994, pelo Comitê Permanente de Prevenção ao Crime e Justiça Penal das Nações Unidas, do qual o Brasil é Membro;

Considerando ainda o disposto na Lei nº 7.210, de 11 de julho de 1984 (Lei de Execução Penal);

Resolve fixar as Regras Mínimas para o Tratamento do Preso no Brasil.

TÍTULO I
REGRAS DE APLICAÇÃO GERAL

CAPÍTULO I
DOS PRINCÍPIOS FUNDAMENTAIS

Art. 1º As normas que se seguem obedecem aos princípios da Declaração Universal dos Direitos do Homem e daqueles inseridos nos Tratados, Convenções e regras internacionais de que o Brasil é signatário devendo ser aplicadas sem distinção de natureza racial, social, sexual, política, idiomática ou de qualquer outra ordem.

* Publicado no DOU de 02/12/1994.

Art. 2º Impõe-se o respeito às crenças religiosas, aos cultos e aos preceitos morais do preso.

Art. 3º É assegurado ao preso o respeito à sua individualidade, integridade física e dignidade pessoal.

Art. 4º O preso terá o direito de ser chamado por seu nome.

CAPÍTULO II
DO REGISTRO

Art. 5º Ninguém poderá ser admitido em estabelecimento prisional sem ordem legal de prisão.

Parágrafo Único – No local onde houver preso deverá existir registro em que constem os seguintes dados:

I – identificação;

II – motivo da prisão;

III – nome da autoridade que a determinou;

IV – antecedentes penais e penitenciários;

V – dia e hora do ingresso e da saída.

Art. 6º Os dados referidos no artigo anterior deverão ser imediatamente comunicados ao programa de Informatização do Sistema Penitenciário Nacional – INFOPEN, assegurando-se ao preso e à sua família o acesso a essas informações.

CAPÍTULO III
DA SELEÇÃO E SEPARAÇÃO DOS PRESOS

Art. 7º Presos pertencentes a categorias diversas devem ser alojados em diferentes estabelecimentos prisionais ou em suas seções, observadas características pessoais tais como: sexo, idade, situação judicial e legal, quantidade de pena a que foi condenado, regime de execução, natureza da prisão e o tratamento específico que lhe corresponda, atendendo ao princípio da individualização da pena.

§ 1º As mulheres cumprirão pena em estabelecimentos próprios.

§ 2º Serão asseguradas condições para que a presa possa permanecer com seus filhos durante o período de amamentação dos mesmos.

CAPÍTULO IV
DOS LOCAIS DESTINADOS AOS PRESOS

Art. 8º Salvo razões especiais, os presos deverão ser alojados individualmente.

§ 1º Quando da utilização de dormitórios coletivos, estes deverão ser ocupados por presos cuidadosamente selecionados e reconhecidos como aptos a serem alojados nessas condições.

§ 2º O preso disporá de cama individual provida de roupas, mantidas e mudadas correta e regularmente, a fim de assegurar condições básicas de limpeza e conforto.

Art. 9º Os locais destinados aos presos deverão satisfazer as exigências de higiene, de acordo com o clima, particularmente no que ser refere à superfície mínima, volume de ar, calefação e ventilação.

Art. 10º O local onde os presos desenvolvam suas atividades deverá apresentar:

I – janelas amplas, dispostas de maneira a possibilitar circulação de ar fresco, haja ou não ventilação artificial, para que o preso possa ler e trabalhar com luz natural;

II – quando necessário, luz artificial suficiente, para que o preso possa trabalhar sem prejuízo da sua visão;

III – instalações sanitárias adequadas, para que o preso possa satisfazer suas necessidades naturais de forma higiênica e decente, preservada a sua privacidade;

IV – instalações condizentes, para que o preso possa tomar banho à temperatura adequada ao clima e com a freqüência que exigem os princípios básicos de higiene.

Art. 11. Aos menores de 0 a 6 anos, filhos de preso, será garantido o atendimento em creches e em pré-escola.

Art. 12. As roupas fornecidas pelos estabelecimentos prisionais devem ser apropriadas às condições climáticas.

§ 1º As roupas não deverão afetar a dignidade do preso.

§ 2º Todas as roupas deverão estar limpas e mantidas em bom estado.

§ 3º Em circunstâncias especiais, quando o preso se afastar do estabelecimento para fins autorizados, ser-lhe-á permitido usar suas próprias roupas.

CAPÍTULO V

DA ALIMENTAÇÃO

Art. 13. A administração do estabelecimento fornecerá água potável e alimentação aos presos.

Parágrafo Único – A alimentação será preparada de acordo com as normas de higiene e de dieta, controlada por nutricionista, devendo apresentar valor nutritivo suficiente para manutenção da saúde e do vigor físico do preso.

CAPÍTULO VI
DOS EXERCÍCIOS FÍSICOS

Art. 14. O preso que não se ocupar de tarefa ao ar livre deverá dispor de, pelo menos, uma hora ao dia para realização de exercícios físicos adequados ao banho de sol.

CAPÍTULO VII
DOS SERVIÇOS DE SAÚDE E ASSISTÊNCIA SANITÁRIA

Art. 15. A assistência à saúde do preso, de caráter preventivo curativo, compreenderá atendimento médico, psicológico, farmacêutico e odontológico.

Art. 16. Para assistência à saúde do preso, os estabelecimentos prisionais serão dotados de:

I – enfermaria com cama, material clínico, instrumental adequado a produtos farmacêuticos indispensáveis para internação médica ou odontológica de urgência;

II – dependência para observação psiquiátrica e cuidados toxicômanos;

III – unidade de isolamento para doenças infecto-contagiosas.

Parágrafo Único – Caso o estabelecimento prisional não esteja suficientemente aparelhado para prover assistência médica necessária ao doente, poderá ele ser transferido para unidade hospitalar apropriada.

Art. 17. O estabelecimento prisional destinado a mulheres disporá de dependência dotada de material obstétrico. Para atender à grávida, à parturiente e à convalescente, sem condições de ser transferida a unidade hospitalar para tratamento apropriado, em caso de emergência.

Art. 18. O médico, obrigatoriamente, examinará o preso, quando do seu ingresso no estabelecimento e, posteriormente, se necessário, para:

I – determinar a existência de enfermidade física ou mental, para isso, as medidas necessárias;

II – assegurar o isolamento de presos suspeitos de sofrerem doença infecto-contagiosa;

III – determinar a capacidade física de cada preso para o trabalho;

IV – assinalar as deficiências físicas e mentais que possam constituir um obstáculo para sua reinserção social.

Art. 19. Ao médico cumpre velar pela saúde física e mental do preso, devendo realizar visitas diárias àqueles que necessitem.

Art. 20. O médico informará ao diretor do estabelecimento se a saúde física ou mental do preso foi ou poderá vir a ser afetada pelas condições do regime prisional.

Parágrafo Único – Deve-se garantir a liberdade de contratar médico de confiança pessoal do preso ou de seus familiares, a fim de orientar e acompanhar seu tratamento.

CAPÍTULO VIII
DA ORDEM E DA DISCIPLINA

Art. 21. A ordem e a disciplina deverão ser mantidas, sem se impor restrições além das necessárias para a segurança e a boa organização da vida em comum.

Art. 22. Nenhum preso deverá desempenhar função ou tarefa disciplinar no estabelecimento prisional.

Parágrafo Único – Este dispositivo não se aplica aos sistemas baseados na autodisciplina e nem deve ser obstáculo para a atribuição de tarefas, atividades ou responsabilidade de ordem social, educativa ou desportiva.

Art. 23. Não haverá falta ou sanção disciplinar sem expressa e anterior previsão legal ou regulamentar.

Parágrafo Único – As sanções não poderão colocar em perigo a integridade física e a dignidade pessoal do preso.

Art. 24. São proibidos, como sanções disciplinares, os castigos corporais, clausura em cela escura, sanções coletivas, bem como toda punição cruel, desumana, degradante e qualquer forma de tortura.

Art. 25. Não serão utilizados como instrumento de punição: correntes, algemas e camisas-de-força.

Art. 26. A norma regulamentar ditada por autoridade competente determinará em cada caso:

I – a conduta que constitui infração disciplinar;

II – o caráter e a duração das sanções disciplinares;

III – a autoridade que deverá aplicar as sanções.

Art. 27. Nenhum preso será punido sem haver sido informado da infração que lhe será atribuída e sem que lhe haja assegurado o direito de defesa.

Art. 28. As medidas coercitivas serão aplicadas, exclusivamente, para o restabelecimento da normalidade e cessarão, de imediato, após atingida a sua finalidade.

CAPÍTULO IX
DOS MEIOS DE COERÇÃO

Art. 29. Os meios de coerção, tais como algemas, e camisas-de-força, só poderão ser utilizados nos seguintes casos:

I – como medida de precaução contra fuga, durante o deslocamento do preso, devendo ser retirados quando do comparecimento em audiência perante autoridade judiciária ou administrativa;

II – por motivo de saúde,segundo recomendação médica;

III – em circunstâncias excepcionais, quando for indispensável utilizá-los em razão de perigo eminente para a vida do preso, de servidor, ou de terceiros.

Art. 30. É proibido o transporte de preso em condições ou situações que lhe importam sofrimentos físicos.

Parágrafo Único – No deslocamento de mulher presa a escolta será integrada, pelo menos, por uma policial ou servidor pública.

CAPÍTULO X
DA INFORMAÇÃO E DO DIREITO DE QUEIXA DOS PRESOS

Art. 31. Quando do ingresso no estabelecimento prisional, o preso receberá informações escritas sobre normas que orientarão seu tratamento, as imposições de caráter disciplinar bem como sobre os seus direitos e deveres.

Parágrafo Único – Ao preso analfabeto, essas informações serão prestadas verbalmente.

Art. 32. O preso terá sempre a oportunidade de apresentar pedidos ou formular queixas ao diretor do estabelecimento, à autoridade judiciária ou outra competente.

CAPÍTULO XI
DO CONTATO COM O MUNDO EXTERIOR

Art. 33. O preso estará autorizado a comunicar-se periodicamente, sob vigilância, com sua família, parentes, amigos ou instituições idôneas, por correspondência ou por meio de visitas.

§ 1º A correspondência do preso analfabeto pode ser, a seu pedido, lida e escrita por servidor ou alguém opor ele indicado;

§ 2º O uso dos serviços de telecomunicações poderá ser autorizado pelo diretor do estabelecimento prisional.

Art. 34. Em caso de perigo para a ordem ou para segurança do estabelecimento prisional, a autoridade competente poderá restringir a correspondência dos presos, respeitados seus direitos.

Parágrafo Único – A restrição referida no "caput" deste artigo cessará imediatamente, restabelecida a normalidade.

Art. 35. O preso terá acesso a informações periódicas através dos meios de comunicação social, autorizado pela administração do estabelecimento.

Art. 36. A visita ao preso do cônjuge, companheiro, família, parentes e amigos, deverá observar a fixação dos dias e horários próprios.

Parágrafo Único – Deverá existir instalação destinada a estágio de estudantes universitários.

Art. 37. Deve-se estimular a manutenção e o melhoramento das relações entre o preso e sua família.

CAPÍTULO XII

DAS INSTRUÇÕES E ASSISTÊNCIA EDUCACIONAL

Art. 38. A assistência educacional compreenderá a instrução escolar e a formação profissional do preso.

Art. 39. O ensino profissional será ministrado em nível de iniciação e de aperfeiçoamento técnico.

Art. 40. A instrução primária será obrigatoriamente ofertada a todos os presos que não a possuam.

Parágrafo Único – Cursos de alfabetização serão obrigatórios para os analfabetos.

Art. 41. Os estabelecimentos prisionais contarão com biblioteca organizada com livros de conteúdo informativo, educativo e recreativo, adequados à formação cultural, profissional e espiritual do preso.

Art. 42. Deverá ser permitido ao preso participar de curso por correspondência, rádio ou televisão, sem prejuízo da disciplina e da segurança do estabelecimento.

CAPÍTULO XIII

DA ASSISTÊNCIA RELIGIOSA E MORAL

Art. 43. A Assistência religiosa, com liberdade de culto, será permitida ao preso bem como a participação nos serviços organizado no estabelecimento prisional.

Parágrafo Único – Deverá ser facilitada, nos estabelecimentos prisionais, a presença de representante religioso, com autorização para organizar serviços litúrgicos e fazer visita pastoral a adeptos de sua religião.

CAPÍTULO XIV

DA ASSISTÊNCIA JURÍDICA

Art. 44. Todo preso tem direito a ser assistido por advogado.

§ 1º As visitas de advogado serão em local reservado respeitado o direito à sua privacidade.

§ 2º Ao preso pobre o Estado deverá proporcionar assistência gratuita e permanente.

CAPÍTULO XV

DOS DEPÓSITOS DE OBJETOS PESSOAIS

Art. 45. Quando do ingresso do preso no estabelecimento prisional, serão guardados, em lugar escuro, o dinheiro, os objetos de valor, roupas e outras peças de uso que lhe pertençam e que o regulamento não autorize a ter consigo.

§ 1º Todos os objetos serão inventariados e tomadas medidas necessárias para sua conservação.

§ 2º Tais bens serão devolvidos ao preso no momento de sua transferência ou liberação.

CAPÍTULO XVI

DAS NOTIFICAÇÕES

Art. 46. Em casos de falecimento, de doença, acidente grave ou de transferência do preso para outro estabelecimento, o diretor informará imediatamente ao cônjuge, se for o ocaso, a parente próximo ou a pessoa previamente designada.

§ 1º O preso será informado, imediatamente, do falecimento ou de doença grave de cônjuge, companheiro, ascendente, descendente ou irmão, devendo ser permitida a visita a estes sob custódia.

§ 2º O preso terá direito de comunicar, imediatamente, à sua família, sua prisão ou sua transferência para outro estabelecimento.

CAPÍTULO XVII

DA PRESERVAÇÃO DA VIDA PRIVADA E DA IMAGEM

Art. 47. O preso não será constrangido a participar, ativa ou passivamente, de ato de divulgação de informações aos meios de comunicação social, especialmente no que tange à sua exposição compulsória à fotografia ou filmagem.

Parágrafo Único – A autoridade responsável pela custódia do preso providenciará, tanto quanto consinta a lei, para que informações sobre a vida privada e a intimidade do preso sejam mantidas em sigilo, especialmente aquelas que não tenham relação com sua prisão.

Art. 48. Em caso de deslocamento do preso, por qualquer motivo, deve-se evitar sua exposição ao público, assim como resguardá-lo de insultos e da curiosidade geral.

CAPÍTULO XVIII
DO PESSOAL PENITENCIÁRIO

Art. 49. A seleção do pessoal administrativo, técnico, de vigilância e custódia, atenderá à vocação, à preparação profissional e à formação profissional dos candidatos através de escolas penitenciárias.

Art. 50. O servidor penitenciário deverá cumprir suas funções, de maneira que inspire respeito e exerça influência benéfica ao preso.

Art. 51. Recomenda-se que o diretor do estabelecimento prisional seja devidamente qualificado para a função pelo seu caráter, integridade moral, capacidade administrativa e formação profissional adequada.

Art. 52. No estabelecimento prisional para a mulher, o responsável pela vigilância e custódia será do sexo feminino.

TÍTULO II
REGRAS APLICÁVEIS A CATEGORIAS ESPECIAIS

CAPÍTULO XIX
DOS CONDENADOS

Art. 53. A classificação tem por finalidade:

I – separar os presos que, em razão de sua conduta e antecedentes penais e penitenciários, possam exercer influência nociva sobre os demais.

II – dividir os presos em grupos para orientar sua reinserção social.

Art. 54. Tão logo o condenado ingresse no estabelecimento prisional, deverá ser realizado exame de sua personalidade, estabelecendo-se programa de tratamento específico, com o propósito de promover a individualização da pena.

CAPÍTULO XX
DAS RECOMPENSAS

Art. 55. Em cada estabelecimento prisional será instituído um sistema de recompensas, conforme os diferentes grupos de presos e os diferentes métodos de tratamento, a fim de motivar a boa conduta, desenvolver o sentido de responsabilidade, promover o interesse e a cooperação dos presos.

CAPÍTULO XXI
DO TRABALHO

Art. 56. Quanto ao trabalho:

I – o trabalho não deverá ter caráter aflitivo;

II – ao condenado será garantido trabalho remunerado conforme sua aptidão e condição pessoal, respeitada a determinação médica;

III – será proporcionado ao condenado trabalho educativo e produtivo;

IV – devem ser consideradas as necessidades futuras do condenado, bem como, as oportunidades oferecidas pelo mercado de trabalho;

V – nos estabelecimentos prisionais devem ser tomadas as mesmas precauções prescritas para proteger a segurança e a saúde dos trabalhadores livres;

VI – serão tomadas medidas para indenizar os presos por acidentes de trabalho e doenças profissionais, em condições semelhantes às que a lei dispõe para os trabalhadores livres;

VII – a lei ou regulamento fixará a jornada de trabalho diária e semanal para os condenados, observada a destinação de tempo para lazer, descanso, educação e outras atividades que se exigem como parte do tratamento e com vistas a reinserção social;

VIII – a remuneração aos condenados deverá possibilitar a indenização pelos danos causados pelo crime, aquisição de objetos de uso pessoal, ajuda à família, constituição de pecúlio que lhe será entregue quando colocado em liberdade.

CAPÍTULO XXII
DAS RELAÇÕES SOCIAIS E AJUDA PÓS-PENITENCIÁRIA

Art. 57. O futuro do preso, após o cumprimento da pena, será sempre levado em conta. Deve-se animá-lo no sentido de manter ou estabelecer relações com pessoas ou órgãos externos que possam favorecer os interesses de sua família, assim como sua própria readaptação social.

Art. 58. Os órgãos oficiais, ou não, de apoio ao egresso devem:

I – proporcionar-lhe os documentos necessários, bem como, alimentação, vestuário e alojamento no período imediato à sua liberação, fornecendo-lhe, inclusive, ajuda de custo para transporte local;

II – ajudá-lo a reintegrar-se à vida em liberdade, em especial, contribuindo para sua colocação no mercado de trabalho.

CAPÍTULO XXIII
DO DOENTE MENTAL

Art. 59. O doente mental deverá ser custodiado em estabelecimento apropriado, não devendo permanecer em estabelecimento prisional além do tempo necessário para sua transferência.

Art. 60. Serão tomadas providências, para que o egresso continue tratamento psiquiátrico, quando necessário.

CAPÍTULO XXIV
DO PRESO PROVISÓRIO

Art. 61. Ao preso provisório será assegurado regime especial em que se observará:

I – separação dos presos condenados;

II – cela individual, preferencialmente;

III – opção por alimentar-se às suas expensas;

IV – utilização de pertences pessoais;

V – uso da própria roupa ou, quando for o caso, de uniforme diferenciado daquele utilizado por preso condenado;

VI – oferecimento de oportunidade de trabalho;

VII – visita e atendimento do seu médico ou dentista.

CAPÍTULO XXV
DO PRESO POR PRISÃO CIVIL

Art. 62. Nos casos de prisão de natureza civil, o preso deverá permanecer em recinto separado dos demais, aplicando-se, no que couber, as normas destinadas aos presos provisórios.

CAPÍTULO XXVI
DOS DIREITOS POLÍTICOS

Art. 63. São assegurados os direitos políticos ao preso que não está sujeito aos efeitos da condenação criminal transitada em julgado.

CAPÍTULO XXVII
DAS DISPOSIÇÕES FINAIS

Art. 64. O Conselho Nacional de Política Criminal e Penitenciária adotará as providências essenciais ou complementares para cumprimento das regras Mínimas estabelecidas nesta resolução, em todas as Unidades Federativas.

Art. 65. Esta resolução entra em vigor na data de sua publicação.

EDMUNDO OLIVEIRA
Presidente do Conselho Nacional de Política Criminal e Penitenciária

HERMES VILCHEZ GUERREIRO
Conselheiro Relator

ANEXO II

TRANSCRIÇÃO DO LIVRO "PRISÕES" DO AUTOR VARISTO DE MORAES

(Evaristo de Moraes. Livraria Editora Conselheiro Candido de Oliveira Sociedade Anonyma Rua São José, 58, Rio de Janeiro, 1923)

CAPITULO I

Regimen colonial e 1º Imperio. – Penalistica da Ordenação do Livro V. – A constituição Imperial e as prisões. – Penalistica do Codigo Criminal de 1830. – O aljube. – Outras Prisões. – Origens da Casa de Correção do Rio de Janeiro. Directores e reformadores. – O Dr. Almeida Valle.

Mais de um anno depois de estar o Brazil separado de Portugal, ainda se declarava em pleno vigor, entre nós, a Ordenação do Livro V, na qual a monarquia lusitana havia reunido quanto era relativo a crimes, penalidades e cumprimento de sentenças criminaes. (Lei de 20 de Outubro de 1823, emanada da Assembléia Geral Constituinte e Legislativa).

Juizo synthetico, e, por sua origem, impacial, acerca de tal Ordenação, se nos depara neste periodo de Mello Freire, o justamente celebrado jurista portuguez: "As penas não têm proporção com os delictos, e são cruéis e injusta" (INTRODUÇÃO AO ENSAIO DE CODIGO CRIMINAL, 1789, pag. 4). Não há, pois, como buscar, em tal legislação; traços de qualquer systema penitenciario.

A título de curiosidade historica, aqui daremos todavia, as penalidades instituidas pela terrivel Ordenação:

- morte natural;
- morte natural para sempre;
- morte natural cruelmente;
- morte pelo fogo, "até ser feito o condenado em pó, para que nunca de seu corpo e sepultura possa haver memoria";
- açoites, com ou sem baraço e pregão pela cidade ou villa;
- degredo para as galés;

- degredo, perpetuo ou temporario, para a Africa, para a India, para o Brasil, para o couto de Castro Marim (este applicado sómente a mulheres), para fóra do Reino, ou fora, da Villa, e termo, ou fóra do Bispado;
- mutilação das mãos, da lingua, etc;
- queimaduras com tenazes ardentes;
- capella de chifres na cabeça (applicada aos maridos condescendentes);
- polaina ou enxaravia vermelha na cabeça (applicada ás alcoviteiras);
- confisco, como pena principal, ou accesoria;
- multas.

O regimen arbitrario e excessivo da Ordenação tornou-se, entretanto, incompatível com alguns principios estabelecidos pela Constituição Politica do Imperio, de 25 de Março de 1824. Haja vista o disposto nos ns. XIX e XX do seu art. 179:

> "Desde já ficam abolidos os açoites, a tortura, a marca de ferro quente e todas as mais penas cruéis."
>
> "Nenhuma pena passará da pessôa do delinquente. Portanto, não haverá em caso algum, confiscação de bens, nem a infamia do réo se transmittirá aos parentes em qualquer gráo que seja".

Quanto a prisões, dispunha a Constituição do Imperio:

> "As cadeias serão seguras, limpas e bem arejadas, havendo diversas casas para separação dos réos, conforme suas circumstancias e naturesa dos seus crimes (no. XXI do mesmo art)".

Cumpre reconhecer que este dispositivo não impediu, conforme adeante veremos, que, no tocante á administração e fiscalização das prisões, vingasse, annos depois, o espirito absoleto da Ordenação, quando já definitivamente revogada...

E' geralmente sabido que a revogação só se verificou a 16 de Dezembro de 1830, com a promulgação do Codigo Criminal. Por este Codigo, foram adoptadas os seguintes penas: morte na forca, (art. 38); galés (que sujeitava os réos a andarem de calceta no pé e corrente de ferro, juntos ou separados, e a empregarem-se em trabalhos, publicos na Provincia onde tivesse sido commetido o delicto, á disposição do Governo, não podendo ser tal pena applicada a mulheres, nem a menores de 21 annos, nem a maiores de 60 (arts. 44 e 45); prisão com trabalho (que obrigava os réos a se occuparem diariamente no trabalho que lhes fosse destinado dentro do recinto das prisões, na conformidade das sentenças e dos regulamentos policiaes das mesmas prisões (art. 46); prisão simples (que obrigava os réos a estarem reclusos nas prisões publicas pelo tempo marcado nas sentenças (art.47); banimento (que privava os réos dos direitos de cidadãos brazileiros e os inhibia perpetuamente de habitar o territorio do Imperio (art. 50); degredo (que obrigava os réos a residirem no logar destinado pela sentença, sem poderem sahir delle durante o tempo que a mesma marcasse (art. 51); desterro (que, quando outra declaração não houvesse, obrigava os réos a sahirem dos termos dos logares dos delictos, da sua principal residencia e da principal residencia do offendido, não podendo entrar em algum delles durante o tempo marcado na sentença (art. 52); multa (que obrigava os réos ao pagamento de uma quantia pecuniaria que seria, sempre, regulada pelo que os condemnados pudessem haver em cada um dia pelos seus bens, empregos, ou industria, quando a lei especificamente não designasse de outro modo (art. 55). Suspensão de emprego (que privava os réos do exercicio dos seus empregos, durante o tempo marcado, no qual não poderiam ser empregados em outros, salvo sendo de eleição popular (art. 58); perda de emprego (que importava na perda de todos os serviços que os réos houvessem prestado nele (art. 59).

Pelo art. 60 se instituia a pena de açoites para os escravos criminosos, sempre aos delictos por elles comettidos fossem applicaveis outras penas que não as de morte ou galés. Accrescentava o Codigo, no mesmo artigo, que, açoitados os criminosos, seriam entregues aos seus senhores, com a obrigação, para estes, de os trazer com um ferro, pela maneira e pelo tempo que o juiz determinasse.

Convence a leitura da parte especial do Codigo de 1830 de terem sido predilectas do legislador as penas de prisão com trabalho e prisão simples, que apparecem como repressivas de, pelo menos, dois terços dos crimes.

Como fossem previsiveis as difficuldades para execução da primeira das duas penas preferidas, providenciou o Codigo a respeito, no seu art. 49;

> "Emquanto se não estabelecerem as prisões com as commodidades e arranjos necessarios para o trabalho dos réos, as penas de prisão com trabalho serão substituidas pela de prisão simples, accrescentando-se, em tal caso, a esta mais a Sexta parte do tempo por que aquellas deveriam impôr-se".

Conhecida a penalistica do Codigo do Imperio, é tempo de procurarmos saber de que recursos (na data da sua promulgação e, ainda, depois d'ella) dispunha o poder publico para frazer executar as penas que dependiam de estabelecimentos apropriados. Vimos como a Constituição promettêra cadeias, não só seguras, como limpas e bem arejadas, e prescrevêra a separação dos réos, conforme as suas circumstancias e a natureza dos seus crimes.

Força é confessar, desde logo, que, nos primeiros tempos da nossa independencia nacional, e até, mesmo, depois do Codigo, pouco adeantámos ao que nos legára o dominio portuguez, no concernente a prisões.

Nas tres epocas successivas do Brazil-Colonia, Brazil Reino-Unido e Brazil-Imperio incipiente, não obedecerem as prisões a qualquer principio de ordem, de hygiene e moralisação.

Muitas das monstruosidades com que aqui deparou D. João VI permaneceram durante a sua estadia e atravessáram o primeiro reinado.

E os melhoramentos, depois adoptados, não passaram de palliativos.

Nos primeiros annos do seculo 19º, confundiam-se, em certas prisões do Brazil, paisanos e militares, individuos processados e condemnados por delictos communs, presos por qualquer motivo politico, presos por nenhum motivo declarado.

Não sendo, como não era, propriamente, empregada a prisão para modificar a indole dos, nella, detidos, desinteressava-se a publica administração do seu regimen interno, entregue ao bel-prazer do carcereiro.(...)

ANEXO III

TRANSCRIÇÃO DE DECISÃO CRIMINAL DO LIVRO "MINHAS DECISÕES"

(Magistrado do Districto Federal ARY AZEVEDO FRANCO. A . COELHO BRANCO Fº. – EDITOR. Rua do Lavradio, nº. 60 – 1º Andar – Rio de Janeiro, 1930)

Contravenção de vadiagem. – Emquanto não solucionado um processo por essa contravenção, dada a sua natureza, não póde o indiciado ser sujeito a nova e identica autuação.

Vistos:

João Luiz Regadas impetra a fls. 2 uma ordem de habeas-corpus em favor de Raymundo Osorio, sob allegação de que estando elle respondendo, no juízo da 5ª Pretoria Criminal, a um processo pela contravenção de vadiagem, processo que ainda não foi decidido, e ao qual responde solto, em virtude de fiança que prestou, está, entretanto, preso desde o dia 22 do corrente, no xadrez do 9º Districto Policial, por haver sido novamente autuado como incurso na mesma contravenção.

O impetrante instruiu o pedido com uma certidão do Juizo da 5ª Pretoria Criminal, referente a que alli responde o paciente.

Requisitadas informações do Dr. Delegado do 9º Districto, informou elle que o paciente está recolhido á Casa de Detenção, á disposição do Juiz da 5ª Pretoria Criminal, por haver sido autuado em flagrante pela contravenção do artigo 399 do Código Penal, a 23 do corrente. Foi autuado em appenso o processo remettido pelo Dr. Juiz da 5ª Pretoria Criminal, e delle verifica-se que o paciente responde alli a um processo pela contravenção do artigo 399 do Codigo Penal, por flagrante lavrado a 26 de Outubro ultimo, pelas autoridades do 14º Districto Policial, estando solto por haver prestado fiança, e estando designado o dia 1º de Dezembro proximo para o interrogatorio.

Entendido tem a Egregia 1ª Camara da Côrte de Appellação que um indivíduo posto em liberdade em processo por contravenção de vadiagem, dada a natureza desta, antes de ser julgado o primeiro, não pode ser novamente autuado.

É o que se depara nos accórdãos de 26 de Novembro de 1927 e de Setembro do corrente anno, ambos relatados pelo Desembargador Piragibe.

E, assim entende a Egregia Camara porque "a pena estatuida para contravenção de vadiagem não é um castigo á infração de um dever especifico, mas uma simples medida premunitoria de politica criminal, e é logico que um individuo processado como vadio não póde, antes do julgamento final, soffrer segundo processo pelo mesmo motivo. Isto seria uma repetição ociosa ou a applicação do – bis in idem – em materia penal" (Archivo Judiciario, volume VII, pag. 522).

Em taes condições, e como provado esteja que o paciente Raymundo Osorio, responde já a um processo de vadiagem pel proprio Juizo da 5ª Pretoria Criminal, e atendendo á jurisprudência da Egregia 1ª Camara da Côrte de Appelação, concedo a ordem impetrada a fls. 2, e mando que em favor do paciente seja expedido alvará de soltura, si por al preso não estiver. Cortada a linha, devolva-se o processo em appenso ao Juizo da 5ª Pretoria Criminal, a quem se remetterá copia authentica da presente sentença. Recorro, na forma da lei, desta decisão, para a Egregia 1ª Camara da Côrte de Appelação.

Custas na fórma do regimento.
Publique-se, intime-se e registre-se.
Rio de Janeiro, D. F., aos 28 de Novembro de 1928.

ANEXO IV

CICLO DE CONFERÊNCIAS SÔBRE O ANTEPROJETO DO CÓDIGO PENAL BRASILEIRO DE AUTORIA DO MINISTRO NELSON HUNGRIA.

SALA "JOÃO MENDES JÚNIOR", DA FACULDADE DE DIREITO DA UNIVERSIDADE DE SÃO PAULO, DE 3 DE SETEMBRO DE 1963 A 26 DE FEVEREIRO DE 1964.

INSTITUTO LATINO-AMERICANO DE CRIMINOLOGIA SECRETARIA DA JUSTIÇA E NEGÓCIO DO INTERIOR DO ESTADO DE SÃO PAULO.

APRESENTAÇÃO

O INSTITUTO LATINO-AMERICANO DE CRIMINOLOGIA, sob os auspícios das Nações Unidas e sob o patrocínio da Secretaria da Justiça e Negócios do Interior do Estado de São Paulo, edita, neste volume, os Anais do Ciclo de Conferências sôbre o Anteprojeto do Código Penal, de autoria do Ministro Nelson Hungria, realizado de 3 de setembro de 1963 a 26 de fevereiro de 1964, na Faculdade de Direito da Universidade de São Paulo.

Fruto do Ajuste celebrado a 12 de janeiro de 1959, entre o Govêrno do Brasil e a Organização Nações Unidas, com o assentimento do Govêrno do Estado de São Paulo, aprovado pela Lei Estadual n. 5.913 de 18 de outubro de 1960, o INSTITUTO LATINO-AMERICANO DE CRIMINOLOGIA (ILAC), foi criado pela Lei Estadual n. 8.023, de 13 de novembro de 1963, tendo sido instalado e dirigido desde o seu início pelo Dr. José Augusto Cesar Salgado, Procurador da Justiça do Estado.

O ILAC, cuja criação fôra recomendada por aprovação unânime, pelo I Seminário Latino-Americano de Prevenção do Delito e Tratamento do Delinquente, realizado no Rio de Janeiro, em 1953, o qual sugeriu sua instalação consoante o Acôrdo Básico de Assistência Técnica entre o Govêrno do Brasil e a Organização das Nações Unidas, tem por finalidade o treinamento de pessoal e a realização de estudos e pesquisas, na América Latina, no que diz respeito à Criminologia, prevenção do delito e tratamento do delinquente.

Conforme êsse programa, e procurando atender, na medida de suas possibilidades, aos encargos assumidos, o ILAC promoveu, nos primeiros anos de atividade, vários ciclos de conferências e palestras, na Faculdade de Direito da Universidade de São Paulo, dos quais participaram criminalistas, especialistas e técnicos em Direito Penal, do Brasil e do estrangeiro, abordando temas relevantes sôbre o delito, sua prevenção, repressão, e sôbre o tratamento do criminoso.

* * *

Assumindo o Govêrno do Estado de São Paulo o Dr. Adhemar Pereira de Barros, e sendo Secretário da Justiça e Negócios do Interior o Professor Miguel Reale, foi conduzido à presidência do ILAC o criminalista Dr. Américo Marco Antônio, confiando-se a sua direção ao Dr. Francisco Bueno Torres, Promotor Público da Capital do Estado.

Decidiu, sob nova direção, o INSTITUTO LATINO-AMERICANO DE CRIMINOLOGIA prosseguir o programa de realizações iniciado, promovendo um Ciclo de estudos, de maior amplitude do que os anteriores e que oferecesse interêsse em âmbito nacional, pela natureza dos problemas que nêle fôssem discutidos.

Escolheu-se, dessa forma, como tema, o Anteprojeto do Código Penal, elaborado, por designação do Govêrno brasileiro, pelo eminente penalista pátrio, o Ministro Nelson Hungria. A escolha não poderia ter sido mais acertada, pois correspondia, a um tempo, às finalidades precípuas do ILAC e à sua aspiração de atingir ressonância nacional. Ao trazer a debate a futura lei penal brasileira, pretendeu a instituição colaborar para o aprimoramento da legislação repressiva do país, através de prolongado e exaustivo debate de suas linhas mestras, dos seus dispositivos e das ideias que a enformavam. Por outro lado, a análise do Anteprojeto se impôs desde logo à escolha, pela sua importância capital na evolução dos estudos penais e pelo largo campo de implicações culturais que oferecia.

Escolhido o tema e constatada, de início, a calorosa acolhida que a promoção do ciclo de debates encontrou nos meios ligados ao estudo do Direito Penal, em todo o Brasil, convocou o ILAC nos centros jurídicos do país, renomados professores de Direito Penal, de Direito Processual Penal, de Medicina Legal, de Psiquiatria, Magistrados, membros do Ministério Público e Advogados, para discutirem, em conferências públicas, o Anteprojeto do Código Penal, a fim de que, paralelamente ao seu texto a ser, no futuro, enviado ao Congresso Nacional, se incorporasse um valioso acervo de opiniões, sugestões e ideias, visando a dotar o Brasil de uma lei repressiva o tanto quanto possível perfeita e que refletisse o ponto de vista dos mais autorizados estudiosos e pesquisadores da matéria.

Com essa finalidade foram pronunciadas vinte e cinco conferências, encerrando-se o Ciclo, com três preleções do Ministro Nelson Hungria, em resposta às objeções e críticas levantadas ao seu trabalho.

As conferências, tôdas elas realizadas na Sala "João Mendes Júnior", da Faculdade de Direito da Universidade de São Paulo, gentilmente oferecida pelo seu diretor, Professor Luís Eulálio Bueno Vidigal, prolongaram-se por cêrca de cinco meses, tendo sido seguidas de debates e discussões sôbre os temas tratados, evidenciando-se dessa forma o real interêsse despertado pela promoção do INSTITUTO LATINO-AMERICANO DE CRIMINOLOGIA.

Entretanto, a tarefa do ILAC não estaria concluída, nem os fins colimados pelo Ciclo teriam sido atingidos, se as conferências, tôdas elas de alto valor científico, constituindo inestimável contribuição aos estudos de Direito Penal, no Brasil, permanecessem inéditas e não atingissem outro público além do que afluiu à Faculdade de Direito da USP, durante sua realização. É, portanto, com o objetivo de contribuir efetivamente para os estudos jurídico-penais no Brasil, que se publicam êstes Anais, que pretendem servir como subsídio às discussões que se travarão nas Casas do Congresso Nacional, quando o Anteprojeto Nelson Hungria, do Código Penal, fôr apreciado pelos representantes do povo brasileiro, a fim de ser transformado em lei.

* * *

É a primeira vez que no Brasil se consegue coligir tão ampla e valiosa colaboração de especialistas na análise pormenorizada de um Anteprojeto de Código. Sente, por êsse motivo, o INSTITUTO LATINO-AMERICANO DE CRIMINOLOGIA, justificado orgulho por ter sido responsável por cometimento de tão alta envergadura e por atingir assim uma das metas que se impôs: realizar estudos e pesquisas no campo da prevenção do delito e do tratamento do delinquente, no Brasil.

São Paulo, janeiro de 1965.
INSTITUTO LATINO-AMERICANO DE CRIMINOLOGIA
Rua Rêgo Freitas, 454, São Paulo, Brasil

Outras maneiras fáceis de receber informações sobre nossos lançamentos e ficar atualizado.

- ligue grátis: **0800-265340** (2ª a 6ª feira, das 8:00 h às 18:30 h)
- preencha o cupom e envie pelos correios (o selo será pago pela editora)
- ou mande um e-mail para: **info@elsevier.com.br**

Nome: ______________________________

Escolaridade: ______________ ☐ Masc ☐ Fem Nasc: __/__/__

Endereço residencial: ______________________________

Bairro: __________ Cidade: __________ Estado: __________

CEP: __________ Tel.: __________ Fax: __________

Empresa: ______________________________

CPF/CNPJ: ______________ e-mail: ______________

Costuma comprar livros através de: ☐ Livrarias ☐ Feiras e eventos ☐ Mala direta ☐ Internet

Sua área de interesse é:

☐ **UNIVERSITÁRIOS**
- ☐ Administração
- ☐ Computação
- ☐ Economia
- ☐ Comunicação
- ☐ Engenharia
- ☐ Estatística
- ☐ Física
- ☐ Turismo
- ☐ Psicologia

☐ **EDUCAÇÃO/ REFERÊNCIA**
- ☐ Idiomas
- ☐ Dicionários
- ☐ Gramáticas
- ☐ Soc. e Política
- ☐ Div. Científica

☐ **PROFISSIONAL**
- ☐ Tecnologia
- ☐ Negócios

☐ **DESENVOLVIMENTO PESSOAL**
- ☐ Educação Familiar
- ☐ Finanças Pessoais
- ☐ Qualidade de Vida
- ☐ Comportamento
- ☐ Motivação

Cartão Resposta
050120048-7/2003-DR/RJ
Elsevier Editora Ltda
CORREIOS

CARTÃO RESPOSTA
Não é necessário selar

O SELO SERÁ PAGO POR
Elsevier Editora Ltda

20299-999 - Rio de Janeiro - RJ

Impresso nas oficinas da
SERMOGRAF - ARTES GRÁFICAS E EDITORA LTDA.
Rua São Sebastião, 199 - Petrópolis - RJ
Tel.: (24)2237-3769